Les transformations contemporaines du droit public en Afrique

Sous la direction de
Magloire ONDOA et Patrick E. ABANE ENGOLO

Les transformations contemporaines du droit public en Afrique

Avant-propos de Jacques Fame Ndongo

L'Harmattan

Actes du colloque
organisé à l'Université de Yaoundé-II
du 19 au 20 janvier 2017

Ouvrage ayant bénéficié d'une subvention de la Faculté des Sciences Juridiques et Politiques de l'Université de Yaoundé II.

5-7, rue de l'École-Polytechnique, 75005 Paris
http://www.editions-harmattan.fr
ISBN : 978-2-343-14084-1
EAN : 9782343140841

ORGANISATION DE L'ÉQUIPE DES PUBLICATIONS DU CERCAF

COMITÉ DIRECTEUR

- Directeur de Publication
Pr ONDOA Magloire, Doyen de la FSJP, UYII

- Rédacteur en chef
Pr ABANE ENGOLO Patrick Edgard, Directeur du CERCAF

RÉDACTEURS ADJOINTS - COORDONNATEURS DES PÔLES DE SPÉCIALITÉ

- Pôle « Droit constitutionnel »
Pr ABANE ENGOLO Patrick Edgard, Maître de conférences agrégé

- Pôle « Droit administratif »
Pr MBALLA OWONA Robert, Maître de conférences agrégé,
Coordonnateur Annexe FSJP, Bertoua

- Pôle « Finances publiques et fiscalité »
Pr PEKASSA NDAM Gérard, Professeur titulaire agrégé

CONSEILLERS

Pr OWONA Joseph, Professeur titulaire agrégé
Pr GUIMDO DONGMO Bernard Raymond, Professeur titulaire agrégé
Pr BIPOUN-WOUM Joseph-Marie, Maître de conférences
Pr BIAKAN Jacques, Maître de conférences
Pr HOND Jean-Tobie, Maître de conférences
Pr GUESSELE ISSEME Lionel Pierre, Maître de conférences agrégé

COMITÉ SCIENTIFIQUE

SECRÉTARIAT TECHNIQUE

- Dr BETI ETOA Christophe, Chargé de cours, Université de Yaoundé II
- Dr AKONO ONGBA Sedena, Chargé de cours, Université de Yaoundé II
- Dr NGANG Joseph, Chargé de cours, Université de Yaoundé II
- Dr MBIA Jean-Paul, Chargé de cours, Université de Yaoundé II
- Dr NGUECHE Sylvie, Assistante, Université de Yaoundé II
- Dr AMYE ELOUMA Lazare II, Assistant, Université de Douala
- Dr NZALI Serge Yves, Moniteur, Université de Yaoundé II
- OWONA AWOUMOU Uriel, Assistant, Université de Bamenda
- KOUAM Yannick, Assistant, Université de Yaoundé II
- BEYEGUE BOULOUMEGUE, ATER, Université de Yaoundé II
- BOUMENI TCHOUMBO Francine, Doctorante, Université de Yaoundé II
- ESSIMI Francis Olivier, Doctorant, Université de Yaoundé II
- NDZINA NOAH Jean-Marie Noël, Doctorant, Université de Yaoundé II
- NYEBE TSANGA Dorothée, Doctorante, Université de Yaoundé II
- EYENGA NKOA Antoinette, Doctorante, Université de Yaoundé II
- MVOGO Maurice Cédric, Doctorant, Université de Yaoundé II
- EKELE NGONDI Richard, Doctorant, Université de Yaoundé II
- YIANYINYI SONIE Annie, Doctorante, Université de Yaoundé II

SOMMAIRE

AVANT-PROPOS

Jacques FAME NDONGO

Professeur
Université de Yaoundé I- Cameroun
Ministre de l'Enseignement Supérieur

Il est particulièrement difficile d'ouvrir une réflexion sur « *les Transformations contemporaines du droit public en Afrique* ». Une telle thématique, me semble-t-il, pose plus d'interrogations que de réponses, et inspire mon appréhension qui est celle d'analyser les travaux portés dans le présent document comme des commencements d'un processus de mutation du droit africain dont la finitude ne peut être ni déterminé ni prévisible.

Ladite réflexion traduit l'ardeur, la vitalité et le dynamisme de l'activité scientifique camerounaise et africaine s'agissant des études juridiques et économiques.

La thématique centrale des présentes études utilise l'article défini contracté « *du* » qui vient de : « *de le* » et non le pluriel « *de les* » « *des* » droits. J'aurais pu prescrire en ma qualité de linguiste et sémiologue l'utilisation du pluriel et non du singulier. D'ailleurs, il est à constater qu'à Bordeaux, où la langue française se manipule bien, on dit « *en droits africains* » (au pluriel) et non « *en droit africain* » (au singulier).

Le droit africain avec un « *le* » au singulier décrit un droit pluriel et multifonctionnel à l'aune de l'héritage juridique anglais, français (lui-même venant du latin), hispanique, plus un fond arabe et multi négro-africain ; puisqu'il n'y a pas une seule ethnie africaine, une seule culture africaine, il n'y a pas un seul clan africain. Il existe une multiplicité de droits coutumiers, mais je sais très bien que, au niveau de nos amphithéâtres, le droit coutumier est quasiment superfétatoire, car très souvent ignoré par la doctrine. Néanmoins, il fonctionne dans les villages, dans les quartiers ; il fonctionne donc il existe et fait aussi l'objet d'études scientifiques. Je ne sache pas que l'on puisse faire fi de la nécessaire synthèse de tous ces héritages, avant d'étudier leurs transformations.

Au demeurant, « *Trans* » renvoie à « à travers », et « *Forma* » se traduit en français par « forme ». Aussi, le terme transformation énonce la modification progressive de la forme première de l'existant. Il faudrait alors, pour le cas du Cameroun par exemple, en se rapportant surtout à ses deux héritages anglo-saxons d'une part, français d'autre part, faire le constat de l'existence de notre héritage biculturel avec effet sur le droit du Cameroun du point de vue formel. Si nous nous intéressons aux sources matérielles du droit, on conviendra en outre à une multiculturalité puisque chaque village, chaque clan, chaque tribu, chaque ethnie a sa spécificité culturelle et donc ses particularismes juridiques. Il faut donc également exhumer ce droit traditionnel, afin d'en faire un objet de science. Il est vrai que ce travail a déjà commencé, avec des mémoires et des thèses à substrat juridique traditionnel. Mais il est souhaitable, même en droit public, que ce pôle soit également densifié parce qu'on ne peut pas ignorer l'existant ; ce serait faire la politique de l'autruche. Cette approche a l'avantage de faire valoir les sources matérielles éclatées et dispersées d'un droit formellement réunifié. Pour ne parler que des transformations contemporaines du droit public au Cameroun, je dois insister sur ce que ce seul espace dit Cameroun peut recouvrir un fond pluriel. En effet, lorsqu'on dit « du Cameroun » on parle bien de Bantous, semi-bantous, mais on dit quand même « du Cameroun » parce qu'on sait qu'à l'intérieur il y a une pluralité qui y fonctionne. C'est ce qu'on appelle le « génotexte » ; c'est-à-dire le texte caché, le « phénotexte » étant le texte ouvert que tout le monde peut voir.

Cette immense et profonde réflexion sur les transformations contemporaines du droit public en Afrique, trouve sa justification à plus d'un titre. La première justification réside assurément dans les considérations d'ordre thématique. L'apparition progressive et continuelle dans le droit et la pratique des institutions publiques depuis plus de trois décennies, interpelle nécessairement les autorités politiques, les administrations et les citoyens. Elle interpelle davantage les chercheurs et experts spécialisés dans ce vaste champ scientifique, qui doivent se saisir de ces transformations pour en démontrer les ressorts et le dynamisme interne, afin de permettre aux uns et aux autres de mieux les ***comprendre***.

Pour être plus précis, et en mesurant la connotation du terme « *comprendre* » dans son étymologie, l'on revient évidemment à ce que je disais, qu'il y a une pluralité dans le droit et les droits, même en Afrique, et les développements des présentes études l'illustrent, partant du passé, atteignant le présent et surtout se projetant dans l'avenir. Or justement, hormis certaines tentatives isolées, initiées par de brillants sujets, mais de manière sporadique dans un ou deux pays ici et là, ces « transformations » n'ont pas fait jusqu'ici l'objet d'une étude générale, globale et d'envergure continentale, sinon planétaire. C'est dans cette tâche titanesque que les présents actes du colloque s'y rapportant voudraient s'atteler.

L'œuvre est d'autant plus fondamentale qu'au fond, le but n'est pas seulement de présenter les « transformations » du ou des droits publics africains ni d'en présenter un tableau idyllique chatoyant pour en faire une description « obséquieuse ». Cet important ouvrage va plus loin, car il se propose de systématiser ces diverses transformations, les comprendre (prendre ensemble), les apprécier, y accorder un prix et décrypter autant que possible celles du futur. Il est par conséquent aisé de comprendre la multitude des champs disciplinaires de droit public mis en exergue ici : droit constitutionnel, droit administratif, droit communautaire, finances publiques, histoire et anthropologie du droit, sociologie du droit... Mais évidemment, en faisant éclater ces diverses spécialités dans les champs hérités de plusieurs cultures occidentales, qui désormais coexistent dans la plupart de nos pays.

Au Cameroun où nous avons l'anglais et le français et non loin de nous, nous avons la Guinée équatoriale où est parlé l'espagnol et plus loin, l'Angola où l'on s'exprime en portugais. Toutes ces influences sont de nature à induire une recherche effectivement éclatée, et il faut rassembler cela au regard de la « transformation » de l'existant.

La complexité de l'objet scientifique qui ressort de la réflexion d'ensemble et des développements portés par la doctrine juridique autorisée de cet ouvrage démontre que le défi de dresser les contours des transformations contemporaines du droit public en Afrique est surmontable. Aussi, dois-je dire ma totale adhésion aux pistes, orientations et solutions juridiques que des ascètes du droit ont bien voulu nous gratifier dans le cadre de leurs doctrines sur les transformations contemporaines du droit public en Afrique.

EXISTE-T-IL UN DROIT PUBLIC AFRICAIN ?

Magloire ONDOA

Professeur Agrégé de droit public et de science politique
Université de Yaoundé II/Cameroun
Doyen de la Faculté des Sciences Juridiques et Politiques

Les identifications et classifications des ordres et systèmes juridiques suscitent une question simple, mais évidemment riche de conséquences ; celle de savoir s'il existe un droit public africain. D'entrée de jeu, il faudrait souligner qu'il ne s'agit pas pour nous de parler du droit public précolonial. Celui-là existe, des thèses ont été soutenues dessus. Nous pensons à la thèse d'Enoch KATTE KWAYEB soutenue au cours des années 50 sur les institutions de droit public du pays Bamiléké[1]. Le titre de cette thèse est assez expressif, il signifie de toute évidence qu'il y a certainement un droit public précolonial, mais également des droits publics précoloniaux. Nous voulons limiter notre propos au droit public de l'Afrique postcoloniale.

À cet égard, il importe de dire que la question de savoir s'il existe un droit public africain est une interrogation qui peut et doit être étudiée dès la période coloniale. Mais précisons déjà que l'utilisation du mot colonial ou colonisation se fera sous l'angle générique, étant entendu que le mot recouvre plusieurs réalités qui intègrent parfois le mandat, la tutelle et la colonisation classique. Donc, nous allons entendre par colonisation, la domination politique d'un État par un autre.

Aussi, il convient de souligner qu'il a souvent été dit qu'il n'existe pas de droit public spécifiquement africain, que celui-ci s'est formé par la reprise systématique du droit français ou du droit du colonisateur. Cela aurait été le cas avec la France, l'Espagne, le Portugal, le Royaume-Uni de Grande-Bretagne et d'Irlande du Nord, etc.

Alors, la doctrine depuis le 20e siècle c'est-à-dire au moment où se développe de plus en plus une pensée africaniste, les juristes se sont dit qu'en fait depuis la disparition ou la démolition des droits précoloniaux par le colonisateur, il n'y a pas eu un droit public africain véritable. Que ce droit n'est en quelque sorte que la reprise de ce que le colonisateur a légué. C'était la doctrine du mimétisme juridique qui a notamment été développée par le professeur Gérard TIMSIT et brillamment reprise par le professeur BIPOUN

---

[1] KATTE KWAYEB (E.), *Les institutions de droit public du pays Bamiléké (Cameroun). Évolution et régime actuel*, Thèse pour le Doctorat en Droit, 18 décembre 1958, université de Paris ; Paris, L.G.D.J., 1960, 199 p.

WOUM dans un article qui a eu un grand retentissement en 1972[2]. Elle prônait une réception aveugle du droit de l'ex-colonisateur.

Cette thèse a eu un grand succès, un très grand succès puisqu'elle continue jusqu'à présent à compter encore de nombreux disciples. Dans le cadre de l'Université de Yaoundé, il y en a eu beaucoup après le professeur BIPOUN WOUM, le professeur Roger Gabriel NLEP, le professeur Maurice KAMTO.

Alors, poser la question de savoir s'il existe un droit public africain c'est quelque part interroger cette pensée, c'est questionner cette façon de percevoir le droit public africain. Et derrière cette question évidemment se trouve la problématique de l'enseignement du droit dans les Universités. Parce que s'il n'existe pas un droit public africain et que les États africains se sont contentés de reproduire dans leur contexte les droits étrangers, alors pour enseigner le droit constitutionnel, le droit administratif, il ne faut pas se creuser la tête. Il suffit d'ouvrir les ouvrages étrangers, faire les parallèles avec les textes nationaux et on a le reste. Bref, cela faciliterait la tâche. Alors qu'une thèse contraire, celle postulant ou défendant l'idée de l'existence d'un droit public africain donne plus de responsabilités aux universitaires, les obligent à fabriquer ou à construire, à le systématiser.

C'est d'un intérêt important, c'est pour cela qu'il importe de jeter sur la question un regard lucide qui évidemment tient compte de toutes les conséquences et de tout ce qui a été dit. La doctrine ivoirienne par exemple avec le professeur René DEGNI SEGUI nie l'existence d'un droit public africain. Ce dernier affirmait sous une forme très saisissante que le Conseil d'État n'appartient pas à la France, il fait partir du patrimoine commun de l'humanité[3]. C'était peut-être un peu excessif, mais au moins l'idée selon laquelle les Africains ont repris le droit français et les autres droits était ainsi clairement exprimée.

Au regard de ce qui suit, nous allons adopter une position contraire dans notre analyse, pour dire qu'il existe effectivement un droit public africain, un socle commun aux droits publics africains. Nous verrons comment ce socle s'est formé (**I**), et comment il a évolué (**II**). Avant de constater que c'est plutôt maintenant que progressivement, ce socle semble céder sous les évènements nationaux et internationaux.

I- La formation d'un socle commun au droit public africain

L'existence d'un droit public africain est à notre sens incontestable. S'il est une évidence qui s'impose à l'observation aujourd'hui, c'est celle d'un

---

[2] BIPOUN WOUN (J-M), « Recherches sur les aspects actuels de la réception du droit administratif dans les Etats d'Afrique noire d'expression française : le cas du Cameroun », RJPIC, n°3, 1972, pp 358-383.

[3] DEGNI SEGUI (R), *Droit administratif général*, CRES, Abidjan, 1990, pp 28-29.

développement séparé des droits occidentaux, d'une part, et africain d'autre part, pendant la période coloniale. Ainsi, l'élaboration d'un droit « *colonial* » africain à partir du droit français s'explique. Elle se fondait au plan juridique, par l'application du principe de la spécialité législative, sur la séparation des droits métropolitains et coloniaux (**A**). De sorte que, malgré leurs sources communes, ces droits demeuraient différents dans leurs inspirations, expressions et applications ; ce constat oblige évidemment à envisager les mécanismes de formation du droit « *colonial* » africain, en tenant pour acquises, non seulement la séparation déjà relevée, mais aussi une considération fondamentale : l'élaboration localement d'un droit qui lui était propre. Leur conjugaison formait le droit « *colonial* » africain, qui constitue le socle primitif du système juridique du droit public africain (**B**).

A- La séparation du droit colonial et du droit métropolitain en Afrique

Au début de la colonisation entendue au sens large parce que toute la thèse de la réception du droit du colonisateur en Afrique se fonde sur le fait qu'à l'époque coloniale, à cause de l'application de la politique d'assimilation, les populations des territoires d'outre-mer et celle de l'État colonisateur étaient régies par un même droit fabriqué par les autorités coloniales. Eh bien, les faits tendent à contredire cette approche.

Il ne faut pas oublier que la France par exemple pénètre en Afrique en 1776 par le Sénégal. Or bien avant, en 1774, s'agissant de sa colonisation dans les îles de Saint-Domingue et autres, le Roi de France avait publié un document que l'on appelle la Lettre de Cachet qui posait un principe simple, selon lequel le droit fait en métropole n'était pas automatiquement applicable outre-mer[4]. C'est un principe qui existe d'ailleurs jusqu'à présent entre le droit français et le droit des DOM-TOM[5]. Il existe parce que depuis 1774, la conviction avait été formelle selon laquelle il fallait tenir compte des particularismes locaux et comme le disait le général Lyautey au Maroc, le droit fait pour la France n'est pas forcement bon pour les territoires d'outre-mer[6]. Ce principe que l'on a appelé « *spécialité législative* » s'est ainsi imposé dans le droit colonial. Il a fait en sorte qu'il existe en réalité deux droits : le droit métropolitain et le droit colonial, c'est-à-dire celui applicable en Outre-mer.

---

[4] Sur la Lettre de Cachet du 26 octobre 1774 du Roi de France adressée aux Présidents des Conseils Supérieurs de Saint-Domingue, voir ONDOA (M), *Introduction historique au droit camerounais : la formation initiale. Éléments pour une théorie de l'autonomie des droits africains*, Yaoundé, Les Éd. Le Kilimandjaro (coll. Doctrine Juridique Africaine et Malgache), 2013, 57-77 pp.

[5] Département d'Outre-mer – Territoire d'Outre-mer.

[6] V. La lettre du général Lyautey, commissaire résident général de la République française au Maroc, à M. Pichon, ministre des Affaires étrangères de la France ; Marrakech, le 19 mars 1913, in Codes et Lois en vigueur dans le Protectorat français du Maroc, Paris, 1915, Annexes VII, pp 929-936.

Selon ce principe, les textes et même la jurisprudence pris en métropole n'étaient pas automatiquement appliqués outre-mer. Pour qu'ils y soient, il fallait d'abord remplir la formalité de la promulgation. C'est ce qui justifie que beaucoup de textes pris en métropole n'étaient pas applicables en Outre-mer. Notamment la loi des 16-24 août 1790 sur la séparation des autorités administratives et judiciaires ou plus proche de nous, la loi de 1957 sur le contentieux des accidents de circulation. C'est aussi le cas de l'arrêt bac d'Eloka[7]. Les faits se déroulent en Côte d'Ivoire, mais c'est le Conseil d'État français qui avait rendu un arrêt qui n'était applicable qu'à la puissance coloniale française.

Ce principe de la spécialité législative a donc justifié que le droit, fabriqué par les autorités coloniales française, anglaise ou portugaise, avait en réalité deux dimensions : une dimension applicable en métropole et l'autre en Outre-mer. L'on observe d'ailleurs que beaucoup de ces textes n'avaient pas été promulgués en Outre-mer.

Ce long point absolument important justifie qu'à l'époque déjà, il y avait le droit métropolitain et le droit colonial. Cela signifie bien qu'il y avait deux droits. Cela est fondamental et c'est ce qui justifie que depuis lors, il s'est développé un droit différent de celui de la métropole notamment du droit français.

B- L'élaboration d'un « *droit particulier* » en Afrique

La notion de « *droit particulier* » évoquée ici doit être précisée. Elle ne signifie nullement que ce droit soit exclusif du précédent, notamment du droit promulgué. L'on sait déjà en effet que le droit en vigueur dans les Territoires africains était constitué à la fois du droit colonial élaboré en métropole et promulgué en Afrique, d'une part, et de l'autre, de celui élaboré localement par les autorités coloniales compétentes. La notion de droit particulier renvoie donc à ce dernier. Son caractère particulier résulte du fait que, élaboré par les autorités coloniales exerçant en Afrique, son champ d'application se limitait aux frontières de ce territoire. Ce droit particulier, c'est donc celui élaboré en Afrique pour les Africains et/ou les personnes résidents dans ce territoire.

En d'autres termes, les autorités coloniales locales disposaient d'un pouvoir réglementaire. Celui-ci leur permettait d'édicter localement des règles juridiques applicables à leur circonscription de compétence et évidemment inapplicable en métropole. C'était là un facteur supplémentaire de différenciation des droits coloniaux et des droits d'outre-mer. C'est pour cela qu'il est important de faire un peu d'histoire de chacune de nos grandes disciplines : le droit public et le droit privé. Et même à l'intérieur de celles-ci, de certaines disciplines comme le droit civil.

[7] TC, 22 janvier 1921, Société Commerciale de l'Ouest africain, R., p 91.

L'on se souvient par exemple que l'un des ancêtres lointains du droit camerounais de la famille c'est un arrêté de 1924 sur le mariage interreligieux, c'est le tout premier texte en la matière. Aussi, le Code d'Instruction Criminelle qui était appliqué à l'époque en métropole n'était pas systématiquement applicable en Afrique parce qu'on sait très bien qu'était alors appliqué le régime de l'indigénat. Du fait de l'indigénat, les règles de procédure qui étaient applicables en métropole ne l'étaient pas forcément en Afrique, de même que le Code civil qui avait été repris article par article. Cela aussi pour dire qu'à l'époque, il était difficile de parler de l'application d'un même droit du fait de l'existence des règles propres aux territoires africains.

II- L'évolution du socle commun au droit public africain

Il n'est pas inintéressant de s'interroger sur la trajectoire de ce socle commun du droit public africain, sa contribution à la formation des systèmes juridiques africains actuels étant incontestables. En recherchant dans la genèse des droits africains postcoloniaux, la doctrine se contente souvent de proclamer la reconduction du droit français. Elle se fonde pour cela sur une ordonnance française du 6 octobre 1958 reprise par les premières constitutions africaines. Son interprétation de ce texte ne peut laisser indifférent, tant les conclusions qu'elle en tire semblent exagérées et imprudentes. La réalité est plus complexe. Elle oblige à rappeler que le droit effectivement appliqué à l'Empire français d'Afrique pendant la colonisation était différent de celui de la métropole (**A**), et c'est ce droit colonial qui a été reconduit au moment des indépendances (**B**).

A- L'introduction du droit colonial avant les indépendances

Possession coloniale allemande en vertu du « traité » Germano-Douala du 12 juillet 1884[8], le Cameroun comme d'autres territoires africains se retrouvent sous le giron de la France et de la Grande-Bretagne après la défaite des puissances de l'axe lors de la 1re guerre mondiale. À partir de cette période, différents instruments juridiques seront adoptés qui peuvent être considérés comme servant de fondement juridique du droit colonial avant les indépendances.

Il faut dire qu'en 1924, alors que venait de s'instaurer en 1916 la domination politique française sur le Cameroun, les autorités françaises ont pris un acte fondamental dans la connaissance du système juridique camerounais. C'était le décret du 22 mai 1924. Celui-ci disposait clairement que les règles juridiques quelles que soient les disciplines prises en métropole ne pouvaient pas être appliquées aux colonies. Et pour le cas du Cameroun, le

[8] Un « traité » qui, à vrai dire n'en était pas vraiment un car conclu entre des entités n'ayant pas la qualité de sujet du droit international à l'époque des faits, les firmes allemandes JANTZEN et THORMALEN d'un côté, les chefs Douala DEIDO, AKWA et BELL de l'autre.

décret du 22 mai 1924 introduisait dans l'ordre juridique tous les textes qui étaient pris pour l'Afrique Équatoriale Française (AEF) jusqu'au 1er janvier 1924. En d'autres termes, ce décret introduisait au Cameroun les lois et décrets promulgués en AEF avant le 1er janvier 1924. Sur ce fondement, l'on peut, sans risque d'erreur, affirmer que ce décret promulguait, publiait et rendait exécutoire au Cameroun, le droit en vigueur en AEF[9].

Il s'agissait là d'une violation non seulement du mandat, mais aussi des principes les plus élémentaires parce que l'on soumettait un territoire sous mandat c'est-à-dire placé sous la protection de la Société des Nations (SDN) à l'époque, à des normes juridiques conçues pour les territoires colonisés de l'AEF notamment le Gabon, le Congo entre autres. Ce qui fait que la base fondamentale de notre droit n'est pas constituée les arrêts du Conseil d'État, de la Cour de Cassation et autre, mais plutôt par les règles juridiques alors appliquées en AEF.

B- La reconduction du droit colonial au moment des indépendances

La notion de reconduction renvoie à l'idée selon laquelle, l'ensemble des règles juridiques portées par les textes appliqués et applicables en Afrique pendant toute la période antérieure à l'indépendance, fut maintenue en vigueur après celui-ci. Cela signifie qu'avant comme immédiatement après l'accession à la pleine souveraineté des pays africains, le droit en vigueur dans ces pays n'a guère été radicalement changé. La reconduction procède donc d'une démarche visant la continuité du système juridique en vigueur, malgré le changement de circonstances de fait et de droit, qu'impliquait l'accession à l'indépendance.

Aussi, convient-il de rappeler que le socle commun au droit africain que l'on peut encore appelé droit « *colonial* », tel que formulé depuis 1916 au Cameroun, se composait de plusieurs éléments : Le droit applicable en AEF au 1er janvier 1924, conformément aux prescriptions du décret du 22 mai 1924, le droit métropolitain applicable de plein droit aux colonies et territoires coloniaux, le droit promulgué aux colonies et au territoire du Cameroun par application du principe de la spécialité législative, et le droit élaboré localement.

Ce sont ces règles juridiques qui vont être reprises par l'ordonnance Alain Plantey de 1958. Cette ordonnance disposait que les règles juridiques applicables au territoire camerounais au moment de la prise de cet acte demeuraient en vigueur sous reverse de leur modification ultérieure. Certains ont trouvé dans cette disposition l'idée selon laquelle l'on avait repris le droit français alors qu'en réalité, il s'agissait de reconduire les règles juridiques en

---

[9] Nous y avons consacré ailleurs des réflexions de plus grande ampleur, et qu'il nous soit permis d'y renvoyer simplement ici : *Introduction historique au droit camerounais : la formation initiale. Éléments pour une théorie de l'autonomie des droits africains*, op.cit., pp 123-130.

vigueur dans les territoires africains. C'est ce droit inspiré d'une idéologie que l'on a par la suite, systématisé.

D'abord le président KEBA MBAYE du Sénégal, dans un article devenu fameux, « Le droit au développement »[10], suivi par le professeur Maurice KAMTO qui, dans sa thèse, a très bien systématisé cette philosophie que l'on appelait l'idéologie de la construction nationale[11]. En effet, si le droit public métropolitain était traversé par les principes de liberté, les droits africains étaient quant à eux irrigués par l'idée de la construction nationale selon laquelle, il fallait mettre les libertés de côté pour privilégier le développement économique et social.

C'est ce socle commun qui constitue le droit public des États africains. Un socle qui tend évidemment à céder sous les mécanismes de libéralisation. En effet, c'est aujourd'hui depuis la mondialisation, la libéralisation, la démocratisation que progressivement on retrouve une certaine identité d'approche entre les droits africains et le droit des États occidentaux. Même si les mouvements de résistance à l'application de cette idéologie ou à la disparition de celle-ci sont évidemment très nombreux. Ce qui fait que finalement, les droits africains et occidentaux sont issus d'une même source, mais sont différents dans leur inspiration, dans leur expression en dépit de l'homonymie des concepts. À titre d'exemple, dans le droit public camerounais lorsqu'on parle de la voie de fait ce n'est pas la même chose qu'en France, parce que dans le cas du Cameroun, la voie de fait a longtemps exprimé l'utilisation indue de la force publique. Il en est de même en Algérie, lorsqu'on parle de voie de fait là-bas, cela renvoie à la législation sur les biens vacants, les biens qu'avaient laissés les Français au moment de leur départ. Le même constat peut s'opérer avec les actes de gouvernement, la conception et le contenu diffèrent selon que l'on se trouve en France ou au Cameroun.

Nous pouvons relever que c'est aujourd'hui qu'il y a un mouvement des droits africains vers les droits occidentaux, mais autrefois ils étaient très différents.

---

[10] KEBA MBAYE, « Le droit au développement », revue négro-africaine numéro 21, janvier 1980.

[11] KAMTO (M), *Pouvoir et droit en Afrique noire : essai sur le fondement du constitutionnalisme dans les États d'Afrique noire*, LGDJ, 1987, pp 545.

LE DROIT ADMINISTRATIF AFRICAIN A LA RECHERCHE DE SES PROPRES MODÈLES

Jean-Paul MARKUS

Professeur Agrégé de droit public
Université de Versailles Saint-Quentin
et IEP de Saint-Germain-en-Laye
Dir. Laboratoire VIP (E.A. 3643)

C'est aujourd'hui un truisme d'affirmer que depuis la décolonisation, les législations et les institutions des pays africains francophones ont pour la plupart été calquées sur celles de l'ancienne métropole, ce qui est aussi vrai pour leurs constitutions. C'était en même temps logique, dès lors que les classes dirigeantes qui prirent le relais des autorités coloniales étaient formées en France, et surtout que le modèle institutionnel français brillait encore de mille feux à travers le monde. Car c'est tout de même ce modèle qui a inspiré pour une bonne part les institutions des Communautés européennes créées en 1957. Indépendamment du phénomène de mimétisme largement décrit et que nous devrons par ailleurs évoquer, le choix du système juridique français comme modèle était-il, dans l'absolu, le plus judicieux ?

Il ne s'agit pas de céder au « french bashing » ambiant ni de dénigrer le droit français et ses racines issues du droit latin, mais de s'interroger sur la pérennité de ce conformisme, alors même que le droit français puise de plus en plus dans le droit anglo-saxon, notamment à travers le droit européen. Il n'est pas non plus interdit de se demander si le modèle français ne s'est pas dévalué en efficacité, puisque c'est à l'aune de son effectivité, de sa capacité à accompagner les évolutions économiques et sociales, qu'un droit doit être jugé[1]. En somme, ce modèle est-il toujours légitime ? (I).

Et à supposer que ce conformisme se justifie encore, il faudra s'interroger sur la méthode : la façon dont le droit français ou européen sont transposés dans les droits africains laisse parfois perplexe. L'expérience montre que loin de chercher à imaginer des solutions propres ou même d'adapter les législations françaises, certains parlements africains adoptent des lois françaises telles quelles, et les « plaquent » sur des réalités géographiques, démographiques, sociologiques radicalement différentes. Il en résulte des lois inappliquées, avec pour conséquence un discrédit des institutions, ressenties comme déconnectées. Ce serait donc moins le modèle – français ou autre - qui serait en cause, que son mode d'importation (II).

---

[1] Cf. notamment Guy Canivet et Marie-Anne Frison-Roche Mesurer l'efficacité économique du droit, LGDJ, 2005.

I- La légitimité du modèle administratif français

Le système juridique français, en ce qu'il représente une source majeure d'inspiration du droit dans les pays d'Afrique francophone, peut être remis en cause de deux façons : en tant qu'il serait un modèle et que tous les modèles sont relatifs (A) ; en tant qu'il est français et qu'il entre en concurrence avec d'autres modèles dont d'ailleurs il s'inspire toujours plus (B).

A- De la relativité des modèles

Qu'ils fonctionnent ou pas, les modèles varient, et pas seulement pour des raisons juridiques. Il est d'usage d'attribuer l'échec du modèle juridique français importé en Afrique après la décolonisation, à l'accaparement de ce modèle au profit des classes dirigeantes[2]. Mais cette explication, qui assurément relève de la vérité historique, est incomplète, et donc scientifiquement lacunaire.

Le professeur A. Ondoua l'a démontré à propos de la notion de nation dans la constitution, par un article audacieux dans la revue *Afrique contemporaine*[3] : « *placer la focale sur les concepts de peuple ou de nation peut conduire à une sorte de « myopie constitutionnelle » (...) qui consiste à ne pas suffisamment prendre en compte la composition humaine des collectivités étatiques africaines* ». Regarder les populations africaines comme des nations indivisibles et souveraines n'est déjà pas toujours évident en France[4], en Belgique[5], c'est encore moins évident au Liban[6], au Canada, ou en Russie. Ce modèle continue pourtant de prévaloir, par exemple lorsqu'on lit la Constitution congolaise de 2006[7].

La nation ne naît pas d'une Constitution. En France, il a été montré comment le mythe national s'est forgé en plusieurs siècles à partir de symboles comme Jeanne d'Arc ou Vercingétorix ou même la Résistance face aux Allemands, mythes dont la réalité est aujourd'hui partiellement mise en

---

[2] J.F. Bayart, l'État en Afrique, la politique du ventre, Fayard 1989.

[3] A. Ondoua, La population en droit constitutionnel, le cas des pays d'Afrique francophone, 2012/2, n° 242, p. 87.

[4] S. Pierré-Caps, Nationalisme ethnique et constitutionnalisme libéral : l'exemple basque, Revue Politeia, 6 déc. 2004, n° 6, p. 121.

[5] Sur l'artificialité de la nation belge, A. Laurent, P. Delfosse, A.P. Frognier, Les systèmes électoraux : permanences et innovations, Paris, L'Harmattan, coll. « Logiques politiques », 2004. Aussi, s'agissant du passage d'une nation indivisible à un « fédéralisme d'indivision », C. de Visscher et V. Laborderie, Belgique : stop ou encore ? Entre fédéralisme, confédéralisme et séparatisme, Revue *Politique étrangère*, 2013/4 (Hiver), p. 23 et s.

[6] J. Nammour, Les identités au Liban, entre complexité et perplexité, Cités, 2007/1 n° 29, p. 49.

[7] D. Pollet-Panoussis, *La Constitution congolaise de 2006 : petite sœur africaine de la Constitution française*, RFDC, 2008 n°75, p. 451 s.

cause[8]. Ce sont aussi les guerres, en particulier la Première Guerre mondiale, qui ont forgé la nation française en brassant les hommes des différentes régions et colonies françaises[9]. Ces évènements et mythes fondateurs prennent des décennies voire des siècles à opérer, comme ce fut le cas aussi aux États-Unis, nation plurale s'il en est[10].

Alors pourquoi serait-ce plus évident en Afrique avec ses frontières tirées à la règle ? Fonder la souveraineté étatique sur une nation indivisible postulée par la Constitution revient, comme le dit encore A. Ondoua, à poser une « *chape de plomb constitutionnelle* » sur les diverses composantes d'un pays[11]. Cette vision tend à évoluer depuis les années 1990, avec la prise en compte dans la Constitution même, de l'hétérogénéité et des spécificités de la population des pays africains. Reste que si les constitutions africaines ont pu être si facilement manipulées ou contournées afin de prolonger le maintien au pouvoir de certains dirigeants, c'est parce qu'elles demeurent en quelque sorte « hors-sol ». D'où la nécessité de les « re-crédibiliser »[12] en adoptant des paradigmes différents, tendant à inclure la population par la prise en compte de sa diversité.

Certes, en calquant la constitution française et en maintenant une administration à la française, l'idée des dirigeants postcoloniaux était de transposer aussi fidèlement que possible un modèle qui avait permis de trouver la voie du développement économique, à travers la création d'une nation souveraine et indivisible, capable d'aller de l'avant[13] (création d'un drapeau, d'une fête nationale, d'un hymne, d'un état civil, d'un journal officiel, d'un ordre juridictionnel, etc.).

Or, premièrement, le développement économique européen ne s'est pas produit selon la même chronologie ni sous les mêmes institutions que les États développés tentent aujourd'hui d'imposer aux pays en voie de développement. Les grandes phases de développement économique, les révolutions industrielles notamment, se sont déroulées sous les dictatures qu'était la Royauté (avec Colbert) ou l'Empire (sous Napoléon III), et qu'il a fallu les dévastations de la Seconde Guerre mondiale pour que viennent les trente

---

[8] Par ex. J.C. Martin, *Violence et Révolution. Essai sur la naissance d'un mythe national*, Paris, Seuil, 2006. – S. Citron, Suzanne Citron, Le mythe national, l'histoire de France revisitée, éd. Atelier, Poche, 2017.

[9] Voir l'exemple particulièrement significatif des Bretons partis à la guerre en 1914 : J.M. Deguignet, Mémoires d'un paysan bas-breton, éd. Pocket, 2001.

[10] E. Marientras, Les Mythes fondateurs de la nation américaine : Essai sur le discours idéologique aux États-Unis à l'époque de l'indépendance, 1763-1800, 1976.

[11] Aussi G. Rossatanga-Rignault, *Identités et démocratie en Afrique, entre hypocrisie et faits têtus*, Afrique contemporaine 2012/2 (n° 242), p. 59 s.

[12] J. Du Bois de Gaudusson, Les tabous du constitutionnalisme en Afrique, Afrique contemporaine, n° 242, p. 56.

[13] F. Borella, L'État en Afrique, crise des modèles et retour aux réalités, in Mélanges René Gendarme, Éd. Serpenoise, 1996, p. 229 s.

glorieuses. Ni la Constitution, ni les institutions, ni les lois n'étaient les mêmes. On peut citer aujourd'hui la Chine, dont l'expansion économique s'effectue à l'abri une dictature vigilante. Cet aspect purement historique limite déjà en soi la valeur du modèle français, mais aussi des autres modèles. Deuxièmement, l'argument économique est réversible : c'est précisément au nom du développement économique que l'Afrique a basculé vers le monopartisme, avec les thèses du démarrage économique de Rostow[14]. D'où la longue parenthèse qu'a connue le mimétisme constitutionnel, avec le parti unique dans les années 1970/80[15].

Si le modèle constitutionnel français est ensuite revenu en grâce, on notera d'abord que les constitutions « mimées » de la période post-monopartisme ne sont pas les mêmes que les constitutions mimées de la période postcoloniale. Un « syncrétisme »[16] s'est opéré par la prise en compte, au niveau constitutionnel même, des particularismes africains, comme cela s'était déjà fait par exemple au Liban (Pacte national de 1943 consacrant le confessionnalisme au niveau des institutions politiques[17]). Les constitutions actuelles ont été « tropicalisées » et tiennent compte des réalités continentales, comme celle du Sénégal, qui s'attaque frontalement aux problèmes de discrimination notamment à l'égard des femmes[18]. La Constitution camerounaise (art. 57) prévoit que le « conseil régional doit refléter les différentes composantes sociologiques de la région », ainsi que des « représentants du commandement traditionnel ».

Mais avec l'effondrement du modèle soviétique ainsi que la reconnaissance généralisée des droits humains, les constitutions se sont toutes « standardisées », et renvoient en général à la loi pour garantir la sauvegarde des particularismes. Ce qui est vrai lorsqu'on évoque le mimétisme constitutionnel est encore plus vrai lorsqu'on évoque le mimétisme légal, à savoir toutes ces lois « importées telles quelles » à grand renfort d'experts venus de France ou d'ailleurs, et qui ont pour seule efficacité de marquer les esprits sans jamais s'ancrer dans les faits. Or le modèle législatif français est également relatif.

---

[14] X. Valantin, *A propos des « étapes de la croissance économique » de Rostow*, Présence Africaine, 1962/4, n° 44, p. 204. A. Mahiou, L'avènement du parti unique en Afrique noire, 1969.

[15] J. Gicquel et J.E. Gicquel, Droit constitutionnel et institutions politiques, 29e éd., n° 797 et s.

[16] J. Gicquel et J.E. Gicquel, Ordre public, cit., n° 801.

[17] Sam Dalla, La constitutionnalisation du confessionnalisme. De l'exemple libanais, RFDC 2015/3, n° 103, p. 256.

[18] Constitution du Sénégal de 2001, article 17 : l'État « *garantit également aux femmes en général et à celles vivant en milieu rural en particulier, le droit à l'allègement de leurs conditions de vie* ».

B- De la relativité du modèle français

Peut-on encore évoquer un modèle législatif français, tant la législation française est devenue hétéroclite et parfois incohérente ? C'est encore un poncif, mais il doit rester présent à l'esprit lorsqu'on cherche un modèle : or le système légal et administratif français a évolué depuis la décolonisation, et il est devenu instable, c'est le premier élément qui relativise la légitimité de ce modèle.

Le modèle administratif français adopté par les pays africains est celui contemporain de la décolonisation. Or ce modèle a considérablement évolué. Sans se lancer dans un cours de DAG, il a évolué dans trois grands axes. Il a d'abord évolué vers plus de transparence avec les grandes lois prescrivant l'accès aux documents administratifs, la motivation des actes administratifs, la contradiction dans les procédures administratives, et en dernier lieu la codification du droit administratif (CRPA). L'idée était chaque fois d'aller vers un État de droit plus effectif. Le droit administratif a ensuite évolué vers une protection accrue de l'administré, en particulier face aux prérogatives de puissance publique les plus fortes, avec l'instauration de recours juridictionnels spécifiques, un renforcement des obligations de contradiction. Le droit administratif a enfin évolué vers une privatisation des méthodes, avec l'essor de la méthode contractuelle, privilégiée par rapport à la méthode unilatérale, mais aussi, avec la recherche d'efficacité, voire de rentabilité. Ce mouvement a été accompagné par le juge administratif, dont la jurisprudence fait ressortir un nouvel équilibre entre intérêt général et intérêt privé, qui se traduit par une jurisprudence plus à l'écoute de l'administré.

Depuis la période de décolonisation, le modèle administratif français est aussi devenu très instable. Sans dénigrer un modèle qui n'est pas parmi les plus mauvais, il n'est pas interdit d'être lucide. Un rapport du Conseil d'État de 2016[19] y aide ; il est sans appel. La législation française de façon générale s'est décrédibilisée par son instabilité. Alors, pourquoi recopier des lois qui, parce que mal faites et éphémères, ne marqueront pas l'histoire du droit ? C'est très vrai en droit public de l'économie, notamment la réglementation des activités économiques. Un exemple suffit, celui de l'instabilité du droit encadrant l'activité de taxi, tant en raison des évolutions technologiques qu'en raison d'une législation dictée par des lobbies d'arrière-garde. Ainsi le modèle législatif est-il critiqué par le Conseil d'État lui-même, chargé de conseiller le gouvernement tout comme d'appliquer les lois, et cela alors même que sa propre jurisprudence s'est également complexifiée, avec des revirements toujours plus fréquents et des « grands arrêts » à la durée de vie toujours plus réduite.

---

[19] Conseil d'État, Étude annuelle 2016, *Simplification et qualité du droit*, La Documentation française, 2016. Est notamment dénoncé « l'emballement de la production normative » (p. 99).

Un autre élément contribuant à relativiser la légitimité du modèle légal et administratif français réside dans la concurrence entre modèles, qui s'est accrue avec l'accès plus aisé aux autres modèles. Certes, la proximité linguistique entre la France et les pays d'Afrique francophone continue d'avantager le modèle administratif français, mais ce modèle s'inspire lui-même depuis toujours et toujours plus de sources étrangères. On peut citer, parmi les exemples les plus anciens, l'importation du modèle de l'ombudsman des pays scandinaves en 1973, qui a donné le Médiateur de la République, devenu défenseur des droits. En droit administratif, l'Union européenne est toujours plus influente, avec par exemple l'avènement de principes tels que la sécurité juridique et la confiance légitime pour les situations régies par le droit de l'Union européenne (principes issus du droit allemand). En droit public économique et plus généralement en droit économique, les textes français, depuis les années 1990, sont souvent d'inspiration anglo-saxonne, avec une perte notable d'influence du droit latin. Les méthodes et systèmes légaux sont importés, tels que le droit des faillites (avec la mise sous sauvegarde) et surtout le droit de la *régulation*, au départ très étranger au droit français et qui s'y est acclimaté au point que les actes de « *droit souple* » résultant de cette régulation sont appréhendés désormais par le juge administratif qui admet contre eux le recours pour excès de pouvoir[20].

Sans vouloir promouvoir à tout prix les modèles américain, britannique ou suédois au détriment du modèle français, le fait que bien des systèmes légaux français soient eux-mêmes d'importation incite à réfléchir sur ce qui s'importe en Afrique. C'est la question du mode « d'importation », pas toujours très réfléchi.

II- La légitimité du mode d'importation

À l'image de ce qui s'est produit pour les constitutions africaines, les parlements africains ont souvent adopté des lois françaises presque intégralement. Un placage législatif irraisonné, suivi d'un rejet de la greffe, car non compatible (A). Ne pouvait-on imaginer une voie médiale, un modèle propre, pas nécessairement original, mais au moins adapté ? (B).

A- Les leçons du « placage législatif »

Lorsque les parlementaires français ont importé le dispositif du partenariat public privé par une ordonnance du 7 juin 2004 à partir du modèle britannique, cela s'effectua avec la croyance en une solution miracle, censée permettre à nos administrations d'économiser des milliards par des contrats globaux, confiant au secteur privé l'ensemble d'une opération, depuis la définition des besoins jusqu'à la mise en service et l'exploitation des équipements réalisés,

[20] CE 21 mars 2016, Soc. NC Numericable, n° 390023 ; 21 mars 2016, Soc. Fairvesta International GmbH, n° 368082 ; 10 nov. 2016, Marcilhacy et a., n° 384691

en passant par leur financement[21]. Ainsi l'administration devait-elle réduire la masse des formalités administratives par des contrats dits globaux. Mais elle a vite déchanté quand elle a compris que le partenariat public privé l'enchaînait pour des décennies avec des mensualités très élevées. La Cour des comptes a dressé récemment un constat sévère : non seulement le partenariat public-privé ne permet pas d'économiser, mais il coûte plus cher et reporte les dépenses de fonctionnement sur les générations futures (Rapp. C. Comptes 2015, p. 148.). Surtout, il a placé les élus locaux devant des mécanismes contractuels étrangers à leur culture, ce qui a conduit à des clauses souvent très défavorables à la collectivité (Rapp. C. Comptes 2015, p. 168).

Juste après ce rapport, en 2015, le législateur français est revenu à une formule plus conforme au modèle latin : le marché de partenariat[22]. La greffe n'avait pas pris, et une voie intermédiaire fut tentée, afin de garder les avantages du partenariat tout en éliminant ce qui ne fonctionnait pas, au profit des instruments traditionnels.

Voilà pour l'expérience française. Qu'en conclure ? À supposer qu'il faille importer, sinon un modèle juridique dans son entier, au moins certains dispositifs ayant montré leur efficacité dans d'autres pays, comment y procéder ? Il est incontestable que jusque dans les années 2000, l'adoption dans les pays africains de dispositifs juridiques français, notamment de droit administratif, s'est faite par placage pur et simple de lois françaises dans le paysage juridique de ces États.

On mentionnera un exemple topique. La loi congolaise du 6 février 2003 de décentralisation s'est avérée être une reproduction presque fidèle de la loi de décentralisation du 2 mars 1982 en France, loi qui mettait fin à la tutelle de l'État sur les collectivités territoriales, sous réserve d'un contrôle de la légalité des actes locaux par le préfet représentant de l'intérêt national. Mais comme il n'existait pas de préfets au Congo-Brazzaville, la loi de 2003 les instaura en même temps. Un déféré préfectoral fut également créé à l'encontre les actes locaux, alors que la juridiction administrative congolaise n'existait que sur le papier et qu'il n'existait aucune culture du contrôle de la légalité des actes administratifs.

Or la décentralisation en France, instaurée par la loi du 2 mars 1982 et sans cesse approfondie ensuite, n'a été rendue possible que grâce à l'existence

[21] B. Martor, S. Thouvenot, Le contrat de partenariat : la nouvelle alternative aux modes traditionnels d'achats publics, JCP A 2004 n° 28, p. 931. Moins enthousiaste, A. Ménéménis, L'ordonnance sur les contrats de partenariat : heureuse innovation ou occasion manquée ? AJDA 2004 p. 1737.

[22] Ordonnance du 23 juillet 2015, le décret n° 2016-360 du 25 mars 2016 relatif aux marchés publics, et décret n° 2016-361 du 25 mars 2016 relatif aux marchés publics de défense ou de sécurité.

d'une administration étatique territoriale forte (les préfectures), instaurée par Napoléon Ier dès 1799 (Loi du 28 pluviôse An VIII) selon un modèle hiérarchique quasi militaire entre le pouvoir central, les préfets, et des maires nommés à la tête de chaque commune. Cet encadrement préfectoral, bien implanté et intégré dans la société, a pu ensuite laisser place à une autonomie plus poussée en faveur des élus locaux, lesquels avaient acquis la culture de l'étendue et des limites de leurs pouvoirs (en particulier de la nécessité du respect de l'État de droit). L'évolution a donc été progressive, faite d'étapes qui sont autant de périodes d'acclimatation des institutions.

Certes, la décentralisation au Congo avait été prônée par les instances internationales comme la Banque mondiale (Rapport en français, éd. Banque mondiale-Eska, Chap. 5, 2000). Elle était censée permettre une démocratisation par une « nouvelle gouvernance ». Mais elle a été instaurée au pas de course, dans un contexte démographique, social et institutionnel très différent de celui qui prévalait dans les pays du Nord actuellement décentralisés (dont la France). En matière de décentralisation, dans bien des pays africains, l'État n'a pas pu conforter son assise par la création d'un réseau de services publics sur l'ensemble de son territoire. Ce sont les autorités locales, souvent traditionnelles, qui sont seules ressenties comme légitimes. D'ailleurs, les chefs de villages au Congo furent intégrés dans la loi de décentralisation au même titre que les communes, ce qui rendit l'ensemble assez baroque. Dans ce contexte congolais, de l'époque, avec une population de 4 millions d'habitants répartis pour l'essentiel entre Brazzaville et Pointe-Noire, pouvait-on imaginer d'autres systèmes tenant mieux compte des spécificités locales ?

En somme, et au risque de verser dans la tautologie, chaque système légal a sa propre histoire et reflète son propre contexte économique et social. Plaquer un modèle étranger d'administration sur une réalité sociale, économique, culturelle radicalement différente peut conduire à des revers cuisants. Ce n'est pas l'importation d'un modèle étranger d'administration qu'il faut refuser à tout prix (du moins si ce modèle fonctionne). C'est l'adoption du modèle sans adaptation. Cela suppose de vérifier que cette adaptation est possible sans dénaturer le modèle, et en définitive que c'est bien ce modèle qui convient et pas un autre. C'est l'art de la légistique.

B- L'avancée vers un modèle propre

La mise en place du réseau administratif colonial ne s'est pas faite sur du vide. Le Cameroun est selon les historiens le berceau du peuple bantou et des nombreux royaumes que ce peuple a créés à travers l'Afrique. Le royaume Bamoun fut durant des siècles un modèle de stabilité, reposant avant que la

France ne destitue son dernier sultan en 1924[23]. Les Saos connaissaient également une forme d'État hiérarchisé, doté de structures de défense nombreuses[24].

Bien avant l'intrusion des colonisateurs en somme, il existait des structures étatiques, pas moins dictatoriales ou arbitraires que celles qui prévalaient en Europe à la même époque. Le problème est que, en dehors de l'absence de tradition écrite qui aurait permis de mieux les connaître, la puissance coloniale, en s'appuyant sur ces structures pour établir sa propre domination, les a discréditées. Et lorsque la même puissance n'a pu utiliser ces structures comme relais de son autorité, elle les a anéanties. D'où l'adoption du seul modèle connu et non discrédité au moment de l'indépendance : le modèle colonial.

Cependant, l'uniformisation à la française s'est largement faite à travers un droit administratif, lui-même pétri de principes tels que la neutralité et l'égalité, propagées à grand renfort de circulaires et de directives : le fonctionnaire français de base est inondé chaque jour de directives venant d'en haut, lui dictant sa conduite face à tout type de cas de figure. Il ne doit penser et réagir – administrativement parlant - que par les circulaires directives qu'il reçoit, au point parfois de placer ces textes au-dessus de la Constitution[25]. Ces directives (devenues « lignes directrices ») et circulaires, souvent très longues, sont une caractéristique très française, la marque d'un uniformisme juridique assumé. Il faut ajouter à cela le principe de laïcité qui, en France, est conçu de façon très inclusive, voire oppressante, car ne prenant pas en compte le fait religieux. Ainsi, le droit administratif français se comprend dans l'uniformité, sauf situation différente, mais ces situations différentes ne sont jamais culturelles, philosophiques, religieuses, voire ethniques : elles doivent être objectives (économique, âge, etc.).

L'État à la française, intégré, basé sur l'assimilation à une culture commune, a contribué à rassembler des Bretons, des Savoyards et des Alsaciens autour d'un même idéal, et c'est déjà beaucoup, sachant que ces personnes ne parlaient pas la même langue et ne partageaient pas la même culture jusqu'en 1914. Mais cette conception de l'organisation administrative ne semble pas exportable en l'état. S'agissant par exemple du modèle d'administration territoriale, ne pouvait-on imaginer une pluralité organisationnelle plutôt qu'un uniformisme forcené ? Dans les pays africains anglophones, le fédéralisme est courant. Pourquoi adopter le modèle français uniforme de concentration-déconcentration, avec ses préfets et ses sous-

[23] J. Despois, Des montagnards en pays tropical. Bamiléké et Bamoun (Cameroun français), Revue de Géographie Alpine, 1945, n° 33, p. 612 (site persee.fr)
[24] Mveng, Engelbert, « Les Sao » in Histoire du Cameroun, Centre d'édition et de production pour l'enseignement et la recherche, 1984, p. 41-44
[25] Image en vogue chez les juristes français.

préfets, et de centralisation-décentralisation, avec ses élus locaux répondant tous au même modèle ? L'Espagne, l'Italie, le Royaume-Uni ont depuis longtemps adopté une carte administrative sur-mesure, en fonction des différences affichées par certaines régions, avec une autonomie différenciée et des organisations propres. Même la France a accepté une différenciation en faveur de la Corse et des territoires d'outre-mer, pour lesquels une organisation administrative différente prévaut.

Alors n'existe-t-il pas d'autres voies, notamment d'État plural, avec une organisation administrative plurale, un droit administratif plural ? Ne peut-on imaginer une autre forme d'harmonie, basée non plus sur une structure centralisée, mais sur un polycentrisme juridique assumé, tenant également compte des pouvoirs traditionnels ?

Conclusion : une troisième voie ?

Le mimétisme post-colonial, bien qu'il s'explique historiquement et économiquement, constitue l'une des plus graves séquelles de la colonisation, non seulement en raison du choix du modèle, mais surtout en raison de son mode de mise en œuvre. Ce mimétisme s'est ancré sur le fondement d'une croyance profonde en la supériorité du système administratif occidental, cautionné par certains sociologues comme Max Weber, qui a fait considérer comme acquise la supériorité des administrations de type légal et rationnel, sur les administrations ancrées dans l'irrationnel (tradition, sagesse, clans, pouvoirs divins ou autres) et sans référent stable comme la loi[26].

Les élites locales accédant au pouvoir au moment de l'indépendance n'eurent de toute façon aucun choix dans l'organisation de leur administration, car elles n'étaient pas aptes à élaborer un modèle administratif nouveau, original, fondé sur une « authenticité » et une réalité locales, du fait de leur « formatage » par la puissance coloniale. Il fallait aussi compter sur la nécessité d'assurer la croissance économique, et surtout de bâtir de toutes pièces un État-nation à partir de découpages frontaliers artificiels. Les nouveaux États se sont donc constitués à partir d'un enchevêtrement de structures administratives traditionnelles (vidées de leur substance, remodelées par la puissance coloniale et surtout discréditées) et de structures coloniales désertées par ses cadres métropolitains et sans assise sociale. La culture administrative coloniale, basée sur une bureaucratie tatillonne, n'avait en effet pas eu le temps de s'ancrer dans le tissu social autochtone comme elle pouvait l'être dans la métropole, tandis que l'administration traditionnelle autochtone ne l'était plus. Par la suite, la coopération entre l'ex-puissance et ses ex-colonies a souvent consisté en l'exportation d'un modèle administratif vers les nouveaux États, dans l'espoir de faire suivre ensuite des biens et services. À cela se sont ajoutées les contraintes plus récentes imposées par les

[26] Max Weber, La domination, éd. La Découverte, 2015.

instances financières internationales : comme certains États d'Europe ont dû réformer leur appareil administratif pour recevoir l'aide prévue au Plan Marshall d'après la Seconde Guerre mondiale, les pays en voie de développement se voient imposer des réformes administratives s'ils veulent bénéficier d'une aide internationale. Or, les modèles véhiculés par les organismes internationaux sont ceux des pays qui les financent.

Faut-il être fataliste pour autant ? Des travaux sont en cours, notamment parce que les élites actuelles, dirigeantes ou en devenir, sont en grande partie formées dans leur propre pays. C'est à ces élites d'imaginer des modèles nouveaux. Ainsi peut-on citer les efforts menés en termes de représentativité sociale des élus, sous le contrôle des préfets[27]. Mais c'est une affaire de temps ; or nous sommes dans un monde pressé (voir le paradigme de la table rase[28]).

Bibliographie :

Bois de Gaudusson, J. (du) (2008), « Sur l'attractivité de la Constitution en Afrique, cinquante ans après… », in B. Mathieu, 1958-2008. Cinquantième anniversaire de la Constitution française, Paris, Dalloz, p. 675-681.

Pierré-Caps, S. (1999), « La Constitution démotique ou les mutations de la Constitution au seuil du XXI*e* siècle », *État, société et pouvoir à l'aube du XXIe siècle. Mélanges en l'honneur de François Borella*, Nancy, Presses universitaires de Nancy.

Bois de Gaudusson, J. (du) (2009), « Le mimétisme postcolonial, et après ? », *Pouvoirs*, n° 129, p. 45-55.

Kymlicka, W. ([1995], 2001), *La Citoyenneté multiculturelle. Une théorie libérale du droit des minorités*, Paris, La Découverte.

Milhat, C. (2005), « Le constitutionnalisme en Afrique francophone. Variations hétérodoxes sur un requiem », *Politeia*, n° 7, p. 677-695.

Lemaire, F. (2010), *Le Principe d'indivisibilité de la République. Mythe et réalité*, Rennes, Presses universitaires de Rennes, coll. « L'Univers des normes ».

Lanni, D. (2015), *Afrique du Sud : Naissance d'une nation plurielle.*

[27] **Olinga**, A.D. (1996), « L'exigence de la prise en compte des " composantes sociologiques de la circonscription " en droit électoral camerounais », *Juridis Périodique*, n° 28, p. 67-72. **Mouangué-Kobila**, J. (2008), « Droit de la participation politique des minorités et des populations autochtones. L'application de l'exigence constitutionnelle de la prise en compte des composantes sociologiques de la circonscription dans la constitution des listes de candidats aux élections au Cameroun », *RFDC*, n° 75, p. 629- 664.

[28] M. Tshiyembe, L'État en Afrique : crise du modèle importé et retour aux réalités. Essai sur la théorie de l'État multinational, Mélanges F. Borella, PU Nancy, 1999, p. 485-519

LA SPÉCIFICITÉ DES CADRES DE L'ACTION ADMINISTRATIVE EN AFRIQUE

ABANE ENGOLO Patrick Edgard

Maître de Conférences Agrégé de droit public
Directeur du CERCAF
Université de Yaoundé II/Cameroun

Existe-t-il un droit administratif africain ? En s'intéressant aux trajectoires des États de l'Afrique Noire francophone, on devrait y convenir. La réflexion menée sur la spécificité du cadre de l'action administrative en Afrique devrait concourir à consolider cette opinion.

Dans la démarche, il faut partir d'un modèle de base : le droit administratif français, et partant, ses institutions et principes fondamentaux. En effet, en hexagone, la présence de deux branches du droit situe le droit administratif dans le droit public. Cette structuration du droit a fidèlement été reprise dans les espaces territoriaux retenus dans le cadre de la présente réflexion. C'est alors que les principes généraux du droit dégagés par le juge administratif français, la doctrine des publicistes de cet État, et certains textes juridiques régissant l'activité administrative ont été, et cela parfois de manière inconsciente, répliqués dans les territoires sous l'influence française. En ce sens, certains auteurs (la doctrine) apparaissent aujourd'hui comme le patrimoine universel des États qui ont subi l'influence de la tradition juridique française[1].

Mais au-delà de l'influence avérée, il y a eu une tropicalisation du droit[2]. La tropicalisation a été le point de démarcation, sinon de différenciation entre le cadre de l'action administrative en France et le cadre de l'action administrative en Afrique de manière générale. Le contexte africain, marqué par les impératifs de développement et de mise en place des nations, imposait que les États soient forts. Dès lors, malgré le fait que Duguit et bien d'autres aient formulé des principes *« universels »* d'action administrative[3], ces *« universalismes »* ne pouvaient s'accommoder des objectifs et logiques africains. Il faut donc dire que si nous avions des *« universalismes »*

---

[1] On peut citer, **Kelsen (H.)**, *Théorie pure du droit,* Dalloz, Paris, 1962, 497P ; **Hauriou (M.)**, *Précis de droit administratif et de droit public,* 11ème éd. Dalloz, Paris 2002, 1174P ; **Duguit (L.)**, *Traité de droit constitutionnel*, T.2, *SIREY*, 1923, p.55.

[2] **Ondoa (M.)**, *Le droit de la responsabilité publique dans les États en développement : contribution à l'étude de l'originalité des droits Africains postcoloniaux,* HARMATTAN, 2010, pp.57 et S.

[3] Lire utilement **Degni Segui (R.)**, *Droit administratif général*, *CRES*, Abidjan, 1990, pp.25-29, cité par **Ondoa (M.)**, « Le droit administratif français en Afrique francophone : contribution à l'étude de la réception des droits étrangers en droit interne », in *RJPIC*, p.28.

présupposés avec le dispositif normatif français, ce dispositif de l'universalisme est édulcoré au regard non seulement des particularités, mais aussi, et surtout des disparités des logiques juridiques[4].

L'Africain a-t-il les mêmes problèmes que le Français ? Mais aussi, l'Africain perçoit-il le droit comme le Français ? En réalité, le droit appliqué ici est différent de celui appliqué en France.

S'agissant particulièrement de la logique juridique, l'administration, bras séculier de l'exécutif, devrait arborer la marque de la force de décision et d'action de l'État sur ses citoyens. Il en résulte que la doctrine de la puissance publique importée est devenue une doctrine de la domination publique ou du privilège prioritaire de l'administration[5]. La question est donc toute faite : quelle est cette spécificité ?

On peut par anticipation dire que cette spécificité relève de la logique protectionniste avancée. En effet, il devrait être rappelé que dès les indépendances, il y avait une quête duale : développer les Etats et faire des nations. Pour y parvenir, il était nécessaire que les Etats eux-mêmes soient forts et partant leurs administrations. Cette force que le droit devrait donner à l'administration a fait, avec le temps, que l'administration soit aujourd'hui considérée comme prioritaire et à privilégier dans le choix des constituants peut être, du législateur surtout, et des règlements de manière évidente.

La logique du protectionnisme pour l'administration, inaugurée dès les indépendances, il faut le constater, est devenue une habitude et même un réflexe. Avec de notables avancées enregistrées depuis les années 90, des volontés réformatrices se sont exprimées. Mais les sources législatives, réglementaires et jurisprudentielles du droit administratif perpétuent un discours administrativiste contenant des privilèges affirmés de l'administration étatique sur les autres administrations, et a fortiori sur les administrés.

Il est alors intéressant d'examiner la question de plus près, pour faire valoir que le lien historique conduit tous les États d'Afrique Noire d'expression francophone à une réplique des aspects globaux du droit administratif, et que

[4] Les logiques Africaines étant plus tournées vers le développement tandis que celles Occidentales notamment en France, sont plus libérales.

[5] **Chevalier (J.)**, « Le droit administratif, droit de privilège ? », *Pouvoirs, revue française d'études constitutionnelles et politiques*, n°46, 46 - Droit administratif. Bilan critique, p.57-70, où l'auteur reconnaît que même si l'existence du droit administratif ne repose plus sur l'idée de privilège, sa structure reste caractérisée par un rapport fondamentalement inégalitaire entre l'administration et l'administré, lié au monopole de la contrainte. Il semble cependant que la reconnaissance de droits nouveaux en faveur des administrés ait pour effet d'entraîner une certaine atténuation de l'unilatéralité. L'atténuation de l'unilatéralité ne doit cependant pas occulter la réalité africaine qui reste dominée par la toute-puissance de l'administration.

dans le détail, il existe une carence dans les reprises, car les objectifs ne sont pas les mêmes.

Du point de vue conceptuel, il convient de préciser que l'on entend par cadre de l'action administrative, le déploiement de l'administration à savoir les modalités de sa manifestation.

En effet, l'administration se manifeste parce qu'elle est, par sa personnalité morale, une fiction juridique. Les représentations de l'administration sont alors ce qu'elle fait, induisant la manière de le faire, et ce qu'elle est. Aussi, le cadre fait appel aux actes et aux institutions organes.

Sur la base de cette acception et en jetant un regard sur l'ordonnancement juridique béninois, gabonais, togolais, centrafricain, sénégalais et surtout camerounais, il apparaît que le cadre de l'action administrative se spécifie d'une part, par les fortifications normatives pour l'administration (I) et d'autre part, à travers une organisation administrative retenue (II).

I- Les fortifications normatives pour l'administration

A priori, la question que l'on devrait se poser est celle du véritable sens donné à la fortification normative pour l'administration. Les fortifications normatives renvoient aux privilèges qu'accordent les différents textes à l'administration. L'orientation est alors de dire que les sources matérielles du droit administratif consolident le pouvoir administratif.

En effet, au regard des Constitutions des États ici concernés, il ressort une détermination du domaine de la loi. Cette prédéfinition du domaine de la loi est le plus souvent interprétée par la doctrine comme une restriction du champ de compétence du parlement ; la conséquence étant, par ricochet, l'élargissement du champ de déploiement du pouvoir réglementaire (A). La tendance à la forte codification[6] du domaine d'intervention du législateur pousse, notamment les pays d'Afrique sus mentionnés, à limiter l'intervention du juge administratif (B).

A- Le domaine étendu du règlement

En se référant à l'article 34 de la Constitution française du 4 octobre 1958, on constate une déclinaison du domaine de la loi. Cette déclinaison vise, à l'observation, à mettre fin au légicentrisme. Le Général de Gaulle pensait en effet qu'il était nécessaire que l'administration soit solide, mais surtout que le gouvernement soit stable et de ce fait, il fallait restreindre la sphère d'intervention ou plutôt dire très clairement ce que le législateur peut faire en

[6]André Jean Arnaud, Belley (J-G.), Carty (J-A.), et Autres, *Dictionnaire encyclopédique de théorie et de sociologie du droit,* L.G.D.J, Paris 1993, p.69.

termes de loi. Il a donc été fixé un domaine de la loi limité ; le domaine du règlement étant prescrit, mais large, car laconiquement défini.

Cette logique française semble avoir été intégrée dans les ordres juridiques des pays retenus dans le cadre de ce travail. D'où l'adhésion unanime des États africains (1), et l'autre conséquence étant le déclassement de la légalité administrative (2).

1- L'adhésion unanime des États africains

La lecture minutieuse des textes constitutionnels des États africains laisse entrevoir une détermination pure et simple du domaine accordé aux matières relevant de la loi[7]. En revanche, le domaine réservé au pouvoir réglementaire est certes prescrit, mais par prétérition.

En effet, un champ plus vaste que celui de la loi semble être attribué au règlement, car on ne décline pas, on n'énumère pas et le fait même de ne pas énumérer suppose que le domaine du règlement est étendu.

L'article 51 de la Constitution gabonaise dispose clairement que : *« les matières autres que celles qui sont du domaine de la loi ont un caractère réglementaire. Elles font l'objet de décret du Président de la République. Ces matières peuvent, pour l'application de ces décrets, faire l'objet d'arrêtés pris par le Premier ministre ou, sur délégation du Premier ministre, par les ministres responsables ou par les autres autorités administratives habilitées à le faire »*. Le premier volet de cet article est clair : sont renvoyées au domaine du règlement toutes les autres matières non retenues dans le domaine de la loi. Or, tout ce qui n'est pas cité est dense.

L'idée d'un domaine plus étendu du pouvoir administratif en Afrique est encore visible au travers de la possibilité accordée au gouvernement de prendre, par ordonnance, des mesures relevant du domaine de la loi. En ce sens, l'article 86 de la Constitution togolaise dispose que : « *le gouvernement peut, pour l'exécution de ses programmes (...) prendre par ordonnances, pendant un délai limité, des mesures qui sont normalement du domaine de la loi (...) »*. Certes dans ce cas, le gouvernement doit recourir au préalable à l'autorisation du parlement, mais le fait étant qu'on peut assister là encore, à un élargissement du champ du règlement dans le domaine pourtant réservé à la loi[8].

---

[7] Voir à titre indicatif l'article 84 de la constitution de la IVe République du Togo du 27 septembre 1992, l'article 98 de la Constitution de la République du Bénin du 11 décembre 1990, l'article 47 de la Constitution gabonaise du 26 mars 1991 et l'article 26 de la Constitution camerounaise du 18 janvier 1996.

[8] Il s'agit notamment du cas des Ordonnances que peut prendre le Président de la République, consacré par la quasi-totalité des Constitutions des États africains. En ce sens, lire les Constitutions citées plus haut.

La possibilité accordée au pouvoir réglementaire de modifier les textes de forme législative, intervenus dans les matières autres que les siennes, est une parfaite illustration du domaine étendu dudit pouvoir. L'article 76 de la Constitution sénégalaise, pour ne prendre que cet exemple, dispose que : *« (...) les textes de forme législative intervenus en ces matières peuvent être modifiés par décret si le Conseil Constitutionnel, à la demande du Président de la République ou du Premier ministre, a déclaré qu'ils ont un caractère réglementaire... ».* Le constat est posé : toutes les fois que le parlement interférera dans le champ du règlement, et que le garant de la Constitution, à savoir le juge constitutionnel le reconnaît, le pouvoir réglementaire pourra modifier la loi ainsi votée et lui donner un contenu nouveau[9].

Un autre constat peut être fait : les lois d'orientation sont générales et interpellatrices. Les Constitutions africaines et même celle française distinguent deux types de règlements. L'article 37 de la Constitution française offre au pouvoir réglementaire un large champ de compétences, non seulement pour l'application de la loi, mais aussi dans des matières *a priori* exclues du domaine de la loi. C'est pourquoi on distingue le pouvoir réglementaire pour l'application des lois du pouvoir réglementaire « *autonome* » défini par exclusion des éléments du domaine de la loi, énumérés à l'article 34.

Intéressons-nous au premier. En principe, ce pouvoir est enclin à deux manies : compléter les lois et leur donner tout leur sens. Pour s'en convaincre, l'article 99 de la loi fixant les règles applicables aux régions au Cameroun dispose que : *« les modalités d'application de la présente loi sont fixées par voie réglementaire »*[10]. Ainsi, le domaine d'application du pouvoir réglementaire se voit élargi ; non seulement il pose des règles à caractère général et impersonnel, mais également vient compléter les lois d'orientation de nature générale et interpellatrice. Une autre idée peut être retenue, en examinant ces différents ordres juridiques. On constate, particulièrement pour le cas camerounais, un déclassement de la légalité administrative.

2- Le déclassement de la légalité administrative

Le déclassement de la légalité administrative dont il s'agit ici s'appréhende simplement comme le phénomène par lequel, si ailleurs, la protection juridique devrait être accordée par la loi, au Cameroun, il en va autrement.

En effet au Cameroun, la protection juridique est plutôt accordée par le règlement. L'exemple du statut général de la fonction publique devrait édifier davantage. Pourtant au Bénin, au Togo, au Gabon, et en République Centrafricaine, cette protection, pour ce qui est du statut de la fonction

---

[9] Voir les dispositions du même article 76 de la Constitution du 7 janvier 2001.
[10] Loi n° 2004/019 du 26 décembre 2004.

publique, est du fait des lois[11]. Ces États semblent avoir suivi l'exemple français en la matière[12]. En revanche, au Cameroun, le statut dont il est question est un décret[13]. Cela signifie que les exigences de protection du travailleur et du fonctionnaire tels les droits à la défense qui pourraient donner lieu, en cas d'inobservation à des contentieux, sont déterminés par l'administration elle-même. L'administration édicte donc des textes qui sont supposés restreindre son domaine d'action et son domaine d'intervention. Voilà un signe fort de ce protectionnisme administratif des États africains dont les pouvoirs accordés au Président de la République laissent parfois perplexe, et renforcent l'idée de déclassement de la légalité administrative.

Le Président de la République du Cameroun a d'importants pouvoirs. Certains le sont en application directe de la Constitution[14], d'autres lui sont par contre conférés par la loi. Intéressons-nous aux seconds, notamment celui en matière de création des tribunaux administratifs au Cameroun.

L'article 5 alinéa 2 de la loi de 2006 dispose clairement que : *« toutefois, suivant les nécessités de service, le ressort d'un tribunal administratif peut être, par décret du Président de la République, étendu à plusieurs régions »*[15]. La lecture approfondie de cet article édifie sur les prérogatives du Président République qui peut, par décret, organiser le ressort d'un tribunal administratif, l'étendre si nécessaire, mais surtout diminuer ledit ressort. De ce qui précède, on obtient une inter-régionalité. Ainsi, un tribunal administratif qui a des magistrats indépendants, des magistrats rétifs, peut se voir englobé par un autre tribunal administratif dont le Président ou les membres, à savoir le collège des juges qui abriterait le ressort, seraient davantage exposés ou disposés à accorder une protection plus que nécessaire, aux décisions administratives.

Certes, cela peut être déplorable qu'un tel pouvoir soit accordé à l'administration, mais il y a lieu de convenir que l'octroi ainsi opéré n'est pas

---

[11] Voir à titre indicatif les lois suivantes : la loi n°2015-18 du 2 avril 2015 portant statut général de la fonction publique en République béninoise ; loi n°2013-002 du 21 janvier 2013 portant statut général de la fonction publique au Togo ; loi n°001/2005 du 4 février 2005 portant statut général de la fonction publique au Gabon.

[12] La France, elle, dispose de plusieurs textes régissant la fonction publique en général. Il s'agit de la loi n°83-634 du 13 juillet 1983 portant droits et obligations des fonctionnaires, la loi n°84-16 du 11 janvier 1984 portant dispositions statutaires relatives à la fonction publique de l'État, loi n°84-53 du 26 janvier 1984 portant dispositions statutaires relatives à la fonction publique territoriale et la loi n° 86-33 du 9 janvier 1986 portant dispositions statutaires relatives à la fonction publique hospitalière.

[13] Voir le décret n°94/199 du 7 octobre 1994 portant statut général de la fonction publique de l'État du Cameroun.

[14] Lire utilement les articles 8, 9 et 10 la loi constitutionnelle du 18 janvier 1996 portant Constitution de la République du Cameroun.

[15] Il s'agit de la loi n°2006/022 du 29 décembre 2006 fixant l'organisation et le fonctionnement des tribunaux administratifs au Cameroun.

fortuit. Elle contribue à renforcer l'idée de la spécificité du cadre de l'action administrative dans les États africains. Cette spécificité est tout aussi visible au travers de l'importante codification.

B- La codification comme limitation du juge administratif

La codification est *« l'action de faire un code, de réunir des textes juridiques en un recueil ayant des attributs particuliers »*[16]. De manière plus succincte, c'est le fait de rendre formel ce qui est, a priori, non écrit[17].

Par vocation, le code est nécessaire dans la mesure où il sécurise et fixe les rapports. Mais il l'est davantage dans le cadre des rapports égalitaires[18]. Le constat qui en découle est que les États africains empruntent à la logique privatiste la tendance au code, qui peut être soutenue, mais regrettable dans le cadre des rapports inégalitaires. Dans un tel contexte, la codification est perçue comme constitutive de favoritisme au profit de l'administration (1) ; ce qui aura comme conséquence immédiate : la confirmation de l'effet auto limiteur de la codification au détriment du juge (2).

1- Le code comme constitutif de favoritisme dans le cadre des rapports inégalitaires

La tendance à une codification de plus en plus accrue en droit administratif tend à soutenir l'argument selon lequel le code est source de favoritisme. Par favoritisme, il faut entendre ici le souci de protéger les intérêts de l'administration au détriment des droits et libertés des citoyens.

Parlant des sources du cadre de l'action administrative, certains auteurs notamment français constatent une croissance avérée des textes[19]. D'ailleurs, ces mêmes auteurs allèguent que la source jurisprudentielle dudit cadre n'est pas en soi effritée[20]. Tout compte fait, le processus de codification et même l'élaboration des règles applicables à l'action administrative en Afrique laissent percevoir une forte présence des textes qui en majorité, sont d'origine réglementaire.

Il sied à présent de rappeler le contexte historique des États africains qui, à l'évidence, était marqué, comme l'ont défendu certains auteurs, de

---

[16] **André Jean Arnaud, Belley (J-G.), Carty (J-A.)**, et **Autres**, *Dictionnaire encyclopédique de théorie et de sociologie du droit*, ibid., p. 69.

[17] C'est le cas des coutumes qui, soit par une volonté politique ou une exigence sociale, soit alors par une motivation juridique, peuvent être inscrites dans un document unique. En ce sens, lire **Albiges (C.),** *Introduction au droit*, Larcier, 1re éd.2014, pp.80 et s.

[18] Il faut entendre par rapports égalitaires, les rapports entre particuliers, ceux entre les personnes privées. Ces rapports sont régis par le droit commun et l'on ne note pas de prérogatives exorbitantes.

[19] **Vedel (G.),** « Le droit administratif peut-il être indéfiniment jurisprudentiel ? », *EDCE*, n°31, Paris 1979-1980, pp.31 et s.

[20] Ibid., pp.31 et s.

l'idéologie de « *l'État développeur* »[21]. La lecture des travaux de ces auteurs permet à coup sûr de se rendre effectivement compte de la logique qui fait la spécificité des cadres de l'action administrative dans les États africains en général et d'Afrique Noire francophone en particulier. De fait, pour réaliser ses objectifs, les États africains avaient nécessairement besoin d'une administration puissante. Cette puissance administrative entraînait, vis-à-vis des administrés, un déséquilibre dans leurs rapports. Ce déséquilibre se matérialise par une forte intervention de l'administration dans l'édiction des codes.

L'administration élabore des codes, car certains d'entre eux contiennent des dispositions réglementaires ou sont le fait d'un texte réglementaire. Pour s'en convaincre, le cas du code des marchés publics retient l'attention.

L'article 1er alinéa 1 du code des marchés publics camerounais dispose très clairement que : *« Le présent décret, pris en application des dispositions de l'article 51 de la constitution, porte code des marchés publics »*[22]. Cette formule est quasiment la même pour tous les États retenus[23] dans cette étude, excepté le Bénin qui, au lieu du décret, a plutôt une loi qui régit les marchés publics[24]. Dans ce sillage où l'administration bénéficie des privilèges, celle-ci commet des textes acquis à sa cause et défavorables, de ce simple fait aux citoyens.

L'administration peut également faire faire les codes qui lui sont favorables au moyen du fait majoritaire qui est presque le commun de tous les États de l'Afrique. À travers le phénomène du fait majoritaire, l'administration dans un rapport inégalitaire fait donc passer des codes en sa faveur devant le pouvoir législatif impuissant. Mais le fait majoritaire, qu'est-ce que c'est ?

Si en France les situations de fait majoritaire sont maîtrisées[25], il faut dire qu'il en va autrement en ce qui concerne les États africains. Le fait majoritaire se produit lorsqu'une majorité nette se dégage à l'Assemblée nationale. Le chef de l'État doit être issu de cette majorité. En période normale, certains auteurs voient dans cette situation une *« concordance majoritaire »* faisant que l'administration toute puissante initie des Codes taillés, non pas en faveur des intérêts des administrés, mais plus selon ses intérêts propres. Il serait d'ailleurs

[21] Voir notre article sur « Existe-t-il un droit administratif Camerounais ? », in *Les fondements du droit administratif Camerounais*, *CERCAF*, HARMATTAN, 2016, pp.13-31.

[22] Décret n°2004/275 du 24 septembre 2004 portant code des marchés publics au Cameroun.

[23] À propos, voire texte portant code des marchés publics au Togo, Gabon, République Centrafricaine.

[24]Loi n°2009-02 du 7 août 2009 portant code des marchés publics et des délégations de service public en République du Bénin.

[25] Le fait majoritaire, en droit constitutionnel français, est l'une des caractéristiques du régime de la Ve République qui tend à favoriser l'émergence d'une nette majorité.

étonnant qu'il en soit autrement ; vu le contexte de la toute-puissance de l'administration, de sorte que l'administration ne va pas faire faire un texte qui va desservir ses intérêts. Il est ainsi tout à fait logique que le code, dans un contexte de rapports inégalitaires, ne soit qu'un vecteur de favoritisme.

De cette analyse, il apparaît donc clairement que le juge administratif, qui devrait être le dernier rempart contre l'arbitraire de l'administration, est soigneusement évité à travers cette tendance à la codification.

2- L'effet auto-limiteur de la codification

Dans sa thèse sur les fonctions du juge, Dominique D'AMBRA a pu relayer l'acception répandue en systématisant les fonctions du juge, en une fonction de dire le droit et de trancher les litiges[26]. Adhérant à cette systématisation, le juge, en l'occurrence celui administratif, semble pour le cas africain, être réduit à davantage trancher les litiges, du fait d'une forte codification.

La codification, loin de jouer sa fonction première qui vise à sécuriser tout en fixant les rapports, limite au contraire le domaine d'intervention du juge ; faisant ainsi perdre au droit administratif sa véritable spécificité, à savoir un droit essentiellement jurisprudentiel. Des auteurs, Français pour la plupart, semblent pourtant soutenir que « *malgré les irruptions du droit écrit là où on attendait un arrêt ainsi que d'une façon plus générale la pullulation des textes de tous les ordres n'ont de portée que quantitative et n'affectent pas le caractère fondamentalement jurisprudentiel du droit administratif* »[27]. Dénonçant la tendance qu'a la doctrine contemporaine à majorer la part du droit écrit[28], cet auteur parle du droit administratif français et non du droit administratif en général comme certains ont tenté de le faire croire[29]. De nos jours, la spécificité est là et ne souffre d'aucune contestation. D'ailleurs, cette tendance à embrigader les fonctions du juge dans un code soigneusement élaboré par l'administration elle-même limite par ce fait le champ du juge qui se résigne à trancher les litiges à lui soumis, laissant ou refusant ainsi de dire le droit comme son homologue anglais. Le juge administratif africain voit donc son domaine d'intervention bien défini par le code et semble s'y complaire, au regard de son attitude hâtive à rejeter les recours mal formés.

---

[26] **D'ambra (D.),** *L'objet de la fonction juridictionnelle : Dire le droit et trancher les litiges,* Thèse, Paris, LGDJ, 339 p.
[27] **Chapus (R.),** « L'administration et son juge. Ce qui change », *EDCE,* n°43, p.271.
[28] Ibid., p.271.
[29]Lire à titre indicatif les travaux de **Guessele Isseme (L-P.),** *L'apport de la Cour suprême au droit administratif Camerounais,* Thèse de Doctorat PH/D, UYII-Soa, septembre 2010, 703 p, **Engoutou (J-L.),** *L'apport de la cour fédérale de justice et le droit administratif Camerounais,* Thèse de Doctorat PH/D, UYII-Soa, 2011, 436 p.

Si le fait que les juges africains soient nommés par le pouvoir en place peut retenir l'attention, c'est davantage son attitude peu encline à l'originalité[30] qui sera prise en compte. L'application rigide[31] des textes laisse percevoir ce fait. Au nom du respect du principe de la légalité, le juge administratif sanctionne strictement les recours non conformes aux textes. Cette pratique fait de ce dernier non pas un rempart contre l'arbitraire de l'administration, mais un vivant protecteur des intérêts de celle-ci.

En fait, l'accès au prétoire du juge administratif dans les États indexés relève d'un véritable *« casse-tête chinois »*[32]. Le maintien de la règle du recours gracieux préalable par les législateurs africains semble être un *« grain de sable »*[33] empêchant l'accès au juge. L'**article 17** alinéa1 de la loi n°2006/022 fixant l'organisation et le fonctionnement des tribunaux administratifs au Togo dispose que : *« Le recours devant le tribunal administratif n'est recevable qu'après rejet d'un recours gracieux adressé à l'autorité auteur de l'acte attaqué ou à celle statutairement habilitée à représenter la collectivité publique ou l'établissement public en cause »*. Cette disposition présente dans les autres États permet une certaine résolution à l'amiable des litiges opposant l'administration aux particuliers. Elle établit par- là même, la preuve de l'identité des droits africains. Pour le professeur Maurice KAMTO, *« (...) nombre de justiciables perdent leurs procès administratifs avant même de les avoir commencés, alors qu'ils ont des moyens sérieux quant au fond... »*[34].

Dès lors, ce que doit faire le juge administratif est connu à l'avance et le juge lui-même ne dispose pas des moyens ou du droit de s'y soustraire. Il ne devrait donc que dire le droit tel qu'il est contenu dans les codes. L'invasion de la codification s'étendant pourtant dans plusieurs domaines[35], la forte codification peut, on le sait, être source non pas de sécurité, mais d'insécurité juridique, car une multitude de textes régissant parfois les mêmes domaines

---

30 Précisons que l'*« originalité »* dont il s'agit n'est pas celle d'un juge copiant les décisions de son homologue français ; mais bien l'attitude qu'a le juge africain à se contenter de trancher les litiges au détriment de l'innovation.

31 L'analyse de la méthode du juge administratif africain le montre à suffisance. Il n'hésite pas à rejeter un recours intenté par un justiciable pour des motifs parfois regrettables. Lire en ce sens, **Kamto (M.),** *Droit administratif processuel du Cameroun : que faire en cas de litige contre l'administration,* coll. Sciences juridiques et politiques, PUC, Yaoundé, 1990, p.3.

32 **Holo (T.)**, *Le contrôle de la légalité et la protection des administrés au Benin*, RBSJA, n°5, juin 1985, pp.23-38, cité par **Ondoa (M.),** « Le droit administratif français en Afrique Francophone : Contribution à l'étude de la réception des droits étrangers en droit interne », in RJPIC, 2002, p.307.

33 **Aba'a Oyono (J-C.),** « Chronique d'un grain de sable dans la fluidité jurisprudentielle à la chambre administrative au Cameroun », RADJ, Vol.5, n°1, 2008, pp.55-75.

34 **Kamto (M.),** *Le droit administratif processuel du Cameroun : Que faire en cas de litige contre l'administration,* ibid., p.3.

35 Sans exhaustivité les domaines : Biens et domanialité publics, aménagement du territoire, libertés, etc.

ne situe pas les administrés sur le véritable texte applicable et met le juge dans l'embarras.

Les fortifications normatives pour l'administration ainsi visibles en Afrique en général et dans les États retenus dans cette réflexion en particulier, consolident l'idée de la spécificité du cadre de l'action administrative, au même titre qu'une organisation administrative retenue pourrait le confirmer.

II- L'organisation administrative retenue

Que faut-il entendre par organisation administrative retenue ? Par cette expression, il faut entendre un modèle d'organisation dans lequel, l'autorité en charge de mettre en place les différentes institutions telles qu'énoncées dans la Constitution, refuse ou s'organise à contenir tout processus relatif à leur mise sur pied. En référence à « *la justice retenue* »[36] jadis appliquée en France, on constate une tendance à la reprise et à la réplique des modèles d'organisation administrative occidentaux, et en particulier, le modèle français.

Les États africains, pour ne prendre que le cas particulier de ceux retenus dans cette analyse, semblent tous animés par ce désir, car la tendance est à l'image d'un jeu de damier : on donne là-bas pour reprendre ici. Des réticences sont donc observées tant dans la mise sur pied d'une véritable décentralisation (A) que dans l'implémentation proprement dite des Autorités Administratives Indépendantes (B).

A- Les réticences au processus de décentralisation territoriale

Alexis de Tocqueville faisait de la commune le microcosme de l'État. L'apprentissage de la démocratie nécessitant, dès le départ, un cheminement avec la décentralisation. Selon l'article 2 (2) de la loi d'orientation de la décentralisation au Cameroun, la décentralisation est *« un processus de transfert des compétences et des ressources à des entités autres que l'État ayant une autonomie administrative et financière »*. Si cette définition peut être complétée, il faut dire que cette forme d'organisation administrative est adoptée par la plupart des États retenus dans cette étude.

---

[36] Un bref rappel sur ce que c'est est toujours nécessaire. En effet, jusqu'en 1870, le Conseil d'État fonctionnait selon le principe de la "*justice retenue*" : ses décisions n'étaient pas exécutoires tant qu'elles n'avaient pas été signées par le chef de l'État. Il est vrai que cette signature fut presque toujours donnée. La loi du 24 mai 1872 permit au Conseil d'État de passer de la justice retenue à la justice déléguée, c'est-à-dire que ses décisions devenaient exécutoires dès leur lecture ; le chef de l'État, ni aucune autre personne extérieure à la juridiction, n'étant plus appelé à les signer. Et cette évolution des choses fut parachevée par l'arrêt *Cadot* rendu le 13 décembre 1889 qui reconnaissait au juge administratif une compétence générale pour connaître des recours dirigés contre les décisions administratives.

La décentralisation permettrait donc, de par ses modalités, une autonomie des collectivités locales qui assurent et assument dorénavant leur destin. Elle permet de raffermir les États surtout en réglant les revendications antinomiques et autonomiques. Néanmoins, elle peut également constituer un danger à l'unité et à l'indivisibilité de l'État. À cet effet, les pouvoirs publics semblent être réticents à la mise en place effective de la décentralisation, notamment au regard des risques de division de l'État qu'elle pourrait entraîner en cas de mauvaise pratique.

Ces réticences des administrations publiques africaines à l'implémentation effective de la décentralisation territoriale ont été matérialisées par l'inscription dans les textes constitutionnels du principe de progressivité, qui sous-entend leur mise sur pied (1), mais aussi et surtout au travers de la dualité de la tutelle pesante sur ces entités décentralisées (2).

1- La progressivité comme réticence

Il faut signaler qu'il ne s'agit pas de la progressivité au sens du droit fiscal. Puisqu'un impôt progressif est celui dont le taux s'accroît en fonction de la valeur de l'élément taxé, appelé base d'imposition ou assiette. Pour appréhender ce principe de progressivité, une référence à la pratique camerounaise s'avère utile.

En effet, la pratique camerounaise du principe de progressivité conduit à la définir comme un processus consistant à aller lentement mais sûrement dans la mise en place de la décentralisation. Pour faire simple, le principe retenu signifie qu'on adopte un rythme lent dans la mise sur pied des organes décentralisés d'une part, mais surtout on adopte un rythme de transfert lent des compétences et peut être plus lent encore à propos des ressources appropriées d'autre part.

Au sujet de la lenteur dans la mise en place des collectivités locales, le constituant et même le législateur ont en réalité donné au Président de la République d'énormes pouvoirs. D'ailleurs, la Constitution crée certes, les collectivités territoriales de premier type à savoir les régions et les communes, mais leur existence géographique dépend de la volonté du chef de l'État. Le Président de la République peut, par exemple, décréter l'éclatement ou le regroupement des communes. Cette faculté dont dispose le Président de la République en matière de regroupement ou d'éclatement des collectivités territoriales décentralisées relève de son pouvoir discrétionnaire. La reconnaissance d'un pouvoir discrétionnaire au chef de l'État en la matière cristallise quelque peu l'autonomie desdites collectivités. Pourtant, c'est le principe de l'autonomie qui est à la base de la décentralisation territoriale. La dépendance de l'existence[37] et même de l'autonomie des collectivités locales

---

[37] En effet, l'article 61 de la Constitution camerounaise dispose que : « *(...), le Président de la République peut en tant que besoin : modifier les dénominations et les délimitations*

au bon vouloir d'une personne, eu égard à sa fonction, a sans doute amené certains auteurs à questionner l'autonomie des organes décentralisés en Afrique. Aussi, dans une réflexion portant sur l'autonomie des collectivités territoriales décentralisées, M. Joseph KANKEU conclut par la négative. Pour cet auteur, l'autonomie juridique et politique desdites entités est sous surveillance, et celle financière est limitée[38].

La progressivité implique aussi un transfert lent des compétences et des ressources nécessaires au développement des collectivités locales. Le constat est tout fait. Les États africains ont opté pour une approche lente dans le transfert des compétences et ressources aux collectivités locales. Si des avancées significatives peuvent être perceptibles au niveau du transfert des compétences, les réticences elles, le sont encore plus en ce qui concerne le transfert des moyens. L'exemple camerounais montre une sorte de hardiesse dans le transfert des compétences aux collectivités locales, mais un recul dans l'octroi des moyens devant permettre à celles-ci de les réaliser. Pourtant sans cesse décrié par les élus locaux, le transfert des ressources est une des modalités de la décentralisation qui obéit le plus au principe de progressivité. Une interprétation stricte du comportement de l'administration camerounaise laisse entrevoir un manque de volonté d'autonomiser les collectivités locales. À en croire le rapport du Comité Interministériel des Services Locaux,[39] réuni à Yaoundé le 11 avril 2011, un projet de programme visant la cession totale des compétences identifiées par la loi de 2004 devait être élaboré et visait l'année 2015 comme année de transfert total des compétences[40]. De même, le transfert de compétences devrait s'accompagner de celui des ressources.

Certes des avancées sont visibles dans certains pays dont la dotation budgétaire va jusqu'à atteindre les 10% du budget national. Mais au Cameroun, la dotation des centimes additionnels communaux reste encore très faible, soit 3.5% du budget de l'État. Malgré l'élargissement de l'assiette fiscale tel que cela est visible dans la loi de finances pour le compte de l'année 2017, les ressources allouées aux collectivités décentralisées restent peu significatives au regard des tâches à elles dévolues.

Il va sans dire que l'administration africaine conserve là une fois de plus sa spécificité, d'autant plus qu'il peut être constaté comme une sorte d'impuissance soit du juge constitutionnel, soit du juge administratif à

---

géographiques des régions (...), créer d'autres régions. Dans ce cas, il leur attribue une dénomination et fixe leur délimitation géographique ».

[38] **Kankeu (J.),** « L'autonomie des collectivités territoriales décentralisées : Quelle autonomie ? », *Juridis périodique*, n°85, p.91et s.

[39]Organe de suivi de la décentralisation au Cameroun.

[40]À ce sujet, les propos du ministre de l'Administration territoriale et de la décentralisation prononcés le 19 décembre 2016 sont révélateurs d'insuffisances en matière de transfert de compétences, qui ne seraient pas à cette date totalement transférées (V. Cameroon tribune du 20- 12-2016).

contrôler les actes pris par les pouvoirs publics dans la mise en place des institutions créées par la Constitution.

2- La dualité de la tutelle

La dualité de la tutelle fait montre de ce que, dans un même espace géographique donné, des Etats adoptent des modalités d'organisation différentes. En l'occurrence, il s'agit des Etats d'Afrique francophone qui, pour appliquer le principe de la surveillance des collectivités locales, optent soit pour une application souple, soit alors pour une application rigide. La tutelle renvoie au contrôle de l'État sur les collectivités territoriales en vue de la sauvegarde de l'intérêt général et de la légalité ; elle est assurée sous les formes d'assistance et de conseil aux collectivités territoriales, ainsi que de contrôle administratif, financier et technique[41].

Les bons exemples d'application de la tutelle sur les collectivités locales se trouvent en République Centrafricaine et au Togo. L'article 11 de la loi togolaise dispose que : *« aucun organe d'une collectivité territoriale ne peut délibérer hors session ou prendre des actes sur un objet ne relevant pas de ses attributions. Toute délibération ou tout acte pris en violation de la présente disposition est frappé de nullité. L'annulation est prononcée par le juge administratif sur saisine du représentant de l'État »*. Le même texte va plus loin en posant que : *« (...) l'autorité de tutelle a la compétence de demander l'annulation, par la juridiction compétente, de tout acte pris par les autorités locales et de nature à compromettre de manière grave le fonctionnement ou l'intégrité d'une installation ou d'un ouvrage intéressant »*. Cette interdiction faite au représentant de l'État, d'annuler directement un acte pris par une autorité locale augure des avancées dans l'autonomisation véritable des collectivités locales.

Cette interdiction évolutive dans la mise en place d'une véritable démocratie locale permet une revalorisation du rôle que doit jouer le juge administratif qui est un rempart dans la protection des droits et libertés. Si une évolution vers une tutelle souple peut être perceptible dans ces deux États d'Afrique francophone, il reste qu'ailleurs, notamment au Cameroun, la pratique de la tutelle demeure stigmatisée.

En effet, pour des actes manifestement illégaux, le représentant de l'État dispose d'un réel pouvoir d'annulation[42]. Ce pouvoir dont dispose l'autorité de tutelle d'annuler les actes pris par les élus locaux est une preuve pure et simple des réticences des autorités en charge de concevoir la décentralisation, d'instaurer une réelle décentralisation. Cela concourt à freiner le processus de décentralisation et renforce de ce fait l'idée de la spécificité du cadre de

---

[41]Article 66 de loi n°2004/017 du 22 juillet 2004 d'orientation de la décentralisation au Cameroun.

[42] Article 71 de la loi précitée.

l'action administrative en Afrique. Certains y voient même un retour à la centralisation[43]. L'idée d'États conservateurs semble donc convenir à l'aune de la pratique administrative visible en Afrique.

Les réticences au processus de décentralisation sont encore rencontrées au niveau de l'approbation du budget des collectivités locales par le représentant de l'État. Malgré l'autonomie financière à elles accordée par la loi[44], le budget des élus locaux doit au préalable être approuvé par l'Etat avant toute exécution. L'article 51 dispose clairement que : *« le budget des collectivités territoriales est soumis à l'approbation préalable de l'autorité de tutelle »*[45]. Cette disposition quasiment reprise par les ordres juridiques africains ici retenus marque l'attachement des pouvoirs publics à faire des collectivités territoriales de véritables entités dépendantes.

L'avis de l'autorité de tutelle requis dans l'adoption du budget des collectivités locales est en vérité un avis obligatoire. L'autorité de tutelle est fondée à annuler tout acte pris dans le cadre de l'exécution ou de l'adoption du budget en cas d'irrégularité. À titre illustratif, l'autorité de tutelle dispose au Togo et au Cameroun d'un délai d'un mois pour approuver le projet de budget élaboré par les organes décentralisés. En cas d'approbation, le projet de budget peut être adopté par le conseil municipal. Dans le cas contraire, le représentant de l'État prend un arrêté motivé justifiant des raisons de sa désapprobation. Dans la pratique, on note une quasi-absence de contestations contentieuses des arrêtés pris par l'autorité de tutelle en la matière ; preuve que l'avis de ce dernier est perçu comme une recommandation faite par le supérieur hiérarchique au subordonné. Aussi, l'élaboration du budget local doit tenir compte des informations relevant des services de l'État.

Le maintien d'une caisse unique est aussi source de réticence. L'État par le truchement de la trésorerie générale oblige les collectivités locales à déverser au préalable leurs recettes dans une seule caisse. En retour, l'État fixe la part qui revient à la dotation générale de la décentralisation et s'occupe de leur redistribution. Par le canal de la caisse unique, l'État contrôle au mieux le mouvement des collectivités décentralisées. Ce qui précède permet aux États africains d'entretenir des réticences au processus de décentralisation ; réticences perceptibles même dans l'indépendance des Autorités Administratives dites Indépendantes.

---

[43] **Monembou (C.),** « Les paradoxes de la décentralisation camerounaise : de la décentralisation à la recentralisation », *in R.A.D.S.P*, jan-juin 2013, p.161.

[44] Lire les dispositions de la loi d'orientation de la décentralisation au Cameroun citée plus haut.

[45] Loi n°2007-011 du 13 mars 2007 relative à la décentralisation et aux libertés locales au Togo.

B- Les réticences à l'indépendance des Autorités Administratives Indépendantes (AAI)

Les Autorités Administratives Indépendantes, pour reprendre Jacques CHEVALIER, sont des marques de l'État *« post-modernes »*[46]. Ce sont des organisations administratives publiques détachées de toute emprise hiérarchique des autres administrations pourvues d'une existence juridique propre et dotées de pouvoirs de nature administrative. Ce sont des organismes qu'on pourrait dire *« à compétences propres »*[47]. Les autorités administratives indépendantes sont donc des institutions de l'État chargées en son nom, d'assurer la régulation des secteurs considérés comme essentiels et pour lesquels le gouvernement veut éviter et doit se réserver d'intervenir directement[48]. Elles sont alors une exception à l'organisation administrative traditionnelle. Identifiées, elles ont été instituées par une réelle volonté des États africains de se désengager de certaines activités pour les confier à des organismes autonomes (1). Seulement, la pratique administrative en Afrique laisse entrevoir un certain nombre de problèmes qui conduisent inéluctablement au manque d'autorité des décisions desdites administrations (2), affichant de ce fait, la spécificité alléguée du cadre de l'action administrative en Afrique.

1- L'institutionnalisation volontaire des AAI

L'institutionnalisation des Autorités Administratives Indépendantes est l'œuvre d'une indéniable volonté des pouvoirs publics d'instaurer en son sein, des organes autonomes chargés de la gestion d'une activité d'intérêt général. Un rappel historique sur l'institutionnalisation des Autorités Administratives Indépendantes paraît important.

Dès leur accession à la souveraineté internationale, les pays africains, *a fortiori* ceux d'expression francophone, ont adopté une stratégie permettant d'orchestrer le développement économique[49]. Elle avait eu comme conséquence immédiate l'intervention de l'État dans l'économie. L'expérience africaine d'interventionnisme s'est, comme partout ailleurs, soldée par des résultats négatifs. Il fallait donc revoir le rôle de l'État. Cela a poussé les bailleurs de fonds internationaux et même les institutions de

---

[46] **Chevalier (J.)**, *L'État post-moderne*, *L.G.D.J*, T.35, 4èmeéd.2014, 272 p.

[47] C.E. 6 décembre 1968, ministre des armées c. Ruffin.

[48]Contrairement à la tradition administrative africaine, ces autorités ne sont pas en principe soumises à l'autorité hiérarchique du ministre. Elles sont dès lors placées hors des structures administratives traditionnelles. Les pouvoirs publics ne peuvent et ne doivent pas leur adresser des ordres ni des consignes, encore moins de simples conseils. Surtout, leurs membres sont pour le cas français, irrévocables (V. Article 20 de la Constitution française du 4 octobre 1958).

[49] **Pekassa Ndam (G.),** « Les établissements publics indépendants : Une innovation fondamentale du droit administratif Camerounais », *RASJ*, Vol.2, n°1, 2001, p.153.

Bretton Woods à imposer aux États africains la politique de libéralisation de l'économie ; l'État devant alors se borner au rôle de régulateur.

Ce nouveau rôle consiste en ce que l'État pose les règles du jeu tout en s'assurant qu'elles sont respectées. Le professeur Gérard PEKASSA NDAM appréhende ainsi le rôle régulateur de l'administration comme le fait, pour l'État, *« d'assurer entre les droits et les obligations de chacun le type d'équilibre voulu par la loi, à assurer le fonctionnement correct du système complexe »*[50]. L'éminent auteur pense d'ailleurs que l'expression d'État régulateur implique que l'État *« doit cesser d'être le prestataire unique des services offerts pour devenir le catalyseur (...) »*[51]. L'institutionnalisation des AAI fait donc suite, comme on peut le constater, au rôle régulateur de l'État. Il s'est donc imposé le besoin d'instituer des organes autres que l'État, bien que remplissant les missions jadis à lui dévolues.

La création volontaire des AAI s'est faite soit au travers des Constitutions des États, soit par des textes inférieurs. Certains États ont effectivement inscrit dans leurs Constitutions l'existence de ces entités autonomes. L'article 142 de la Constitution béninoise dispose que : *« La Haute Autorité de l'Audiovisuel et de la Communication a pour mission de garantir et d'assurer la liberté et la protection de la presse, ainsi que tous les moyens de communication de masse dans le respect de la loi ».* Au même article, il est ajouté qu'*« elle veille au respect de la déontologie en matière d'information et à l'accès équitable des partis politiques, des associations et des citoyens aux moyens officiels d'information et de la communication »*[52].

Cela suppose que la garantie de la liberté de presse et de la communication sont assurées par un organe neutre, distinct de l'administration d'État. Toute atteinte aux droits par lui garantis peut être censurée. D'autres États ont suivi l'exemple béninois en consacrant les AAI dans leurs Constitutions[53]. Toutefois, la création de ces autorités n'est pas l'apanage des Constitutions. Il existe des AAI créées par des textes infra-constitutionnels. Leur existence relève également, dans certains cas, de la loi ou même d'un texte réglementaire. L'exemple gabonais de création législative retiendra l'attention. En effet, la loi n°05/2001 du 27 juin 2001 portant réglementation du secteur des télécommunications, crée une Agence de Régulation des Télécommunications (ART). Au sens de l'article 2 de ladite loi, cette agence est *« l'autorité administrative autonome responsable des missions de régulation du secteur des télécommunications »*[54]. Sous l'angle réglementaire,

---

[50] Idem p.154.
[51] Ibid.
[52] La constitution béninoise du 11 décembre 1990.
[53] En ce sens, lire l'article 130 de la constitution togolaise du 27 décembre 1992, l'article 95 de la constitution gabonaise du 26 mars 1991.
[54] Voir également les dispositions de l'article 109 de la même loi.

on note une pléthore d'AAI[55] mis en place par voie de décret au Cameroun, même si la loi les a préalablement et laconiquement prévus. In fine, le niveau du texte de création des AAI pose problème quant à leur indépendance. Il en est de même de la forte présence de l'administration centrale au sein de ces AAI.

2- Les réticences à l'indépendance des AAI

La hardiesse des administrations publiques africaines pour l'institutionnalisation des AAI ne doit pas occulter la réelle volonté de ces dernières à ne point doter ces autorités d'une véritable indépendance. En fait, hormis des exceptions en Afrique de l'Ouest, il s'agit de créer des organes dits indépendants ou autonomes tout en conservant, non pas un droit de regard, mais une mainmise. Le comportement des pouvoirs publics dans ces cas peut donc être assimilé à des avancées couplées à des reculades. Ainsi, on crée effectivement des Autorités Administratives autres que l'État, on leur accorde une certaine indépendance, mais en réalité, on conserve l'essentiel qui n'est rien d'autre que leur déploiement. La marque incontestée des administrations publiques africaines est, sans ambages, sa forte présence dans la vie en société.

Cette présence accrue de l'État au sein des AAI de ces espaces se traduit en principe au travers de la nomination des dirigeants desdites entités indépendantes. En effet, dans la plupart des textes concernés, on remarque très clairement que les Autorités Administratives Indépendantes sont dirigées par des personnes nommées. Ainsi, pour plus de détails, le contenu de l'article 8 du décret n°2006 / 088 du 11 mars 2006 portant création, organisation et fonctionnement de la Commission Nationale Anti-Corruption au Cameroun(CONAC), est évocateur. Il dispose que : *« le président et le vice-président de la commission et les membres du comité d'ordination sont nommés par décret du Président de la République pour une durée de trois ans renouvelable une fois ».*

Il va de soi que la nomination des membres de ladite commission par le Président de la République n'est pas de nature à garantir leur indépendance. En plus, les membres de la CONAC doivent être, à en croire le même texte, sélectionnés parmi les personnalités ayant fait preuve de probité dans l'exercice de leur fonction. Cela sous-entend que les membres ont certainement déjà servi comme agent de l'État. En cette qualité, les membres de la CONAC auront, à coup sûr, tendance à se considérer comme des subordonnés de l'administration centrale en général et du Président de la

---

[55] Au Cameroun lire les textes portant création de l'ART, l'ARMP, l'ARSEL, la CONAC, la CNC et autres.

République en particulier qui, en plus de les nommer, peut mettre fin à leurs fonctions[56].

Dans cet ordre d'idées, le fonctionnement des AAI laisse entrevoir des organes non autonomes, mais davantage auxiliaires de l'État. Il peut aussi être remarqué que la plupart des AAI sont soit sous l'autorité hiérarchique, soit sous tutelle de l'administration centrale. Au Gabon par exemple, la loi N°05/2001 dispose en son art 111 que : *« sans préjudice du principe d'autonomie prévu par les dispositions de l'art 110 ci-dessus, l'Agence de Régulation des Télécommunications est placée sous la double tutelle technique du ministère chargé des télécommunications et du ministère de l'Économie et des Finances »*. Certes, le but de la double tutelle sur l'ART est de nature à préserver les intérêts de l'État, mais elle peut aussi être source de dérives. C'est en cela que cette tutelle est une modalité de réticences des administrations publiques africaines.

D'autres cas de forte présence de l'administration centrale sur les AAI peuvent être relevés.[57] Toutefois, il sied de s'arrêter un instant sur le manque d'autorité des décisions de ces AAI du fait de la présence non négligeable de l'État, et qui devrait inévitablement conduire à la remise en cause de l'existence desdits organes indépendants.

Le moment test de la valeur des décisions des AAI semble, être pour l'Afrique, la période électorale. Pour s'en convaincre, il est nécessaire de s'appesantir sur l'élection présidentielle de février et mars 2012 au Sénégal. En effet, le Conseil National de Régulation de l'Audiovisuel (CNRA), après son rapport du quatrième trimestre 2009 où il constatait *« un déséquilibre persistant »* dans le traitement de l'information politique à la télévision nationale et une *« restriction manifeste »* du droit à l'information plurielle, a vu sa dénonciation bafouée par les pouvoirs publics lors de ladite élection au second tour. La logique retenue semble être la prise en compte des recommandations des AAI qui sont en faveur de l'État et le non-respect dans le cas contraire. Dans cet ordre d'idées, les AAI pourraient être considérées comme un moyen pour l'administration d'État de continuer à superviser les médias d'une part et d'autre part, le contexte électoral révèle une autorité fragile quand les recommandations ne sont pas suivies d'effets.

---

[56]Lire l'article 8 du décret n°2006/088 du 11 mars 2006 portant création, organisation et fonctionnement de la commission nationale Anti-corruption au Cameroun.

[57]On pourrait par exemple avancer l'hypothèse d'une fonction consultative privilégiée au détriment de ses fonctions normatives et de contrôle.

LA RÉGULATION DU FONCTIONNEMENT DES INSTITUTIONS PAR LE JUGE CONSTITUTIONNEL

NAREY Oumarou

Agrégé des facultés de droit
Enseignant-chercheur à la Faculté des Sciences Juridiques et Politiques (FSJP) de l'Université ABDOU MOUMOUNI de Niamey-Niger

Résumé

La régulation du fonctionnement des institutions par le juge constitutionnel est un vieux débat, mais toujours d'actualité pour les démocraties naissantes, notamment celles qui émergent sur le continent africain. La question de répartition des compétences est réglée par la constitution. Celle-ci organise la résolution juridictionnelle des conflits, c'est-à-dire qu'elle désigne le juge constitutionnel comme super arbitre en cas d'usurpations des compétences d'un des organes constitutionnels par un autre. Arbitre, le juge constitutionnel l'est également pour vérifier que l'une des institutions n'empiète pas sur le domaine d'une autre, pour réguler, selon des règles qui lui sont propres, le fonctionnement entre institutions de l'État ou la paralysie de celles-ci. Il est intéressant de se pencher sur cette fonction politique régulatrice du juge constitutionnel pour vérifier, d'une part, si celui-ci s'en acquitte effectivement et, d'autre part, analyser, à la lumière de la pratique, les limites et critiques dont il peut faire l'objet[1].

Introduction

« *Chacun des pouvoirs [le Gouvernement et le Parlement] agit dans sa souveraineté et en toute indépendance et l'équilibre est maintenu par la Cour Suprême dont le rôle d'arbitre prend de ce fait une importance capitale* »[2]. Cette opinion d'un ancien ministre ivoirien de la Justice, bien que datée, retrouve aujourd'hui toute sa splendeur dans les débats sur l'important rôle de régulation des institutions confié par les constituants au juge constitutionnel.

---

[1] Cette réflexion revue et enrichie a fait l'objet d'une communication présentée à la conférence des juridictions constitutionnelles africaines portant sur « Le juge constitutionnel et le pouvoir politique en Afrique » organisée par la Cour constitutionnelle du Bénin assurant la présidence de la Conférence des juridictions constitutionnelles africaines (CJCA) à Cotonou (Bénin) du 11 au 14 juin 2014.

[2] BOKA, E., « La Cour suprême de la République de Côte d'Ivoire », *Penant*, 1961, cité par MELEDJE, D. F., *Droit constitutionnel*, 9e édition revue et corrigée, Éd. ABC, Abidjan, 2013, p. 76.

Mais avant d'aborder cette fonction politique qui est au cœur des rapports entre les différentes institutions constitutionnelles, il importe de clarifier les notions clés que nous aurons à utiliser tout au long de notre réflexion. D'abord le concept d'« institutions » qui désigne, *lato sensu*, les « *éléments constituant la structure juridique de la réalité sociale* » ou l'« *ensemble des mécanismes et structures juridiques encadrant les conduites au sein d'une collectivité* »[3]. En ce sens, l'État est considéré comme la première des institutions. Mais pour agir, l'État doit se subdiviser en institutions secondaires qui constitueront son organisation concrète. Il s'agit là d'institutions au sens strict du terme, c'est-à-dire des organes politiques, juridictionnels et administratifs. Ces institutions constituent donc des organes par lesquels s'exerce l'autorité de l'État[4]. Ainsi, un « organe » désigne, au sens général, un ensemble d'« *éléments qui, liés à la structure d'une institution, en assurent le fonctionnement, par leur action combinée* »[5]. Dans cette acception organique, l'autorité désigne aussi une institution de l'État, un pouvoir ou une fonction qui peut avoir trois significations. D'abord, elle est une subdivision de l'activité de l'État. C'est le sens retenu par Charles-Louis de Secondât MONTESQUIEU lorsqu'il relève dans le célèbre passage de <u>De l'Esprit des lois</u> : « *Il y a dans chaque État trois sortes de pouvoirs : la puissance législative, la puissance exécutrice des choses qui dépendent du droit des gens, et la puissance exécutrice de celles qui dépendent du droit civil [...]* »[6]. Ensuite, la fonction se traduit par une compétence juridique ou bien, le plus souvent, elle se décompose elle-même en une pluralité de compétences, c'est-à-dire que chaque organe exerce une ou plusieurs fonctions. Enfin, la fonction est certes intimement liée à la séparation des pouvoirs, mais en réalité les organes sont très rarement spécialisés dans une fonction juridique unique.

Par exemple, le parlement exerce non seulement la fonction législative, mais il contrôle aussi le gouvernement ; le pouvoir exécutif participe à l'exercice de la fonction législative, selon le principe de contrepoids ou contre-pouvoirs[7].

S'agissant du concept de « régulation », il peut s'analyser juridiquement comme le contrôle exercé par un organe sur un autre afin notamment de lui

---

[3] CORNU, G., *Vocabulaire juridique*, dernière édition mise à jour, PUF, Paris, 2012, p. 553.

[4] De VILLIERS, M., Le DIVELLEC, A., *Dictionnaire du droit constitutionnel*, 9e édition, SIREY, Paris, 2013, pp. 191-192.

[5] CORNU, G., *Vocabulaire juridique*, *op. cit.*, p. 715.

[6] MONTESQUIEU, Ch., *De l'Esprit des lois*, Chapitre VI du Livre XI, 1748. Voir aussi en ce sens LOCKE, J., *Essai sur le gouvernement civil*, 1690, qui souligne qu'il y a dans chaque État trois sortes de pouvoirs, ou plutôt trois puissances : la puissance de faire la loi, celle d'exécuter les « résolutions publiques » et celle de juger les crimes ou les différends des particuliers.

[7] De VILLIERS, M., Le DIVELLEC, A., *Dictionnaire du droit constitutionnel*, *op. cit.*, pp. 164-165.

assurer un bon fonctionnement. En d'autres termes, c'est l'activité qui permet d'éviter la paralysie, d'assurer un rythme régulier à un organe de l'État. Il peut s'agir de la régulation « lubrifiant institutionnel »[8] qui consiste pour l'organe, « *[...] à intervenir, sur demande, pour, par sa décision et les injonctions qu'elle comporte, faire échec à une situation de paralysie imminente ou réelle d'une ou de plusieurs institutions de la République* »[9]. Il peut également être question de la régulation, « discipline des acteurs politiques », consistant pour la juridiction constitutionnelle « *[...] sur demande, et alors même qu'aucune paralysie effective ou imminente n'est à déplorer dans le fonctionnement d'une institution de la République, à sanctionner – si elle l'estime nécessaire – par déclaration d'inconstitutionnalité, et à faire – en cas de besoin – des injonctions correctives qui lui paraissent devoir s'imposer en vue d'un nouveau comportement conforme aux prescriptions constitutionnelles* »[10]. Entre ces deux types de régulation, il existe une autre qualifiée de régulation mixte parce qu'associant les éléments des deux premières[11].

Quant à la notion de « juge constitutionnel », elle renvoie à « *la personne ou le service chargé de remplir une fonction constitutionnelle* »[12]. Elle se rattache aussi aux « *[...] organes et procédures de nature essentiellement juridictionnelle par lesquels est assurée la garantie de la Constitution. Cette fonction [...] ne se limite pas au contrôle de la constitutionnalité des lois, même si ce contrôle en est à la fois le symbole et la pièce essentielle* »[13]. Elle concerne aussi la résolution des conflits d'attribution pouvant surgir au sein des organes ou pouvoirs constitutionnels.

Cette activité de régulation des institutions est aussi assurée par le juge administratif, produit d'une histoire très mouvementée en France[14]. En effet, l'activisme régulateur de ce juge peut s'observer à deux niveaux[15]. En premier lieu, le juge administratif est considéré comme le conseiller des institutions

---

[8] MEDE, N., « La fonction de régulation des juridictions constitutionnelles en Afrique francophone », *A.I.J.C.*, 2007, p. 49 ; BADET, G., *Les attributions originales de la Cour constitutionnelle du Bénin*, Imprimerie COPEF, Friedrich Ebert Stiftung, Cotonou, 2013, p. 243.
[9] BADET, G., *ibid.*
[10] *Ibid.*, p. 272.
[11] *Ibid.*, pp. 243, 284 et s.
[12] CORNU, G., *Vocabulaire juridique*, *op. cit.*, p. 715.
[13] *Ibid.*, p. 200. Sur la suprématie de la constitution, voir EISENMANN, Ch., *La justice constitutionnelle et la Haute Cour constitutionnelle d'Autriche*, 1928, réédition Economica, Paris, 1986 ; FROMONT, M., *La justice constitutionnelle dans le monde*, Dalloz, Paris, 1996 ; GREWE, C., JOUANJAN, O. et al. (dir.), *La notion de « justice constitutionnelle »*, Dalloz, Paris, 2005 ; JOUANJAN, O., « Modèles et représentations de la justice constitutionnelle en France », *Jus Politicum*, n° 1, 2009, p. 93.
[14] MORAND-DEVILLER, J., *Droit administratif*, Montchrestien, Paris, 2013, pp. 30-32. Voir aussi LONG, M., WEIL, P., BRAIBANT, G., DELVOLVE, P., GENEVOIS, B., *Les Grands Arrêts de la Jurisprudence Administrative*, 19e édition, Dalloz, Paris, 2013, p. 1.
[15] MORAND-DEVILLER, J, *Droit administratif*, *op. cit.*, p. 41.

de la République. À ce titre, il est obligatoirement consulté sur les projets de loi avant leur adoption en conseil des ministres et leur dépôt au parlement, sur les ordonnances et sur les décrets modifiant des textes législatifs intervenus dans le domaine du règlement[16]. Ce faisant, le juge administratif assure une bonne régulation des institutions, puisqu'il les incite à préserver la sécurité juridique qui est l'un des principes fondamentaux d'un véritable État de droit. En second lieu, en tant que gardien de la légalité administrative, le juge administratif assure une régulation des institutions en ce qu'il contribue à les maintenir sur les « rails » du principe de la légalité, en annulant purement et simplement tous les actes administratifs dont l'irrégularité est avérée à l'occasion d'un recours pour excès de pouvoir[17]. En outre, le juge administratif, par sa jurisprudence, participe très largement à la pacification de la vie politique et institutionnelle en France où il a notamment usé de son pouvoir d'arbitre et de régulateur pour apaiser et « débloquer » une situation de crise[18] ; ce qui le rapproche du juge constitutionnel.

Juge de la constitution, la juridiction constitutionnelle est investie de la fonction de régulation du fonctionnement des institutions de l'État. En effet, les cours ou conseils constitutionnels et autres juridictions assimilées sont, entre autres, chargés de régler des querelles et litiges entre les institutions de l'État. Cette fonction est aujourd'hui assurée par la plupart des juridictions constitutionnelles. Ainsi, la Cour constitutionnelle fédérale allemande a été spécialement chargée de juger les « *litiges sur l'étendue des droits et obligations d'un organe fédéral suprême ou d'autres parties investies de droits propres, soit par la [...] loi fondamentale, soit par le règlement intérieur d'un organe fédéral suprême* »[19]. La Cour constitutionnelle italienne est juge aussi « *des conflits d'attribution entre les pouvoirs de l'État* »[20]. Le Conseil constitutionnel du Sénégal connaît, notamment « *[...] des conflits de compétence entre l'exécutif et le législatif, des conflits de compétence entre le Conseil d'État et la Cour de cassation [...]* »[21]. La Cour constitutionnelle du Bénin « *[...] est l'organe régulateur du fonctionnement des institutions et de l'activité des pouvoirs publics* »[22]. À cet égard, elle

---

[16] LOMBARD, M., DUMONT, G., SIRINELLI, J., *Droit administratif*, 10e édition, Dalloz, Paris, 2013, p. 425.

[17] MORAND-DEVILLER, J., *Droit administratif*, *op.cit.*, p. 44.

[18] LOCHAK, D., « Le Conseil d'État en politique », *Pouvoirs*, n° 123, 2007/4, p. 19-32.

[19] Article 93 de la Loi fondamentale de la République fédérale d'Allemagne du 23 mai 1949, *in* MELIN- SOUCRAMANIEN, F., *Les grandes démocraties. Constitutions des États-Unis, de l'Allemagne, de l'Espagne et de l'Italie*, Armand Colin, Dalloz, Paris, 2005, p. 88.

[20] Article 134 de la Constitution du 27 décembre 1947 de la République italienne, *ibid.*, p. 226.

[21] Article 92 de la Constitution sénégalaise du 22 janvier 2001. Voir site de l'Association des Cours et conseils constitutionnels ayant en partage l'usage du français (ACCPUF) : http://www.accpuf.org.

[22] Article 114 de la Constitution béninoise du 11 décembre 1990. Voir http://www.accpuf.org.

« *statue obligatoirement sur les conflits d'attribution entre les institutions de l'État* »[23]. Dans la même veine, la Cour constitutionnelle du Mali, celle du Togo et le Conseil constitutionnel du Tchad sont considérés comme « *[...] l'organe régulateur du fonctionnement des institutions et de l'activité des pouvoirs publics* »[24]. Quant à la Cour constitutionnelle du Niger, elle se prononce par arrêt, sur « *[...] les conflits d'attribution entre les institutions de l'État* » et « *est compétente sur toute question [...] d'application de la Constitution* »[25]. Enfin, le Conseil constitutionnel de la Côte d'Ivoire « *est l'organe régulateur du fonctionnement des pouvoirs publics* »[26].

C'est justement pour permettre aux institutions de l'État d'accomplir leurs fonctions, d'agir et de remplir leurs missions, que les constituants des « grandes démocraties »[27] et ceux des plus récentes ont jugé nécessaire de prévoir un mécanisme permettant de maintenir l'équilibre institutionnel. Ce mécanisme est incarné par la juridiction constitutionnelle. Mais il faut relever que le souci de réguler le fonctionnement des institutions démocratiques ne date que des années 1990, période pendant laquelle des règles constitutionnelles nouvelles ont été adoptées sur le continent africain. Par exemple, au Bénin, c'est la Constitution du 11 décembre 1990 qui a créé la Cour constitutionnelle tandis qu'au Sénégal, le Conseil constitutionnel a été créé par la loi n° 92-23 du 30 mai 1992 modifiée par la loi constitutionnelle n° 99-02 du 29 janvier 1999[28]. La création de la Cour constitutionnelle au

---

[23] *Ibid.*, Article 117.

[24] Voir respectivement, article 85 alinéa 2 de la Constitution malienne du 27 février 1992, Cour constitutionnelle *in Recueil des textes fondamentaux*, édition de septembre 2009, Bamako, p. 27 ; article 99 de la Constitution du 14 octobre 1992 de l'IVe République du Togo ; article 161 alinéa 6 de la Constitution du 31 mars 1996 de la République du Tchad.

[25] Article 126 de la Constitution nigérienne du 25 novembre 2010. Voir *Journal officiel de la République du Niger* du 29 novembre 2010, p. 257.

[26] Article 88 de la Constitution ivoirienne du 23 juillet 2000.

[27] MELIN-SOUCRAMANIEN, F., *Les grandes démocraties. Constitutions des États-Unis, de l'Allemagne, de l'Espagne et de l'Italie, op. cit.*

[28] Loi organique n° 2007-03 du 12 février modifiant la loi organique n° 92-23 du 30 mai 1992 sur le Conseil constitutionnel, *in Journal officiel de la République du Sénégal*, 10 mars 2007, p. 2381

Mali[29], au Niger[30] et au Togo[31] est à situer dans ce mouvement. À l'exception du Sénégal, ces pays ont senti – en raison de l'exercice autoritaire du pouvoir ayant marqué leur histoire politique au sortir des indépendances – la nécessité de prendre les dispositions pour élaborer de nouvelles règles constitutionnelles susceptibles de garantir le fonctionnement régulier des institutions. La quasi-constance de ce souci justifie également les importantes proclamations solennelles dans les préambules des constitutions qui prônent la création d'un État de droit et de démocratie pluraliste. C'est dans cette optique que la plupart des États africains ont librement choisi d'organiser la limitation de l'exercice du pouvoir politique par l'instauration des juridictions constitutionnelles destinées à servir de contrepoids et assurer plus efficacement la régulation des institutions de l'État. Cette résolution juridictionnelle des conflits a été envisagée par des auteurs comme Jean-Jacques ROUSSEAU[32] et Emmanuel-Joseph SIEYES[33]. Elle a surtout connu ses moments de gloire grâce à ses défenseurs tels que Léon MICHOUD[34], Georg JELLINEK[35] et Hans KELSEN[36]. Pour ceux-ci, la fonction régulatrice des confits entre institutions consiste à confier soit à « *un tribunal des conflits central* », soit à « *un tribunal assez haut placé dans l'opinion publique et assez éloigné, des luttes de partis pour trancher, avec toute l'autorité qui appartient à un juge impartial et éclairé, les conflits de droit constitutionnel qui peuvent surgir entre les différents pouvoirs* »[37].

[29] La Cour constitutionnelle du Mali a été créée par la Constitution du 27 février 1992. Mais elle n'a commencé à fonctionner que suite à la loi n° 97-010 du 11 février 1997 portant loi organique déterminant les règles d'organisation et de fonctionnement de la Cour constitutionnelle ainsi que la procédure suivie devant elle modifiée par la loi n° 02-011 du 5 mars 2002. Cour constitutionnelle de la République du Mali, Recueil des textes fondamentaux, édition septembre 2009, pp. 27, 39-58.

[30] La Cour constitutionnelle du Niger a été créée par la Constitution de la Vème République du 9 août 1999. Voir aussi la loi organique n° 2000-11 du 14 août 2000 déterminant l'organisation, le fonctionnement et la procédure à suivre devant la Cour constitutionnelle. Aujourd'hui, la Cour constitutionnelle est régie par la Constitution du 25 novembre 2010 et la loi organique n° 2012-35 du 19 juin 2012 déterminant l'organisation, le fonctionnement de la Cour constitutionnelle et la procédure suivie devant elle.

[31] La Cour constitutionnelle du Togo a été créée par la Constitution du 14 octobre 1992 (Titre VI), Imprimerie, EdiTogo-Lomé, pp. 49 et s.

[32] ROUSSEAU, J.-J., *Du contrat social*, édition Du Cheval ailé, Genève, 1947, Livre IV, Chapitre V, p. 199.

[33] BASTID, P., *Les discours de Sieyès dans les débats constitutionnels de l'an III (2 et 18 thermidor)*, Hachette, Paris, 1939.

[34] MICHOUD, L., « Des actes de gouvernement », Larose, Paris, 1889, cité par BREMOND, « Des actes de gouvernement », *RDP*, 1896, vol. 1, pp. 45-46.

[35] JELLINEK, G., *L'État moderne et son droit, Théorie juridique de l'État*, M. GIARD et E. BRIÈRE Librairie- éd., Paris, 1913, p. 574.

[36] KELSEN, H., « La garantie juridictionnelle de la constitution (la justice constitutionnelle) », *RDP*, 1928, p.234.

[37] MICHOUD, L., JELLINEK, G., KELSEN, H., *ibid.*

Ainsi, à l'image de l'agent chargé de l'aiguillage des trains, le juge constitutionnel s'est vu confier la responsabilité d'assurer le fonctionnement régulier des institutions. Dans le cadre de l'exercice de cette fonction, le juge constitutionnel est surtout appelé à assurer non seulement un « procès équilibré »[38], mais aussi à maintenir ou faire varier, suivant la constitution et ses textes d'application, les attributions conférées aux pouvoirs constitutionnels. Ce faisant, le juge tranche des antagonismes créés par des actes ou des comportements d'invasions ou d'interférences. Ces conflits peuvent naître d'usurpations de compétence, d'interférences ou d'empiétements de l'un des organes sur le domaine d'un autre. Il s'ensuit que la régulation de l'activité des pouvoirs publics et la résolution des conflits éventuels conduisent les juges constitutionnels à poser des bornes en assurant le respect du principe de la séparation des pouvoirs et de la hiérarchie des normes, à jouer un rôle d'arbitre en cas de conflit, et à garantir le respect par chacun des pouvoirs du plein exercice de ses compétences[39]. Ainsi, le juge constitutionnel est sans cesse sollicité pour assurer la sauvegarde de la répartition des compétences opérée par la loi fondamentale. Cela ne manque évidemment pas de susciter la curiosité des chercheurs et des praticiens.

D'où le double intérêt que présente cette étude : sur le plan théorique, elle permet de vérifier si les diverses dispositions constitutionnelles relatives à la distribution des pouvoirs entre les institutions sont assez claires pour permettre de prévenir les conflits de compétence. Sur le plan pratique, elle permet de relever les différentes applications qui ont été faites par les juges, de procéder à une évaluation afin de dégager celles susceptibles d'améliorer le travail du juge constitutionnel.

Seule une étude comparative des constitutions ayant pris le pari de commettre le juge à cette tâche permet de dresser son profil. Ces constitutions ont certes institué une « *sentinelle apte à conjurer les voies de fait et autres usurpations de titres* »[40], mais cette précaution ne met pas le juge constitutionnel à l'abri des assauts et des critiques de toutes sortes : tantôt qualifié de discret, tantôt discrédité lorsqu'il rend des décisions considérées comme favorables au pouvoir exécutif. En fait, le juge constitutionnel est perçu comme le dernier rempart conçu pour veiller à ce que le parlement

---

[38] L'expression de Guillaume DRAGO, *Contentieux constitutionnel français*, 2e édition refondue, Thémis droit, PUF, 2006, p. 131.

[39] VEIL, S., « Discours introductif », 4e Congrès de l'Association des Cours constitutionnelles ayant en partage l'usage du français (ACCPUF), 13-15 novembre 2006, p. 4.

[40] IBRIGA, L. M., « Juge constitutionnel et suprématie de la constitution : le gardien du temple en est-il un ? », *in* Conseil constitutionnel de la République du Burkina Faso, *Les missions du Conseil constitutionnel dans la consolidation de l'État de droit et la bonne gouvernance au Burkina Faso, Actes de la campagne nationale d'information et de sensibilisation sur le Conseil constitutionnel*, Ouagadougou du 20 mars au 17 avril 2009, p.100.

respecte le cadre des compétences que lui a fixé la constitution sans empiéter sur le pouvoir réglementaire. Aussi, est-il considéré comme le garant privilégié du fonctionnement régulier des institutions de l'État. Il peut également développer une image de juge « collaborateur » ou juge maître des sources du droit constitutionnel, c'est-à-dire un juge au service exclusif du pouvoir en place au lieu d'être un juge « *bouche de la constitution* »[41].

Mais il faut reconnaître que malgré toutes les critiques de plus en plus récurrentes et acerbes dont il demeure la cible, le juge constitutionnel est dorénavant parfaitement intégré dans la vie institutionnelle et juridique. On peut dès lors se demander quelles sont les postures que peut avoir un juge constitutionnel pour effectivement réguler le fonctionnement des institutions ? Ce pouvoir du juge constitutionnel, connaît-il des bornes ?

Par sa fonction régulatrice, le juge constitutionnel contribue à l'équilibre entre les institutions démocratiques, pas seulement lorsqu'il assure une fonction d'arbitrage, mais également par l'existence même du contrôle de constitutionnalité de la répartition des compétences. Il assure donc un équilibre des compétences entre les pouvoirs de l'État, en fixant à chacun l'étendue et les limites de sa compétence. Cette fonction peut avoir des effets majeurs, mettant en cause la légitimité de l'intervention du juge constitutionnel et pouvant donner lieu à des réactions populaires de défiance. C'est pour toutes ces raisons que le juge constitutionnel est considéré, d'une part, comme le gardien suprême de l'équilibre institutionnel (**I**) et, d'autre part, comme un gardien souvent désarmé et parfois diabolisé (**II**).

I- Le juge constitutionnel, gardien suprême de l'équilibre institutionnel

Le juge constitutionnel intervient dans le fonctionnement des institutions de la République – incarnées notamment par le pouvoir exécutif, le pouvoir législatif, le pouvoir judiciaire et les autres institutions prévus par la constitution elle-même et les autres textes – lorsque l'une de ces institutions s'immisce dans le domaine de l'autre. Ainsi, le juge constitutionnel est investi d'une double fonction : celle de gardien de la répartition des compétences entre les trois pouvoirs (**A**) et celle de juge de « contre-pouvoir »[42] appelé à réguler le fonctionnement des institutions constitutionnelles (**B**).

[41] CHAMPEIL-DESPLATS, V., *Les grandes questions du droit constitutionnel*, IRIS, Paris, 2003, pp. 148-149.
[42] MILASIC, S., « Le contre-pouvoir, cet inconnu », *Études à la mémoire de C. LAPOYADE-DESCHAMPS*, Presses Universitaires de Bordeaux, 2003, p. 675.

A- Le gardien de la répartition des compétences entre les trois pouvoirs

S'il est vrai que le pouvoir exécutif doit être indépendant des pouvoirs législatif et judiciaire[43], il est aussi vrai que ces trois pouvoirs connaissent parfois des dysfonctionnements graves qui obligent le juge constitutionnel à intervenir pour réguler leur fonctionnement. Ainsi, dans sa mission de gardien traditionnel de la répartition des compétences entre les pouvoirs politiques, le juge constitutionnel se présente à la fois comme « chien de garde »[44] de l'exécutif, censeur des empiétements du pouvoir législatif sur l'exécutif et surveillant des intrusions de ceux-ci dans l'activité juridictionnelle.

1- Le « chien de garde » du pouvoir exécutif

À ce niveau, le juge constitutionnel est chargé d'un contrôle de constitutionnalité des actes, mais aussi de la répartition des compétences. Ainsi, il est habilité à vérifier que l'exécutif – c'est-à-dire le Président de la République ou le chef de l'État et le gouvernement – n'empiète pas sur le domaine d'un autre pouvoir. Ce faisant, le juge constitutionnel cherche à cantonner le pouvoir exécutif dans les limites de sa sphère de compétence afin de faire respecter le principe de la séparation des pouvoirs au sens organique et fonctionnel. En effet, le contrôle exercé par le juge constitutionnel permet de confiner le pouvoir exécutif dans l'activité qui lui est confiée par le constituant. Un tel contrôle a permis de contenir l'exécutif, plus précisément le Président de la République dans ses attributions constitutionnelles. Ainsi, dans sa décision DCC 08-170 du 21 novembre 2008[45], la Cour constitutionnelle du Bénin a laissé entendre que le Président de la République, pour pouvoir conserver son droit de promulgation des lois, doit respecter le délai imposé par la Constitution et soumettre la loi au contrôle de la Cour avant l'expiration dudit délai. En effet, dans le cas d'espèce, la Cour a rappelé les dispositions de l'article 57 de la Constitution qui prévoient que « *le Président de la République [...] assure la promulgation des lois dans les quinze jours qui suivent la transmission qui lui en est faite par le Président de l'Assemblée nationale. Ce délai est réduit à cinq jours en cas d'urgence déclarée par l'Assemblée nationale [...]* ». Saisie d'une requête en date du 19 novembre 2008, par laquelle le Président de la République soumet à la Cour

---

[43] Sur le principe de la séparation des pouvoirs, voir CARRE DE MALBERG, R., *Contribution à la théorie générale de l'État*, Sirey, Paris, 1920-1922, t. I, p. 20 ; CHEVALIER, J., « Du principe de séparation au principe de dualité », *Revue française de droit administratif*, 1990, p. 712 ; EISENMANN, Ch., « L'Esprit des lois et la séparation des pouvoirs », *Mélanges CARRE DE MALBERG*, Sirey, Paris, 1933, p. 163 ; GAUDEMET, P.-M., « La séparation des pouvoirs. Mythes et réalités », *Dalloz*, 1961, p. 121 ; TROPER, M., *La séparation des pouvoirs et l'histoire constitutionnelle française*, LGDJ, Paris, 1973.

[44] CHAMPEIL-DESPLATS, V., *Les grandes questions du droit constitutionnel*, *op. cit.*, p. 148.

[45] Cour constitutionnelle du Bénin, Décision DCC 08-170 du 21 novembre 2008, *Recueil des décisions et avis*, volume 2, Cotonou, 2008, p.775.

pour contrôle de conformité à la Constitution la loi n° 2008-08 portant fixation du délai au terme duquel le Président de la République ne peut plus prendre des mesures exceptionnelles, votée par l'Assemblée nationale avec la précision qu'elle doit être promulguée en procédure d'urgence, c'est-à-dire dans les cinq jours de sa notification au Président de la République par le Président de l'Assemblée nationale, la Cour constitutionnelle a déclaré la requête irrecevable au motif que la loi a été déférée au contrôle de constitutionnalité après le délai de promulgation. Il s'ensuit que le Président de la République n'a plus qualité pour saisir la Cour constitutionnelle pour un contrôle de constitutionnalité ; cette prérogative est par conséquent dévolue au Président de l'Assemblée nationale. Ce faisant, la Cour a mis en garde le Président de la République sur l'importance du respect du délai constitutionnel de promulgation des lois sans lequel, il perd sa qualité pour solliciter le contrôle de constitutionnalité des lois. Dans le même registre, lors du contrôle de la conformité à la Constitution du 9 août 1999 de la loi déterminant les conditions du recours au référendum, la Cour constitutionnelle du Niger a jugé que « *l'article 49 de la Constitution donne au seul Président de la République le pouvoir de soumettre un texte au référendum ; la loi déterminant les conditions du recours au référendum, en remplaçant le terme "Président de la République" par celui de "Pouvoirs publics" n'est pas conforme à la Constitution* »[46]. Il ressort de cette décision que le juge constitutionnel a permis d'éviter une situation de déséquilibre au profit des autres institutions tout en cantonnant le Président de la République dans ses attributions constitutionnelles. C'est d'ailleurs l'opinion partagée d'une certaine doctrine qui estime qu'« *en tant que gardien de la constitution, le juge constitutionnel, dans certains pays africains, a interdit l'habilitation législative du Président de la République (Afrique du Sud), contrôlé les rapports au sein du pouvoir exécutif (Nigéria) ainsi que les actes pris par le Président de la République, soit en sa qualité de Chef suprême des Forces Armées (Ouganda), soit dans l'exercice du pouvoir réglementaire (Bénin). Ici, le contrôle de la constitutionnalité du fonctionnement du pouvoir exécutif est une illustration de la fin du régime de la souveraineté présidentielle. Parce que le juge constitutionnel est le gardien de la Constitution, il est aussi le gardien du Président de la République* »[47].

Le juge constitutionnel doit également avoir un œil attentif sur le pouvoir exécutif en ce qui concerne les engagements internationaux qui ne sont pas

---

[46] Cour constitutionnelle du Niger, Arrêt n° 2002-008/CC du 18 janvier 2002, *Recueil des décisions (contrôle de conformité à la Constitution), 2001-2005*, Niamey, 2005, p. 46.

[47] SINDJOUN, L., *Les grandes décisions de la justice constitutionnelle africaine. Droit constitutionnel jurisprudentiel et Politiques constitutionnelles au prisme des systèmes politiques africains*, Bruylant, Bruxelles, 2009, p. 25.

soumis à la ratification du pouvoir législatif[48]. En effet, ces accords font souvent l'objet de contestations politiques qui sont mises à profit par le pouvoir exécutif pour s'octroyer de larges compétences au détriment du pouvoir législatif. C'est aussi le cas lorsque le pouvoir exécutif intervient dans le domaine de la loi en prenant des ordonnances[49]. Pour apprécier l'objet et le domaine des projets d'ordonnances de ratification déposés par le pouvoir exécutif devant le parlement au terme du délai imparti par la loi d'habilitation, le juge constitutionnel peut être sollicité. En outre, il peut même l'être en ce qui concerne des ordonnances prises pendant les périodes de transition militaire. L'illustration a été fournie par la Cour constitutionnelle du Niger lorsqu'elle a été saisie pour constater l'inconstitutionnalité de l'ordonnance de ratification du traité portant Code CIMA et de ses annexes pour violation de la procédure de ratification[50]. A l'occasion, la Cour a relevé que le Code CIMA a été ratifié le 29 janvier 1993 par une ordonnance n° 93-02 signée du Premier ministre autorisé par le Haut Conseil de la République – le parlement de transition instauré par la Conférence nationale souveraine. La Cour a en conséquence conclu que le Premier ministre avait valablement pris son ordonnance de ratification[51]. C'est donc au juge constitutionnel qu'il revient de dire que le Premier ministre a respecté son domaine de compétence. Cette action du juge constitutionnel est aussi nécessaire pour freiner le pouvoir législatif en cas d'empiétement sur l'exécutif.

---

[48] Les accords en forme simplifiée, c'est-à-dire les traités qui ne sont pas soumis à ratification, mais entrent en vigueur dès leur signature, ou les accords qualifiés de *self executing* ou *executive agreements* sont à ranger dans cette catégorie. Voir DECAUX, E., « La forme de l'engagement de l'État », *in Droit international public*, Dalloz, 6e édition, Paris, 2008, pp. 83-84.

[49] Une ordonnance est un acte pris par le gouvernement sur habilitation du parlement et signé par le Président de la République après délibération du conseil des ministres. Elle permet au gouvernement d'intervenir dans le domaine de la loi. Voir QUILLIEN, Ph.-J., *Lexique de droit public*, Ellipses, Paris, 2005, p. 298.

Il faut signaler que la plupart des constitutions africaines d'expression française prévoient que le gouvernement peut, pour l'exécution de son programme ou dans les domaines déterminés par la loi, demander au parlement l'autorisation de prendre par ordonnance, pendant un délai limité ou entre les deux sessions, des mesures qui sont normalement du domaine de la loi. Voir en ce sens, articles 74 de la Constitution du Mali, 125 de la Constitution du Tchad, 86 de la Constitution du Togo, 102 de la Constitution du Bénin et 106 de la Constitution du Niger.

[50] Cour constitutionnelle du Niger, arrêt n° 2005-001/CC du 26 mai 2005, *in Recueil des décisions, op. cit.*, pp.176-179.

[51] Sur ce point, voir notre contribution « La Cour constitutionnelle du Niger et le contrôle de conformité des traités et accords internationaux à la Constitution : remarques sur la "jurisprudence CIMA", *Revue juridique et politique des États francophones*, n° 4, octobre-décembre 2008, pp. 503- 518, spécialement pp. 513-515.

2- Le censeur des empiétements du pouvoir législatif sur l'exécutif

Le juge constitutionnel peut contraindre le pouvoir législatif à rester strictement dans son domaine de compétence. Par exemple le Conseil constitutionnel français a été essentiellement conçu pour contenir le parlement dans l'exercice de ses attributions constitutionnelles. C'est en effet le Conseil constitutionnel qui fait respecter l'équilibre voulu par les constituants entre le parlement et le gouvernement et contrôle ainsi la répartition des compétences faite entre le pouvoir législatif et le pouvoir réglementaire. En d'autres termes, il veille au respect strict de la frontière entre le domaine de la loi[52] et celui du règlement[53], à travers deux procédures. La première s'exerce en amont, au moment de l'élaboration de la loi. Prévue par l'article 41 de la Constitution, elle est qualifiée de procédure d'irrecevabilité financière et permet au gouvernement, au cours d'une procédure législative, de s'opposer à une ou plusieurs dispositions d'une proposition de loi ou d'un amendement dont il estime qu'elles portent atteinte à son domaine réglementaire. Le gouvernement peut opposer l'irrecevabilité au motif que le texte a empiété sur le domaine du règlement. Cette solution est illustrée par l'avis n° 001/CCT/2013 du 3 janvier 2013 émis par le Conseil constitutionnel de Transition du Niger lorsque le Premier ministre l'a saisi, en vue de l'interprétation de la Constitution, suite à l'irrecevabilité du projet de loi de programmation de la protection civile 2013-2015 prononcée par le Président de l'Assemblée nationale. Dans le cas d'espèce, le requérant souligne que l'irrecevabilité du projet de loi soumis à l'avis du Conseil a été prononcée par le Président de l'Assemblée nationale pour les motifs suivants :

« - *le principe de la loi de programmation n'est pas prévu par la Constitution du 25 novembre 2010 qui ne consacre en son article 101 que celui de lois de programme ;*

- *dans le fond, ces deux notions sont différentes en ce sens que la loi de programme n'est qu'un engagement pris par le gouvernement pour engager des dépenses dans un secteur relevant du domaine économique et social, sans conséquences juridiques, alors que la loi de programmation fixe des objectifs précis de l'action de l'État à atteindre en un temps déterminé et pour lesquels une inscription budgétaire est faite en vue de leur réalisation* ».

---

[52] L'article 34 de la Constitution française du 4 octobre 1958 énumère limitativement les matières relevant du domaine de la loi. Sur le commentaire de cet article, voir LUCHAIRE, F., CONAC, G., PRETOT, X., *La Constitution française. Analyse et commentaires*, 3e édition, Economica, Paris, 2009, pp. 779-926.

[53] En vertu de l'article 37 de la Constitution française du 4 octobre 1958, « *les matières autres que celles qui sont du domaine de la loi ont un caractère réglementaire* ». *Ibid.*, pp. 945-955.

Dans son avis, le Conseil constitutionnel a relevé qu'aux termes de l'article 101 alinéa 4 de la Constitution : « *Les lois de programme fixent les objectifs de l'action économique et sociale de l'Etat* ». Il a ainsi déduit qu'à travers les dispositions de cet article, le constituant n'a expressément consacré que les lois de programme tout en leur donnant un contenu. En effet, il faut entendre par lois de programme, les lois qui définissent les objectifs à moyen ou long terme uniquement dans le domaine économique et social. Ce faisant, le Conseil a conclu dès lors que le projet de loi de programmation de la protection civile 2013-2015 ne relève pas de la catégorie des lois de programme prévue à l'article 101 alinéa 4 de la Constitution.

La seconde procédure intervient en aval, une fois la loi entrée en vigueur. Elle est prévue par l'article 37 alinéa 2 de la Constitution française du 4 octobre 1958, qui permet de protéger le domaine du règlement. Communément appelée procédure de « délégalisation » de la loi, elle permet de s'attaquer à un acte qui est formellement une loi, mais pas substantiellement, d'où le terme « texte de forme législative » employé par la Constitution. Le législateur ayant ici empiété sur le domaine réglementaire, les textes de forme législative vont être délégalisés par le juge constitutionnel qui peut être saisi[54] dans un délai d'un mois ou huit (8) jours en cas d'urgence. C'est ainsi que le Conseil constitutionnel français veille à ce que le législateur ne se donne pas la liberté d'empiéter sur le domaine réglementaire.

C'est en tant que régulateur des pouvoirs publics que le juge constitutionnel peut décider de la conformité à la constitution des lois et du règlement intérieur du parlement. En agissant ainsi, il est en fait dans son rôle de délimitation du domaine de la loi et du règlement et du respect de la hiérarchie des normes[55]. À ce titre, il appartient au juge de contenir toute velléité d'empiétement du pouvoir législatif sur l'exécutif. Mais il est chargé aussi de la surveillance des intrusions des pouvoirs législatif et exécutif dans l'activité juridictionnelle.

---

[54] Il est à noter que le Conseil d'État se prononce par décret sur les textes antérieurs. Voir LUCHAIRE, F., CONAC, G., PRETOT, X., *La Constitution française. Analyse et commentaires*, pp. 945-955 ; FAVOREU, L., MASTOR, W., *Les cours constitutionnelles*, *op. cit.*, pp. 108-109 ; ROUSSILLON, H., *Le Conseil constitutionnel*, 5ème édition, Dalloz, Paris, 2004, pp. 122-126.

[55] De BECHILLON, D., *Hiérarchie des normes et hiérarchie des fonctions normatives de l'Etat*, Economica, Paris, 1996 ; GENEVOIS, B., « Normes de référence du contrôle de constitutionnalité et respect de la hiérarchie en leur sein », *L'État de droit, Mélanges BRAIBANT*, Paris, 1996, pp. 323 et s.

3- Le vigile des interventions illicites des autres pouvoirs dans le domaine judiciaire

Pour assurer le contrôle des incursions des pouvoirs législatif et exécutif dans le domaine judiciaire, le juge constitutionnel français, dès 1962, s'est auto-qualifié d'« *organe régulateur de l'activité des pouvoirs publics* »[56]. Aujourd'hui encore, sans mentionner cette qualité, il exprime la même idée en se référant à l'équilibre des pouvoirs établis par la Constitution française du 4 octobre 1958[57].

C'est ainsi qu'à plusieurs reprises, à travers sa jurisprudence relative au contrôle des actes législatifs, le Conseil constitutionnel français a imposé aux pouvoirs législatif et exécutif de ne pas empiéter sur le domaine du pouvoir juridictionnel. Il affirme, dans sa décision du 22 juillet 1980, qu'il résulte des dispositions de l'article 64 de la Constitution française relatives à l'autorité judiciaire et des principes fondamentaux reconnus par les lois de la République que l'indépendance des juridictions est garantie ainsi que le caractère spécifique de leurs fonctions sur lesquelles ne peuvent empiéter ni le législateur ni le gouvernement. Dès lors, il n'appartient pas à ces derniers de censurer les décisions de ces juridictions, d'adresser à celles-ci des injonctions et de se substituer à elles dans le jugement des litiges relevant de leur compétence[58]. À titre d'illustration de la part de la jurisprudence africaine, on peut rappeler la décision DCC 07-175 du 27 décembre 2007 de la Cour constitutionnelle du Bénin. Dans le cas d'espèce, la Cour a été saisie de plusieurs requêtes par lesquelles des citoyens ont formé un recours en inconstitutionnalité de la décision du Conseil des ministres du 10 octobre 2007 relative à la suspension de l'exécution des décisions de justice rendues en matière domaniale en milieu urbain. Pour les requérants, cette décision viole le principe de la séparation des pouvoirs, ainsi que le droit de propriété du citoyen consacré par l'article 22 de la Constitution. Dans sa décision, la Cour a jugé qu'« *[...] en l'espèce, le Conseil des ministres en sa séance du mercredi 10 octobre 2007, a décidé, suite à l'examen de la communication n° 1775/07 du ministre de l'Urbanisme, de l'Habitat, de la Réforme Foncière et de la Lutte contre l'Érosion Côtière, de suspendre l'exécution des décisions de justice, relatives aux litiges domaniaux en milieu urbain, décisions qui donnent lieu à des démolitions, destructions et casses inconsidérées d'habitations, et a instruit des membres du gouvernement à "l'effet de faire le point des importants cas de litiges domaniaux en milieu urbain pendants devant les juridictions afin qu'une suspension soit observée dans l'instruction desdits dossiers jusqu'à la mise en place d'un mécanisme*

---

[56] Conseil constitutionnel, Décision n° 62-20 DC du 6 novembre 1962 disponible sur le site web : www.conseil- constitutionnel.fr/conseil-constitutionnel/root/bank/print/6398.htm

[57] VEIL, S., « Discours introductif », *op. cit.*, p. 4.

[58] *Ibid.*, p.5

adéquat de règlement" ; [...] de telles décisions constituent une ingérence dans le fonctionnement normal du pouvoir judiciaire et donc une violation du principe de la séparation des pouvoirs consacrée par les articles 125 et 126 de la Constitution ; [...] ». Il en résulte que le juge constitutionnel béninois confirme les domaines de compétence de l'exécutif et du pouvoir judiciaire et indique ce que le premier ne peut pas faire par rapport au second. En effet, le pouvoir exécutif ne peut suspendre l'exécution d'une décision de justice sans remettre en cause l'indépendance du pouvoir judiciaire. De même, le fait pour le Président de la République, pour un ministre ou pour une autorité administrative de se soustraire à l'exécution des lois et partant celle des décisions de justice ayant force de loi, est, non seulement une violation de la Constitution, mais aussi une faute susceptible d'engager la responsabilité de l'État.

C'est dans cette logique que s'est inscrit le juge constitutionnel dans certains pays d'Afrique noire francophone. Par exemple, à travers la jurisprudence du Conseil constitutionnel du Sénégal, l'affirmation du principe d'indépendance est sans équivoque. Tout d'abord, le juge constitutionnel sénégalais, dans sa décision n° 15-94 du 27 juillet 1994, a fait référence au principe de l'indépendance des juges. Ensuite, dans sa décision n° 11-93 du 23 juin 1996, le même juge sénégalais a explicité le principe de l'indépendance de la magistrature en des termes très clairs : « *Le principe de la séparation des pouvoirs interdit aux pouvoirs législatif et exécutif d'empiéter sur le pouvoir judiciaire en censurant ou en anéantissant les décisions de justice passées en force de chose jugée, et en privant les citoyens des droits garantis par la Constitution* »[59]. Enfin, le juge constitutionnel a dégagé différents principes qui s'appliquent à lui-même. Il affirme sa propre indépendance par rapport aux juridictions ordinaires[60]. Il soutient qu'il dispose d'une simple compétence d'attribution[61] et n'est pas juge de la légalité ou des faits[62], mais il martèle qu'il est juge de la constitutionnalité[63]. Ce qui permet au juge constitutionnel d'occuper désormais une place majeure au sein du jeu institutionnel ; il devient un juge de contrepoids au sein des institutions.

---

[59] Voir commentaire de la décision fait par SALL, A., *in* FALL, I. M. (dir.), *Les décisions et avis du Conseil constitutionnel du Sénégal*, CREDILA, Dakar, 2008, pp. 115-120.

[60] Conseil constitutionnel du Sénégal, Décision 32-98 du 10 mars 1998 sur l'augmentation du nombre de députés de 120 à 140 (II), *ibid.*, pp. 199-201.

[61] Conseil constitutionnel du Sénégal, Décision 27-98 du 24 février 1998, *ibid.*, pp. 175-180.

[62] Cour constitutionnelle du Niger, Avis n° 017/CC du 15 mai 2013 ; Avis n° 29/CC du 26 août 2013 disponibles sur le site web : www.cour-constitutionnelle-niger.org

[63] Cour constitutionnelle du Bénin, Décision DC 96-049 du 12 août 1996.

B- Le juge de « contre-pouvoir » entre les institutions constitutionnelles

Le juge constitutionnel joue également une fonction de médiation entre les autres institutions constitutionnelles. Il joue d'abord le rôle de pacificateur de la vie politique. Il est donc dans une position d'arbitre en cas de conflits entre les pouvoirs de l'État. Ensuite, le fait qu'il soit amené à contrôler les pouvoirs constitutionnels et parfois à les sanctionner constitue une protection pour l'opposition politique reconnue comme institution par la constitution et ses textes d'application. Enfin, usant de son pouvoir neutre en matière de régulation, le juge constitutionnel intervient pour assurer le bon fonctionnement des institutions administratives indépendantes.

1- Le juge-arbitre en cas de conflits entre les pouvoirs de l'État

L'analyse comparative de la vie politique montre que la plupart des constitutions placent le juge constitutionnel dans une position d'arbitre en cas de conflits entre les pouvoirs de l'État. C'est cette fonction d'arbitrage qui a, dans certains cas, motivé les constituants à prévoir la création des juridictions constitutionnelles comme le Conseil constitutionnel français ou, comme son nom l'indique, la Cour d'arbitrage de Belgique[64].

À l'instar de ces juridictions constitutionnelles européennes, nombreuses sont celles africaines qui sont dotées de compétences pour résoudre les conflits entre organes de l'État ; ce qui est de nature à leur conférer un pouvoir considérable leur permettant de jouer le rôle pacificateur de la vie politique. C'est ainsi que les juridictions constitutionnelles peuvent être amenées à résoudre les désaccords susceptibles de s'élever entre les pouvoirs publics. Dans l'exercice de sa compétence, le juge constitutionnel intervient en cas de paralysie ou blocage des pouvoirs publics et s'oblige à leur donner des injonctions comme l'atteste la jurisprudence de la Cour constitutionnelle du Bénin.

Tout d'abord, cette Cour constitutionnelle a été saisie à deux reprises du blocage du processus électoral à l'Assemblée par la doyenne d'âge, Madame Rosine V. SOGLO, qui a suspendu de manière répétitive la séance au cours de laquelle se déroulait l'élection des membres du Bureau de ladite institution. Dans sa décision DCC 03-077 du 7 mai 2003[65], la Cour a jugé que Madame Rosine SOGLO a violé la Constitution. Dans la veine de la première décision, la Cour a, par décision DCC 03-078 du 12 mai 2003, ordonné que « *la doyenne d'âge doit convoquer l'Assemblée nationale dès la date de la présente décision et poursuivre sans discontinuité, au cours de la même séance, l'élection des autres membres du Bureau. En cas de*

---

[64] FAVOREU, L., MASTOR, W., *Les cours constitutionnelles, op. cit.*, pp. 38-45.

[65] Cour constitutionnelle du Bénin, décision DCC 03-077 du 7 mai 2003.

résistance, il sera procédé immédiatement à son remplacement par le doyen d'âge suivant, et ainsi de suite jusqu'à l'aboutissement du processus électoral. Tout le processus doit se dérouler dans les 48 heures de la date de la présente décision. Le Bureau de l'Assemblée nationale devra être installé au plus tard le mercredi 14 mai 2003 à minuit »[66].

Ensuite, cette jurisprudence a eu un écho favorable lorsque huit (8) membres du Conseil Économique et social ont délibérément choisi de ne pas prendre part à l'élection du Bureau, bloquant ainsi le processus électoral, le quorum des 4/5e requis pour ladite élection ne pouvant pas être atteint avec leur absence. Par décision DCC 04-065 du 29 juillet 2004, la Cour a jugé que « *la doyenne d'âge doit convoquer le Conseil Économique et Social en assemblée plénière dès la présente décision et procéder sans discontinuité, au cours de la même séance, à l'élection des membres du Bureau de ladite institution. Les Conseillers qui ne se présenteraient pas à ladite assemblée seront déclarés démissionnaires et ne pourront plus siéger dans l'institution. En tout état de cause, l'assemblée plénière peut valablement délibérer avec le quorum prévu à l'alinéa 4 de l'article 5 du Règlement intérieur, soit la moitié plus un de l'effectif du CES. Le Bureau du CES devra être élu au plus tard le lundi 2 août 2004 à minuit* »[67].

Enfin, saisie à l'effet de déclarer inconstitutionnelle la décision de l'Assemblée nationale de « *reporter sine die* » les débats, les discussions et le vote de trois (3) projets de loi portant ratification de trois (3) accords de prêt dans le cadre de la lutte contre l'érosion côtière, la Cour constitutionnelle a, par décision DCC 08-072 du 25 juillet 2008, jugé que « *l'Assemblée nationale dont l'une des missions principales est de voter les lois s'est abstenue d'autoriser la ratification des accords de prêt devant contribuer à la lutte contre l'érosion côtière ; que ce faisant, les députés de l'Assemblée nationale ont violé l'article 35 de la Constitution aux termes duquel " les citoyens chargés d'une fonction publique ou élus à une fonction politique ont le devoir de l'accomplir avec conscience, compétence, probité, dévouement et loyauté dans l'intérêt et le respect du bien commun"* »[68].

Il résulte de ces trois exemples jurisprudentiels que la Cour constitutionnelle peut être amenée à intervenir de façon tout à fait décisive dans le débat politique pour éviter la paralysie institutionnelle pouvant conduire à des troubles politiques sérieux. Mais la fonction de régulation des institutions ne se limite pas à placer des digues pour éviter les débordements et régler les conflits de compétences entre les différents pouvoirs de

---

[66] *Ibid.*, décision DCC 03-078 du 12 mai 2003.
[67] *Ibid.*, décision DCC 04-065 du 29 juillet 2004.
[68] Cour constitutionnelle du Bénin, décision DCC 08-072 du 25 juillet 2008, volume 1, p.

l'État[69]. Elle consiste également à assurer la protection de l'opposition politique dans un État de droit[70].

2- Le protecteur de l'opposition politique

Considérée comme une véritable institution, l'opposition est utile à l'équilibre institutionnel et politique des démocraties. C'est pourquoi le constituant ou le législateur lui ont reconnu des droits[71] qui doivent être protégés par le juge constitutionnel. En effet, celui-ci protège et prend en considération les droits et revendications de l'opposition politique en cherchant à établir un équilibre entre le couple majorité-opposition. C'est pour justement fortifier cet équilibre que le constituant a reconnu à l'opposition le droit de saisir la juridiction constitutionnelle. Ainsi, la France a modifié, en 1974, l'article 61 de sa Constitution pour étendre le droit de saisir le Conseil constitutionnel à 60 députés ou sénateurs. Les constitutions des États francophones d'Afrique ont aussi reconnu le droit de saisine des juridictions constitutionnelles à un nombre donné de députés[72], au Président ou à l'Assemblée nationale. Cette reconnaissance du droit de saisine reconnu à la minorité parlementaire a permis au juge constitutionnel de donner un contenu à un certain nombre de droits reconnus à l'opposition politique[73].

---

[69] VEIL, S., « Discours introductif », *op. cit.*, p. 5.

[70] L'opposition désigne la « *force politique opposée au pouvoir en place* ». Dans un contexte démocratique, il existe l'opposition extraparlementaire, c'est-à-dire les forces politiques qui sont écartées de la représentation au parlement, et l'opposition parlementaire formant la minorité face à la majoritaire siégeant au parlement. DEBARD, Th., *Dictionnaire de droit constitutionnel*, 2e édition, Ellipses, Paris, 2007, p. 283.

[71] Au Niger, l'opposition est une institution reconnue par la Constitution elle-même en ses articles 69 et 99. Ses droits sont déterminés par l'ordonnance n° 2010-84 du 16 décembre 2010 portant Charte des partis politiques et l'ordonnance n° 2010-85 du 16 décembre 2010 portant statut de l'opposition. Voir *Journal officiel de la République du Niger*, 10 janvier 2011, pp. 2-9. Au Bénin, le statut de l'opposition est consacré par la loi n° 2001-36 du 14 octobre 2002 ; au Mali, c'est la loi n° 00-47 du 13 juillet 2008 portant statut des partis politiques de l'opposition ; au Burkina Faso, c'est la loi n° 007-2000/AN du 25 avril 2000 portant statut de l'opposition. Voir à ce sujet, HOLO, Th., « Le statut de l'opposition », *in* VEHOVGLIA, J.-P., BOURGI, A., DESSOUCHES, Ch., MAILA, J., SADA, H., SALIFOU, A. (dir.), *Démocratie et élections dans l'espace francophone*, volume II, Bruylant, Bruxelles, pp. 351-366.

[72] Au Sénégal, en application de l'article 74 alinéa 1 de la Constitution, un dixième des membres de l'Assemblée nationale a le droit de saisir le Conseil constitutionnel ; au Togo, l'article 104 alinéa 4 de la Constitution reconnaît ce droit à un 1/5e des députés de l'Assemblée nationale ; au Niger, les articles 131 et 133 de la Constitution garantissent ce droit à un dixième des députés de l'Assemblée nationale.

[73] Au Niger, l'article 89 alinéa 1 de la Constitution dispose : « *L'Assemblée nationale est dirigée par un président assisté d'un Bureau. La composition du Bureau doit refléter la configuration politique de l'Assemblée nationale* ». La représentation de la minorité parlementaire au sein du Bureau est un droit constitutionnel. Ce droit est reconnu et précisé par la Charte des partis politiques et le statut de l'opposition. Il en va ainsi au Burkina Faso et au Bénin. Voir en ce sens, HOLO, Th., « Le statut de l'opposition », *op. cit.*, p. 363.

Ainsi, dans sa décision DCC 09-002 du 8 janvier 2009, la Cour constitutionnelle du Bénin, en se fondant sur le préambule de la Constitution à travers lequel le peuple béninois a proclamé son attachement à créer un État de droit et de démocratie pluraliste dans lequel le choix des députés appelés à représenter l'Assemblée nationale en tant que corps, à animer ses organes de gestion ou à siéger au sein d'autres institutions de l'État, doit se faire selon le principe à valeur constitutionnelle de la représentation proportionnelle, majorité/opposition, car la démocratie suppose, entre autres, la garantie des droits de la minorité et sa participation à la gestion des affaires publiques[74].

Dans le même ordre d'idées, lorsque le Conseil constitutionnel de transition du Niger a été saisi par les députés de l'opposition aux fins d'annulation du Bureau de l'Assemblée nationale pour violation de l'article 89 de la Constitution, il a jugé que « *la composition du Bureau de l'Assemblée nationale ne reflète pas la configuration politique de celle-ci ; qu'en effet en s'octroyant le poste de deuxième questeur, la majorité viole les dispositions [...]* » de l'article 89 de la Constitution. Le juge constitutionnel a par conséquent exigé à ce que l'Assemblée nationale se conforme auxdites dispositions constitutionnelles[75]. Toujours usant de leur droit de saisine, dans le cadre de l'application de la Constitution par le juge constitutionnel[76], onze (11) députés de l'opposition se sont référés à l'attribution de deux (2) marchés publics à l'entreprise individuelle appartenant à un député au moment de ladite attribution. À l'appui de leur requête, ils ont produit une copie de l'avis n° 01/CCT/2012 du 16 janvier 2012 émis par le Conseil constitutionnel de Transition et au terme duquel *« il est formellement interdit aux personnalités visées à l'article 52 de la Constitution [interdisant l'accès aux marchés publics aux députés en exercice] d'user de leur position, soit personnellement, soit par le biais de prête-nom ou de société-écran pour procéder à l'acquisition ou prendre en bail un bien appartenant au domaine de l'État ou de ses démembrements ou encore de prendre part à tout marché public ou privé de l'État et de ses démembrements* ». Ayant établi que l'entreprise attributaire des marchés

---

[74] Cour constitutionnelle du Bénin, décision DCC 09-002 du 8 janvier 2009, in Recueil des décisions et avis, volume I, 2009, pp. 55-64. Voir aussi HOLO, Th., « Le statut de l'opposition », *op.cit.*, pp. 363-364.

[75] Conseil constitutionnel de Transition, Arrêt n° 007/11/CCT/MC du 4 mai 2011 disponible sur le site de la Cour constitutionnelle du Niger qui a remplacé le Conseil à la fin de la transition politique de 2010 : www.cour- constitutionnelle-niger.org. Sur la même question de la configuration politique, le Conseil constitutionnel de Transition a émis l'avis n° 002/CCT/2011.

[76] Selon l'article 126 alinéa 2 de la Constitution du Niger, la Cour constitutionnelle est compétente pour statuer sur toute question d'interprétation et d'application de la Constitution. Elle se prononce par arrêt sur les questions d'application et émet des avis en matière d'interprétation des dispositions de la Constitution conformément à l'article 133 de celle-ci.

publics est la propriété du député dont la démission n'a pas été constatée par l'Assemblée nationale, le juge constitutionnel a conclu que l'interdiction posée par l'article 52 de la Constitution n'a pas été respectée par le député concerné. Mieux, le juge a martelé qu'en attribuant le marché à un député, le ministre signataire des Contrats dont il s'agit n'a pas respecté les dispositions de l'article 39 de la Constitution qui dispose : « *Tout citoyen nigérien, civil ou militaire a l'obligation absolue de respecter, en toutes circonstances, la Constitution et l'ordre juridique de la République, sous peine de sanctions prévues par la loi* »[77]. Il ressort de cette jurisprudence que le droit de saisine du juge reconnu à l'opposition politique a transformé son impuissance en victoire constitutionnelle ; ce qui fortifie l'équilibre des institutions, notamment les autorités administratives indépendantes et juridictionnelles dont le dysfonctionnement requiert souvent l'intervention de la juridiction constitutionnelle.

3- Le régulateur des institutions administratives indépendantes et des autres juridictions

L'analyse de certaines décisions révèle que le juge constitutionnel intervient pour assurer le bon fonctionnement des institutions administratives indépendantes, voire des juridictions. En effet, la Cour constitutionnelle du Bénin est pionnière en la matière. C'est pourquoi la pratique développée par celle-ci peut inspirer les autres juridictions constitutionnelles. Trois décisions emblématiques illustrent ce rôle de régulation des activités à la fois des autorités administratives indépendantes et des autres juridictions.

La première décision DCC 08-021 du 28 février 2008 fait état du partage de rôles entre le gouvernement et la Haute Autorité de l'Audiovisuel et de la Communication (HAAC) en matière d'attribution des fréquences aux opérateurs privés de radiodiffusion et de télévision. En effet, sur requête du 4 février 2008, le Conseiller Technique Juridique du Président de la République a saisi la Cour d'un « *recours en inconstitutionnalité contre la décision DCC n°08-008/HAAC du 30 janvier 2008* ». Sur le fondement de cette décision, la HAAC a attribué des fréquences à un certain nombre de promoteurs retenus sur concours pour l'installation et l'exploitation de radiodiffusions sonores et de télévisions privées. Procédant à une lecture combinée et croisée des dispositions des articles 142 alinéa 1 de la Constitution, 35 de la loi organique relative à la HAAC et des dispositions de l'article 3 alinéa 1de la loi n° 97-010 du 10 août 1997 portant libéralisation de l'espace audiovisuel, la Cour constitutionnelle a raisonné ainsi : « *si la HAAC est **constitutionnellement habilitée** à attribuer des fréquences au nom de l'État, encore faut-il qu'elle le fasse conformément à la loi et donc sur la base des conclusions du rapport technique prévu à cet effet par les textes en vigueur ; en effet, le rapport*

[77] Conseil constitutionnel de Transition, Arrêt n° 05/12/CCT/MC du 15 février 2012 disponible : www.cour- constitutionnelle-niger.org.

technique produit par le ministre « après avoir présenté le contexte de son élaboration caractérisé par l'absence des éléments nécessaires pouvant rendre crédible son contenu, a abouti aux conclusions suivantes :

- *Fréquences recommandées pour la radiodiffusion sonore en modulation de fréquence : aucune*

- *Fréquences/Canaux recommandés pour la télévision : aucun ».*

Poursuivant son raisonnement, la Cour constitutionnelle du Bénin a jugé qu'« *en l'espèce, l'attribution des fréquences par la HACC ne saurait déroger aux conclusions du rapport technique sans violer les dispositions de la loi organique sur la HAAC qui fait partie du bloc de constitutionnalité. Dès lors, en faisant fi des conclusions du rapport technique, la Haute Autorité de l'Audiovisuel et de la Communication, par décision DCC n° 08-008/HAAC du 30 janvier 2008 portant attribution de fréquences aux promoteurs retenus sur concours pour l'installation et l'exploitation de radiodiffusions sonores et télévisions privées (appel à candidatures de l'année 2007), a violé la Constitution* »[78]. Il s'ensuit que pour la doctrine, « *en prenant une telle décision alors que la HAAC a tenté de démontrer à la Cour constitutionnelle la mauvaise foi du Gouvernement, celle-ci a pris fait et cause pour celui-ci et donné au rapport technique à produire par le Gouvernement un caractère de véto, sans prendre en compte la possibilité pour celui-ci de bloquer le processus d'attribution de fréquences, soit en retardant la production du rapport, soit en évoquant une indisponibilité totale de fréquences* »[79].

La deuxième décision est la décision DCC 05-139 du 17 novembre 2005. Sur le fondement de celle-ci, la Cour constitutionnelle du Bénin a entendu obliger le gouvernement à mettre à la disposition de la Commission Électorale Nationale Autonome (CENA) les moyens nécessaires à l'organisation de l'élection présidentielle de mars 2006. En se fondant sur l'article 114 de la Constitution béninoise qui fait d'elle l'organe régulateur du fonctionnement des institutions, la Cour a jugé « *qu'en cette qualité, [elle] a compétence pour prendre toute décision susceptible d'éviter la paralysie du fonctionnement régulier des institutions et des pouvoirs publics ; qu'en conséquence, [elle] ordonne au gouvernement et spécialement au ministre des Finances et de l'Économie de mettre dans les vingt-quatre (24) heures de la présente décision à la disposition de la CENA une avance substantielle de*

---

[78] Cour constitutionnelle du Bénin, décision DCC 08-021 du 28 février 2008, *Recueil des décisions et avis*, 2008. Voir aussi Association béninoise de droit constitutionnel, Centre de droit constitutionnel, Université d'Abomey- Calavi (Bénin), *Annuaire béninois de justice constitutionnelle, Dossier spécial. 21 ans de jurisprudence de la Cour constitutionnelle du Bénin (1991-2012), I-2013*, Presses Universitaires du Bénin (pub), janvier 2014, pp.253-268.
[79] Voir FALL, I. M. « Observations », *in Annuaire béninois de justice constitutionnelle, op. cit.*, pp. 274.

fonds pour assurer le démarrage immédiat de ses activités […] »[80]. Mais après cette décision, le gouvernement n'a pas cru devoir s'exécuter, laissant ainsi la CENA toujours en difficultés. Sur saisine de trois citoyens qui dénonçaient cet état de fait, la Cour a jugé dans sa décision DCC 05-145 du 1er décembre 2005 « *[…] qu'en agissant comme il l'a fait, le gouvernement a méconnu l'autorité de la chose jugée attachée à la décision [DC 05-139 de la Cour] ; qu'en se comportant comme ils l'ont fait, le gouvernement et le ministre des Finances et de l'Économie ont par ailleurs violé l'article 35 de la Constitution aux termes duquel " Les citoyens chargés d'une fonction publique ou élus à une fonction politique ont le devoir de l'accomplir avec conscience, compétence, probité, dévouement et loyauté dans l'intérêt et le respect du bien commun"* » ! Ces décisions courageuses ont non seulement permis de débloquer les moyens financiers dont a besoin la CENA pour accomplir sa mission, mais elles ont aussi amené le législateur à préciser les contours de certaines dispositions de la loi organique sur certaines institutions administratives indépendantes en vue de garantir leur indépendance par rapport aux autres institutions de la République[81].

Enfin, la dernière décision attestant l'importance du rôle que joue la Cour constitutionnelle du Bénin, est la décision DCC 16-002 du 5 janvier 2016. Dans cette décision, la Cour a relevé que le requérant ayant soulevé l'exception d'inconstitutionnalité devant la cour d'Assises de Cotonou a fait usage concurremment de l'exception d'inconstitutionnalité et de la procédure de l'action directe en méconnaissance des dispositions de l'article 122 de la Constitution du 11 décembre 1990 qui dispose : « *Tout citoyen peut saisir la Cour constitutionnelle sur la constitutionnalité des lois, soit directement, soit par la procédure de l'exception d'inconstitutionnalité invoquée dans une affaire qui le concerne devant une juridiction. Celle- ci doit surseoir jusqu'à la décision de la Cour constitutionnelle qui doit intervenir dans un délai de trente jours* ». Il en découle que le citoyen a le choix entre l'action directe et la procédure de l'exception d'inconstitutionnalité. C'est pourquoi, la Cour constitutionnelle a décidé « *[…] qu'en sa qualité d'organe régulateur du fonctionnement des institutions et pour mettre un terme au dilatoire des conseils des parties tendant à ralentir l'issue de la procédure, […] que dans le présent dossier, les juges en charge de l'affaire n° 004/PG-12 […] doivent passer outre toute nouvelle exception d'inconstitutionnalité soulevée dans la même affaire qui ne porterait pas sur la conformité à la Constitution d'une loi applicable à l'espèce et poursuivre sans désemparer la procédure*

---

[80] Cour constitutionnelle du Bénin, décision DCC 05-139 du 17 novembre 2005, *Recueil des décisions et avis*, Cotonou, 2005, pp. 681-684.

[81] NAHM TCHOUGLI, G., « Les interactions des missions de régulations des cours constitutionnelles et les modes de saisine », Les cahiers de l'AA-HJF, 7e publication, *in Les Actes de la deuxième session de formation*, ERSUMA, Porto-Novo, du 10 au 14 septembre 2007, pp. 313-323.

afin de rendre leur décision dans un délai raisonnable »[82]. Mais force est de reconnaître que ce genre de décisions est à la base des critiques qui exposent les juridictions constitutionnelles à la confrontation directe avec le monde politique[83] ; ce qui fait que la réputation du juge constitutionnel et sa crédibilité sont souvent sacrifiées sur l'autel des intérêts personnels et politiques. Il apparaît désarmé et peut faire l'objet de diabolisation.

II- Le juge constitutionnel, gardien désarmé et diabolisé

Le juge constitutionnel est diversement apprécié par les auteurs de la saisine et les citoyens. En effet, lorsque le juge constitutionnel rend des décisions juridiques et non pas politiques, de sérieuses réticences apparaissent au grand jour dans la réception et l'exécution des décisions rendues. Il s'agit là d'obstacles politiques sérieux qui limitent la fonction régulatrice du juge constitutionnel (**A**). Mais lorsqu'il intervient aussi pour trancher une question relevant d'un domaine sensible, les auteurs de la saisine et les citoyens estiment souvent qu'il se donne trop de liberté et qu'il se transforme en « *gouvernement de juges* »[84]. Il s'ensuit une campagne de dénigrement débouchant parfois sur la diabolisation du juge constitutionnel (**B**).

A- Les limites de la fonction régulatrice du juge constitutionnel

Le juge constitutionnel est l'organe régulateur en cas de dysfonctionnements des institutions et de l'activité des pouvoirs publics, mais il exerce un contrôle mesuré sur le pouvoir exécutif et le parlement pour ne pas fragiliser l'édifice institutionnel. Mais il faut reconnaître que les décisions du juge constitutionnel – bien qu'obligatoires pour tous – ne sont pas toujours acceptées et exécutées par les autorités politiques.

1- Le contrôle mesuré exercé sur l'exécutif et le législatif

Le juge constitutionnel ne peut statuer que sur saisine de l'autorité politique désignée en ce qui concerne les lois organiques, les lois en général avant leur promulgation et le règlement intérieur du parlement avant sa mise en application. Toutefois, l'analyse des décisions rendues par certaines juridictions constitutionnelles montre que ces prescriptions n'ont pas toujours été suivies. En effet, toutes les lois ne sont pas déférées par ceux-là mêmes qui peuvent saisir le juge constitutionnel. Par exemple, le Haut Conseil de la

---

[82] Cour constitutionnelle du Bénin, Décision DCC 16-002 du 5 janvier 2016, p. 6 ; Décision n° DCC 16-020 du 21 janvier 2016, p. 4.

[83] NAHM TCHOUGLI, G., « L'indépendance du juge constitutionnel », *Les Cahiers de l'AA-HJF*, 7e publication, *in Les Actes de la deuxième session de formation, op. cit.*, pp. 275-290.

[84] LAMBERT, E., *Le gouvernement des juges et la lutte contre la législation sociale aux États-Unis. L'expérience américaine du contrôle judiciaire de la constitutionnalité des lois*, Marcel GIARD, Paris, 1921.

République du Bénin siégeant en sa qualité de Cour constitutionnelle pendant la transition politique, a procédé au contrôle de conformité des lois n° 92-10 et 92-021 portant respectivement loi organique sur le Conseil Économique et Social (CES)[85] et loi organique sur la Haute Autorité de l'Audio-visuel et de la Communication (HAAC)[86] alors qu'il a été saisi par le Président de l'Assemblée nationale[87]. Mais à partir de 1993, la Cour constitutionnelle du Bénin est revenue sur cette jurisprudence et a déclaré irrecevables des requêtes du Président de l'Assemblée nationale tendant à lui faire contrôler des lois organiques[88]. En effet, pour la Cour, l'article 19 de la loi organique de la Cour « *attribue exclusivement au Président de la République la qualité de requérant en la matière* », et la saisine de la Cour par ce dernier est obligatoire et constitue « *une formalité substantielle* » sans laquelle la loi promulguée est considérée comme nulle et non avenue[89].

Le juge constitutionnel français se montre encore plus mesuré dans l'exercice du contrôle des lois. Par exemple, il s'estime incompétent pour contrôler les lois référendaires[90]. De même, il refuse de juger de la conformité d'une loi à un engagement international[91].

En tant qu'organe régulateur du bon fonctionnement des pouvoirs exécutif et législatif, le juge constitutionnel français ne s'autosaisit pas. Toutefois, il exerce un contrôle intégral sur la loi qui est lui déférée. Il peut soulever, pour un texte qui lui est soumis, des moyens d'office et rechercher l'existence d'une erreur manifeste d'appréciation[92].

Le juge constitutionnel français essaie d'aiguiller le législateur, en lui imposant des directives interprétatives[93], voire en lui indiquant la voie pour ne pas voir son texte censuré[94]. C'est dire que dans l'exercice de sa compétence, le juge constitutionnel français veille en permanence à ne pas se substituer aux autres pouvoirs, notamment au législateur.

Trois exemples tirés de la jurisprudence française illustrent cet état de fait. D'abord, à travers la décision rendue le 15 janvier 1975, le Conseil

---

[85] Le CES est prévu au Titre VII de la Constitution béninoise du 11 décembre 1990.

[86] Le Titre VIII est dédié à la HAAC par la Constitution béninoise du 11 décembre 1990.

[87] Cour constitutionnelle du Bénin, Décisions 10 DCC du 9 juillet 1992 et 11 DCC du 6 août 1992.

[88] *Ibid.*, Décisions DCC 01-93 du 16 décembre 1993 et DCC 96-012 du 15 février 1996.

[89] *Ibid.*, Décisions DCC 01-93 du 16 septembre 1993, 08-94 du 8 avril 1994 et 96-053 du 12 août 1996.

[90] Conseil constitutionnel français, Décisions du 6 novembre 1962 et du 23 septembre 1992.

[91] Conseil constitutionnel français, Décision du 15 janvier 1975, *Interruption volontaire de grossesse (IVG)*.

[92] Conseil constitutionnel français, Décision du 8 août 1985, *Nouvelle-Calédonie*.

[93] Voir à ce sujet, Conseil constitutionnel français, Décision du 10-11 octobre 1984, *Entreprises de presse*.

[94] Conseil constitutionnel français, Décision du 29 décembre 1983, *Loi de finances pour 1984*.

constitutionnel a jugé que « *l'article 61 de la Constitution ne confère pas au Conseil constitutionnel de pouvoir général d'appréciation identique à celui du parlement* ». Ensuite, dans sa décision du 19-20 janvier 1981 relative à la sécurité et à la liberté, le Conseil constitutionnel a laissé entendre qu'il n'a pas à « *substituer sa propre appréciation à celle du législateur* ». Enfin, dans sa décision du 23 août 1985 – *Évolution de la Nouvelle-Calédonie* – le juge constitutionnel français a soutenu que « *l'objet du contrôle de constitutionnalité est non de gêner ou de retarder l'exercice du pouvoir législatif, mais d'assurer sa conformité à la Constitution* ».

Le juge constitutionnel béninois, suivant les techniques du Conseil constitutionnel français, peut déclarer la loi conforme à la Constitution du 11 décembre 1990 sous réserve que soient respectées les interprétations qu'il impose d'une ou de plusieurs dispositions. Il en résulte deux conséquences : la première est que les interprétations peuvent neutraliser les dispositions litigieuses de la loi en leur ôtant leur effet juridique[95]. La seconde conséquence est que les interprétations peuvent compléter les dispositions du texte pour les rendre conformes à la Constitution[96].

L'exemple du contrôle de conformité exercé par la Cour constitutionnelle du Bénin permet de mieux comprendre le caractère mesuré d'un tel contrôle. En premier lieu, la Cour peut décider que le texte soumis à son examen est conforme à la Constitution en toutes ses dispositions. Dans ce cas, le Président de la République a un délai de quinze (15) jours pour la promulguer. En second lieu, la Cour peut décider que certaines dispositions de la loi sont conformes à la Constitution sous réserve de respecter certaines de ses observations. Dans ce cas, la loi est retournée à l'Assemblée nationale pour la mise en conformité. En troisième lieu, la Cour peut décider que certaines dispositions de la loi sont contraires à la Constitution et sont séparables de l'ensemble du texte. Le Président de la République a alors la faculté de renvoyer la loi à l'Assemblée nationale pour une mise en conformité ou de promulguer ladite loi amputée des articles déclarés inconstitutionnels. Enfin, en quatrième lieu, la Cour peut décider que certains articles de la loi sont contraires à la Constitution et sont inséparables de l'ensemble du texte. Dans ce cas, la loi est nécessairement abandonnée ou renvoyée à l'Assemblée nationale pour une mise en conformité desdits articles qui ne peuvent être détachés du texte. Les décisions s'imposent en principe à tous, mais la pratique révèle qu'elles ne sont pas souvent exécutées avec toute la diligence nécessaire. D'où le caractère ambigu de l'autorité de la chose jugée attachée aux décisions du juge constitutionnel.

---

[95] Voir aussi Conseil constitutionnel français, Décision du 19 juillet 1983.

[96] Voir Conseil constitutionnel français, Décision du 25 juillet 1989.

2- La force ambiguë de l'autorité des décisions du juge constitutionnel

Les décisions du juge constitutionnel ne sont pas susceptibles de recours et s'imposent à tous les pouvoirs publics et à toutes les juridictions[97]. Cependant, aucune procédure n'est prévue pour les faire respecter[98]. Ainsi, il a été noté de sérieuses réticences relatives à l'exécution de certaines décisions et le refus d'obtempérer à d'autres.

Concernant les réticences à exécuter les décisions du juge constitutionnel, il faut dire que ce sont les situations dans lesquelles lesdites décisions n'ont pas connu une exécution immédiate, c'est-à-dire diligente comme l'attestent les décisions DCC 05-132 du 26 octobre 2005[99] et DCC 05-110 du 15 septembre 2005[100] de la Cour constitutionnelle du Bénin, revêtues de l'autorité de la chose jugée à l'égard des pouvoirs exécutif et législatif. Les requérants ont dû attendre[101] ou saisir une nouvelle fois la Cour pour que les décisions rendues soient exécutées[102].

S'agissant du refus d'obtempérer aux décisions du juge constitutionnel, il convient de retenir quelques exemples illustratifs tirés de la jurisprudence de

---

[97] Article 62 de la Constitution française du 4 octobre 1958 ; article 106 de la Constitution togolaise du 27 septembre 1992 ; article 94 de la Constitution malienne du 27 février 1992 ; article 169 de la Constitution tchadienne du 31 mars 1996 ; article 92 de la Constitution sénégalaise du 22 janvier 2001 et article 134 de la Constitution nigérienne du 25 novembre 2010.

[98] PORTELLI, H., *Droit constitutionnel*, Dalloz, Paris, 2001, p. 297.

[99] Cour constitutionnelle du Bénin, décision DCC 05-132 du 26 octobre 2005. Saisie de deux requêtes identiques du 24 octobre 2005, par lesquelles des citoyens ont demandé à la Cour « *d'enjoindre au Gouvernement de prendre sans délai et impérativement le décret de nomination de Monsieur Athanase Dossa Lawogni-Akogou* ». Dans sa décision, la Cour a jugé que « *l'Assemblée nationale et le Gouvernement ont violé l'autorité de la chose jugée attachée à la Décision DCC 05-121 du 4 octobre 2005 de la Cour constitutionnelle* » ; « *le Gouvernement doit prendre sans délai le décret portant nomination de Monsieur Athanase Dossa Lawogni-Akopou en qualité de membre du SAP/CENA en remplacement de Monsieur Denis Sagbo Ogoubiji* ».

[100] Cour constitutionnelle du Bénin, décision DCC 05-110 du 15 septembre 2005. Saisie d'une requête du 26 août 2005, par laquelle un député a formé un « *recours contre le refus de mise en conformité de la loi n° 2005-26 du 18 juillet 2005* ». Dans sa décision, la Cour a jugé que « *l'Assemblée a violé la Constitution* » en rejetant par vote la mise en conformité à la Constitution de ladite loi. Voir SINDJOUN, L., *Les grandes décisions de la justice constitutionnelle africaine. Droit constitutionnel jurisprudentiel et Politiques constitutionnelles au prisme des systèmes politiques africains*, *op. cit.*, pp. 348-355.

[101] Au Niger, après l'arrêt n° 05/12/CCT/MC du 15 du 15 février 2012 du Conseil constitutionnel de Transition par lequel un député en exercice ayant bénéficié d'un contrat a violé l'article 52 de la Constitution tandis que les ministres signataires ont méconnu les dispositions de l'article 39 de la Constitution, il y a eu beaucoup de tergiversations avant le remplacement dudit député et la démission des ministres concernés.

[102] Voir par exemple, Cour constitutionnelle du Bénin, décisions DCC 02-065 du 05 juin 2002, 05-67 du 12 juillet 2005, 05-107 du 6 septembre 2007, 06-016 du 31 janvier 2006, 06-141 du 5 octobre 2006, et 06-093 du 8 août 2006.

la Cour constitutionnelle du Bénin et celle du Niger. Pour ce qui est de la Cour du Bénin, deux décisions méritent d'être citées : les décisions DCC 05-069 du 29 juillet 2005 et DCC 08-072 du 25 juillet 2008. Dans sa première décision, la Cour constitutionnelle du Bénin a jugé que certains articles de la loi 2005-26 portant règles particulières pour l'élection du Président de la République votée le 18 juillet 2005 par l'Assemblée nationale, étaient conformes sous réserve d'observations et d'autres contraires à la Constitution. Elle a par ailleurs précisé que ces deux catégories d'articles étaient inséparables du texte de loi. Après renvoi du texte à l'Assemblée nationale, la Commission des lois de cette institution a procédé à la mise en conformité dudit texte sur la base des observations faites par la Cour. Mais en plénière, les députés ont refusé de mettre en conformité la loi censurée par la Cour aux motifs que celle-ci a fait ce qui n'est pas de son ressort en vidant le texte de loi de sa substance. La Cour a été saisie par un député de ce refus de voter la loi mise en conformité. Elle a ainsi relevé dans sa décision DCC 05-110 du 15 septembre 2005 que les députés ont violé l'article 124 de la Constitution qui confère l'autorité de la chose jugée aux décisions de la Cour. Malgré la nouvelle décision de celle-ci, l'Assemblée nationale ne s'est pas exécutée.

Dans sa seconde décision, la Cour constitutionnelle du Bénin a été saisie du report *sine die* des débats, des discussions et du vote de trois projets de loi portant ratification de trois accords de prêt contractés dans le cadre de la lutte contre l'érosion côtière. Par sa décision DCC 08-072 du 25 juillet 2008, la Cour a jugé qu'« *en ajournant sine die l'examen des trois projets de loi relatifs aux accords de prêt, l'Assemblée nationale a violé la Constitution* ». Elle a également précisé qu'« *en s'abstenant de légiférer, les députés ont violé l'article 35 de la Constitution* ». Cette décision n'a pas plu aux députés qui ont refusé d'y obtempérer dans le délai imparti pour que le Bénin puisse bénéficier des financements attendus de ces accords. Pour y parvenir, le Président de la République a dû recourir à des ordonnances.

En ce qui concerne la Cour constitutionnelle du Niger, il y a lieu de retenir deux décisions sur le refus d'obtempérer à un arrêt : la première décision est consécutive à la volonté affichée par l'ancien Président, Tandja Mamadou, de ne pas respecter l'arrêt n° 4/CC/ME du 12 juin 2009 par lequel la Cour constitutionnelle a annulé le décret n° 2009-178/PRN/MI/SP/D du 15 juin 2009 portant convocation du corps électoral pour le référendum sur la Constitution de la 6e République[103]. Ne voulant pas exécuter la décision rendue, l'ancien Président de la République a saisi à nouveau la Cour d'une requête en date du 23 juin 2009 pour lui demander « *de déclarer*

[103] Voir la rubrique des arrêts rendus en matière électorale par la Cour constitutionnelle du Niger : www.cour- constitutionnelle-niger.org

l'inexistence juridique de l'arrêt n° 04/CC/ME du 12 juin 2009 et d'en tirer les conséquences de droit ». La Cour a, dans son arrêt n° 05/CC du 26 juin 2009, déclaré la requête irrecevable et a jugé que « *les arrêts de la Cour constitutionnelle ne sont susceptibles d'aucun recours. Ils lient les pouvoirs publics et toutes les autorités administratives, civiles, militaires et juridictionnelles* ». Elle a conclu que « *l'autorité ainsi conférée aux arrêts de la Cour constitutionnelle est absolue ; aucune jurisprudence, même émanant de la Cour ne saurait y faire échec* ».

La seconde décision de la Cour constitutionnelle du Niger fait suite à une requête introduite par plus d'un dixième des députés de la majorité parlementaire « *aux fins d'application de la Constitution notamment l'article 89 alinéas 1 et 2* » qui dispose : « *L'Assemblée nationale est dirigée par un président assisté d'un Bureau. La composition du bureau doit refléter la configuration politique de l'Assemblée nationale.*

Le président est élu pour la durée de la législature et les autres membres du Bureau le sont chaque année, conformément au règlement intérieur de l'Assemblée nationale ». En vérité, cette requête vise à débloquer le processus du renouvellement annuel des membres du Bureau de l'Assemblée nationale, en tenant compte de la configuration politique de cette institution. Dans son arrêt n° 004/CC/MC du 2 mai 2014, la Cour a jugé « *que le groupe parlementaire ne peut faire obstacle à la liberté de candidature des députés qui le composent, sans violer le Pacte international relatif aux droits civils et politiques, visé par le préambule qui fait partie intégrante de la Constitution ; que l'élection d'un candidat en violation des conditions prévues par l'article 14 paragraphe 4 du règlement intérieur ne peut constituer une saine application de l'article 89 alinéa 1 de la Constitution ; qu'en application de l'article 89 alinéa 1 de la Constitution, le Bureau composé de onze (11) membres élus sur treize (13) prévus ne reflète pas la configuration politique de l'Assemblée nationale ; que les deux (2) membres du Bureau restants doivent nécessairement être élus conformément aux dispositions de l'article 14 du règlement intérieur de l'Assemblée nationale ; qu'en application de l'article 89 alinéa 1 de la Constitution, il incombe au Président de l'Assemblée nationale, la responsabilité de respecter et de faire respecter le règlement intérieur, conformément à son serment, en vue de rétablir le fonctionnement régulier de l'Assemblée nationale* ». Face au refus d'obtempérer à l'arrêt n° 004/CC/MC du 2 mai 2014, la Cour a été sollicitée pour « *relever la vacance de la présidence de l'Assemblée pour parjure, refus d'obtempérer à un arrêt de la Cour constitutionnelle, et blocage de l'institution parlementaire, en application de l'article 89 al. 6* » et « *de dire que les membres du Bureau déjà élus doivent procéder à la continuation de l'élection des autres membres du Bureau aux fins de respecter l'arrêt n° 004/CC/MC du 2 mai 2014 dans tout son dispositif, au vu de ce qui constitue une vacance de la présidence de l'Assemblée* ». La Cour constitutionnelle, se qualifiant elle-même d'organe régulateur du fonctionnement des institutions et des pouvoirs publics, a jugé « *qu'en ne procédant pas à l'élection des deux membres du Bureau restants après notification de l'arrêt par la Cour constitutionnelle, le Président de l'Assemblée nationale, qui a la haute direction des débats de l'Assemblée nationale dont il est la plus haute autorité en vertu de l'article 19 du règlement intérieur, a méconnu l'autorité de la chose jugée attachée aux décisions de la Cour constitutionnelle et par voie de conséquence a violé la Constitution ; que les présidents des groupes parlementaires concernés par les deux postes, qui sont chargés de déposer les candidatures, conformément à l'article 13 du règlement intérieur de l'Assemblée nationale, n'ont toujours rien entrepris dans le sens de se conformer à l'arrêt de la Cour constitutionnelle ; qu'il y a lieu dès lors de dire que ces présidents de groupes parlementaires ont violé les articles 117 alinéa 2 et 134 alinéa 1 de la Constitution ; que les articles 120 alinéa 1 et 126 alinéas 1 et 2 de la Constitution confèrent à la Cour constitutionnelle un rôle de régulation du fonctionnement des institutions et des pouvoirs publics ; qu'à ce titre, elle est fondée à prendre toute décision tendant à prévenir toute paralysie du fonctionnement des institutions de la République ; que le Président de l'Assemblée nationale est tenu de convoquer l'Assemblée pour la reprise des travaux et poursuivre sans discontinuer l'élection des deux membres du Bureau restants dès notification du présent arrêt ; qu'en cas de refus d'obtempérer immédiatement à l'arrêt de la Cour constatant la violation de la Constitution et de poursuite du blocage dans le fonctionnement de l'Assemblée nationale, il sera procédé à la mise en œuvre des dispositions de l'article 89 alinéa 6 de la Constitution relatif à la vacance de la présidence de l'Assemblée nationale ; que dans ce cas, les membres du Bureau élus continuent l'élection des membres manquants en vertu du principe de continuité du service public ; que tout refus persistant de la part des présidents des groupes parlementaires concernés de déposer des candidatures aux postes vacants est considéré comme une renonciation temporaire à leur droit d'occuper les postes qui leur reviennent conformément à l'article 89 alinéa 1 de la Constitution ; que par conséquent, les autres membres du Bureau élus doivent assurer le fonctionnement régulier de l'Assemblée nationale* »[104]. Malgré cet arrêt, l'un des groupes parlementaires de l'opposition a refusé d'ouvrir les candidatures au poste de troisième vice-président de l'Assemblée nationale. Sur saisine de la majorité parlementaire, la Cour est intervenue et a jugé par arrêt n° 008/CC/MC du 30 mai 2014 que « *le président du groupe parlementaire ARN encourt une sanction devant les juridictions compétentes en vertu de l'article 39 de la Constitution qui dispose que tout citoyen nigérien, civil ou militaire, a l'obligation absolue de respecter, en toutes circonstances, la Constitution et*

[104] Cour constitutionnelle du Niger, arrêt n° 06/CC/MC du 15 mai 2014, disponible sur le site web www.cour- constitutionnelle-niger.org

l'ordre juridique de la République, sous peine des sanctions prévues par la loi »[105].

Les réticences relevées et les comportements observés çà et là alimentent non seulement les critiques, mais tendent tous à jeter le discrédit sur le juge constitutionnel, voire à le diaboliser.

B- La diabolisation du juge constitutionnel en question

Les décisions du juge constitutionnel relatives au bon fonctionnement des institutions font l'objet de vives critiques aussi bien de la part des autorités que des citoyens. Cela a d'ailleurs conduit certains constituants à envisager des mesures ou sanctions tendant à protéger le juge constitutionnel à travers les décisions qu'il rend. Mais ces mesures ont d'ores et déjà montré leurs limites. C'est pourquoi, le rôle du juge constitutionnel doit être repensé, et la portée de ses décisions revue et adaptée au contexte actuel de l'édification d'un État de droit, en termes de perspectives d'évolution.

1- La persistance des critiques

Acteur incontournable et arbitre de tous les conflits pouvant survenir entre divers acteurs politiques, le juge constitutionnel fait l'objet d'attaques et de protestations de tous genres, souvent acerbes et tendancieuses. Il se développe des stratégies pour le déstabiliser et le décrédibiliser et faire croire qu'il est à la solde de telle ou telle institution. Ainsi, le Conseil constitutionnel français est resté une institution parfois discréditée par des décisions jugées trop favorables au pouvoir exécutif. Institution accusée d'être le « *chien de garde* » du pouvoir exécutif, le Conseil est, immédiatement après l'extension des normes fondant son contrôle de constitutionnalité aux droits et libertés du préambule, suspecté de « *gouvernement des juges* »[106]. Trois exemples suffisent pour illustrer ce genre de critiques. Il y a d'abord l'avis émis le 23 avril 1961 sur le déclenchement de l'article 16 de la Constitution du 4 octobre 1958. À travers l'avis qu'il a émis, le Conseil constitutionnel français a repris mot pour mot les justifications avancées par le Président. Il a justifié ainsi l'initiative de ce dernier. Ensuite vient la décision du 6 novembre 1962 dans laquelle le Conseil a été saisi par le président du Sénat de la régularité contestée de l'utilisation de l'article 11 pour réviser la Constitution. Dans sa décision, le Conseil constitutionnel français a décliné sa compétence au motif qu'il ne peut pas s'opposer à l'expression directe de la souveraineté nationale[107]. Le dernier exemple le plus significatif est fourni par la censure de la loi d'août 1993 sur l'entrée et le séjour des étrangers, et notamment des

---

[105] *Ibid.*, arrêt n° 008/CC/MC du 30 mai 2014.

[106] Voir à ce sujet, LAMBERT, E., *Le gouvernement des juges et la lutte contre la législation sociale aux États-Unis. L'expérience américaine du contrôle judiciaire de la constitutionnalité des lois, op. cit.*

[107] CHAMPEIL-DESPLATS, V., *Les grandes questions du droit constitutionnel, op. cit.*, p. 148.

dispositions restreignant les conditions d'octroi du droit d'asile. Ces trois épisodes ont été mis à profit par les détracteurs du Conseil constitutionnel pour le critiquer et l'attaquer, de manière acerbe et virulente. Pour les uns, « *le conseil vient de se suicider* »[108], pour les autres, le Conseil constitutionnel est la « *Cour suprême de musée Grévin qui n'a jamais eu d'utilité que de servir de garçon de courses au général de Gaulle* »[109]. Pour d'autres encore le Conseil constitutionnel français est devenu le nouveau « *Monsieur veto* »[110]. Il s'agit là d'une série de critiques, dont le Conseil constitutionnel français a fait l'objet. En effet, la critique de « gouvernement de juges » est devenue un argument familier de la scène politique française. Il est essentiellement mis en avant lorsque le Conseil constitutionnel censure des dispositions législatives auxquelles tient particulièrement la majorité, comme ce fut le cas en 1993. Il est souvent accusé par la majorité de porter atteinte à la souveraineté parlementaire ; ce qui conduit cette majorité parlementaire à décider de réviser la Constitution afin de désavouer sa décision. À l'inverse, lorsque le Conseil constitutionnel français ne censure pas, il s'expose à la critique de l'opposition, à qui il arrive de lui reprocher sa vigilance à éclipses. Enfin, certains regrettent l'insuffisance de ses efforts d'argumentation, de publicité de la procédure et de débats[111].

Le juge constitutionnel n'est pas à l'abri de telles critiques même lorsqu'il fait montre d'une volonté d'émancipation par rapport au pouvoir exécutif. C'est la situation qu'a vécue à nouveau le juge constitutionnel français lorsqu'il a déclaré inconstitutionnel le projet de loi restreignant la liberté d'association en 1971. Cette initiative a été très vite décriée et lui a attiré les foudres de mise en garde contre le risque de « *gouvernement des juges* ». Pour la doctrine, « *le Conseil constitutionnel dispose ainsi d'un droit de veto qui l'érige en co- législateur, voire en co-constituant. Son rôle le*

---

[108] *Ibid.*, p. 148. Il s'agit de la déclaration du Président du Sénat de l'époque, Mr Gaston Monnerville.

[109] *Ibid.*, p. 148. Cette citation est du Président François MITTERAND (Le coup d'État permanent, 1964).

[110] BARREAU, J.-C., « *Le droit de veto est de retour », Le Monde, 17 août 1993 : « Nous sommes entrés en oligarchie. La souveraineté réside désormais dans un conseil non élu qui peut annuler sans recours les dispositions importantes d'une loi évidemment respectueuse de la Constitution... ; une loi votée par le Parlement après cinquante heures de débats contradictoires ; une loi conforme à la volonté déclarée de l'électorat. Le Conseil constitutionnel est devenu "pouvoir législatif" puisqu'il a le dernier mot en matière de loi, "pouvoir exécutif" puisqu'il peut empêcher au gouvernement légitime de gouverner* ». Citation reprise par CHAMPEIL- DESPLATS, V., *Les grandes questions du droit constitutionnel, op. cit.*, p. 151.

[111] *Ibid*

porte à justifier ses décisions à partir de principes non expressément inscrits dans la Constitution »[112].

Le juge constitutionnel africain n'est pas non plus épargné par les attaques qui l'ont parfois amené à s'expliquer à travers des déclarations et autres communiqués de presse. Ce fut le cas en 1996 au Bénin lors de l'élection présidentielle lorsque la Cour a été mise à rude épreuve à travers les critiques, protestations, interviews ou entretiens obtenus de leaders politiques, déclarations de toutes sortes, etc. relayées par les médias et la presse écrite. La pression était si forte que la Cour dut, avant la proclamation des résultats de l'élection présidentielle du 18 mars 1996, faire une déclaration liminaire pour fustiger les « *difficultés, menaces et pressions de tous ordres* » qu'elle a subis. Cette déclaration a été suivie d'un communiqué de presse rédigé en ces termes : *« Après les multiples pressions, les menaces répétées, les attaques directes telles que le mitraillage du domicile du Professeur Maurice Glèlè Ahanhanzo et la marche des militants de la Renaissance du Bénin dans les rues de Cotonou scandant des slogans hostiles aux Membres de la Cour, suite au meeting organisé le lundi 25 mars 1996 par le candidat Nicéphore Dieudonné Soglo, celui-ci a convoqué, les 26 et 27 mars 1996, trois (3) des membres de cette institution, le Professeur Alexis Hountondji, vice-président, Monsieur Pierre Ehoumi et le Professeur Maurice Glélé Ahahanzo [...]. Le candidat Nicéphore Dieudonné Soglo soutenait que de multiples pressions, tant de l'intérieur que de l'extérieur, ont été exercées sur la Commission Nationale Électorale Autonome (CENA) et sur la Cour constitutionnelle et auraient influencé les résultats du scrutin tels que proclamés par ladite Cour. Il poursuivait que, fort des nombreuses preuves d'irrégularités dont il dispose, il allait introduire un recours en vue de faire annuler les résultats dans les départements du Borgou et de l'Atacora [...]. Il précisait qu'au cas où la décision de la Cour ne lui serait pas favorable, celle-ci doit alors l'assortir d'une recommandation d'amnistie ou d'octroi de garanties de statut officiel de l'opposition et qu'il soit accordé à lui-même, à sa famille et à ses partisans des garanties formelles contre toutes poursuites ou tracasseries administratives [...] Il ajoutait que si ces conditions n'étaient pas remplies il y aurait une guerre civile qui frapperait les uns et les autres [...] La Cour constitutionnelle affirme avec force qu'en tout état de cause, elle continuera, en toute indépendance et dans la sérénité, à assurer pleinement, dans son domaine de compétence, la mission que le peuple souverain, à travers la Constitution, lui a confiée »*[113]. Ce mode opératoire par lequel le juge constitutionnel cherche à asseoir son autorité, a aussi été

[112] *Ibid.*, p. 149.

[113] Communiqué de la Cour constitutionnelle du Bénin en date du 29 mars 1996, *in* SINDJOUN, L., *Les grandes décisions de la justice constitutionnelle africaine. Droit constitutionnel jurisprudentiel et Politiques constitutionnelles au prisme des systèmes politiques africains*, *op. cit.*, pp. 346-347 ; 541-542.

utilisé par la Cour constitutionnelle du Mali dans le contexte consécutif à la proclamation des résultats des élections législatives : *« Depuis quelque temps, la Cour constitutionnelle du Mali fait l'objet d'attaques tant verbales qu'écrites dans la presse d'Etat et privée [...]. Les membres de la Cour ont pour obligation générale de s'abstenir de tout ce qui pourrait compromettre l'indépendance et la dignité de leurs fonctions. Ils ont l'obligation en particulier pendant la durée de leur fonction de n'occuper au sein des partis politiques aucun poste de responsabilité ou de direction même à titre honorifique, de garder le secret des délibérations et des votes, de ne prendre aucune position publique sur des questions ayant fait l'objet ou susceptibles de faire l'objet de décision de la part de la Cour, de ne donner aucune consultation sur des questions relevant de la compétence de la Cour constitutionnelle. Les membres de la Cour constitutionnelle sont tenus à un devoir de réserve. En raison de cette obligation de réserve, la Cour constitutionnelle ne saurait répondre aux critiques dont elle fait l'objet. Néanmoins, elle se voit dans la nécessité de rappeler les missions que la Constitution et les lois de la République du Mali lui assignent en matière électorale [...]. Les propos calomnieux, injurieux, outrageants et diffamatoires actuellement en cours n'ont en réalité qu'un seul but : discréditer la Cour constitutionnelle [...]. Il s'agit là d'un bien mauvais procès qu'une certaine presse et ses inspirateurs font à la Cour constitutionnelle, laquelle n'a joué que le rôle et tout le rôle que la Constitution et les lois de la République lui ont assigné. En conséquence, rien ne saurait la détourner de cette mission qu'elle accomplira en toutes circonstances et quoi qu'il advienne »*[114]. Poursuivant le même objectif, le Conseil constitutionnel de Transition a rendu public un communiqué, suite à son arrêt n° 05/12/CCT/MC portant sur l'octroi de marchés publics à un député de la majorité. Suite à cette décision, certains commentateurs ont estimé qu'« *il n'y a pas eu de violation de la Constitution sur tous les points soulevés* », mais « *méconnaissance des dispositions, autrement dit, une erreur administrative ; rien de plus* ». Le Conseil constitutionnel a eu à préciser que le non-respect tout comme la méconnaissance des dispositions constitutionnelles signifient purement et simplement leur violation[115].

Il en résulte que le non-respect des décisions du juge constitutionnel a conduit celui-ci à user de son autorité pour ne pas succomber face aux critiques des juridictions suprêmes qui ont des « *difficultés à admettre qu'elles ne sont plus suprêmes, elles admettent mal qu'un nouveau, qu'elles considèrent souvent comme un intrus, les désavoue [...]. Ces tensions et*

---

[114] Communiqué de la Cour constitutionnelle du Mali en date du Mali en date du 29 août 2002, *ibid.*, pp. 345-346.

[115] Conseil constitutionnel de Transition, communiqué de presse du 22 février 2012, *Le Sahel*, 23 février 2012.

conflits font vaciller les bases mêmes de l'État de droit »[116]. Mais force est d'admettre que ces tensions et pressions ouvrent aussi au juge constitutionnel différentes perspectives d'évolution.

2- Les perspectives d'évolution

Les perspectives d'évolution du juge constitutionnel sont tiraillées entre une volonté de rester indépendant, vigilant, à l'écoute du peuple, et la détermination de faire respecter ses décisions en ayant constamment recours à la constitution qui rend opposables les décisions de justice aux différents pouvoirs publics et aux individus, et renvoie aux lois de la République pour sanctionner les éventuels violateurs.

La première voie a l'avantage de maintenir le juge constitutionnel dans son devoir, à le rendre fidèle à sa mission, et dans le cadre de ses attributions, à dire le droit dans toute sa splendeur. À ce niveau, il est surtout question de l'indépendance du juge constitutionnel lorsqu'il est appelé à apprécier la constitutionnalité d'une loi, à arbitrer un conflit opposant les institutions de l'État ; pour une certaine doctrine, il doit fonder sa décision sur la Constitution et les lois d'application de celle-ci, ainsi que les principes à valeur constitutionnelle dégagés par le juge constitutionnel lui-même[117]. Le premier exemple le plus significatif à cet égard est celui se rapportant à l'arrêt n° 2002-004/CC du 16 janvier 2002 de la Cour constitutionnelle du Niger.

En effet, celle-ci a été saisie par le Premier ministre « *aux fins de contrôle de constitutionnalité de la loi portant modification de la loi n° 2000-10 du 14 août 2000, déterminant la composition, l'organisation, les attributions et le fonctionnement de la Cour suprême* ». Dans sa décision, la Cour constitutionnelle a d'abord relevé que « *les dispositions contenues dans les alinéas 2 et 3 de l'article 113 (nouveau) de la loi déférée devant elle, en disposant que les recours contre une mesure nominative " sont réputés définitivement rejetés de plein droit" à l'expiration du délai de soixante (60) jours, faute pour la Chambre administrative de la Cour suprême d'avoir statué au fond, violent les dispositions de l'article 8 de la Déclaration universelle des droits de l'Homme de 1948 qui est libellé en ces termes : "Toute personne a droit à un recours effectif devant les juridictions nationales compétentes contre les actes violant les droits fondamentaux qui lui sont*

---

[116] KOBO, P. C., Présentation liminaire sur « La problématique du contrôle de constitutionnalité des décisions de justice par les juridictions constitutionnelles africaines », *Les cahiers de l'AA-HJF*, 17e édition, *in Les Actes du colloque international*, Abidjan, du 1er au 3 décembre 2014, p. 82. Sur le sujet, voir aussi DJIDJI, A. K., « Le contrôle de constitutionnalité des décisions de justice par les juridictions africaines », *ibid.*, pp. 91-109 ; HOURQUEBIE, F., « L'expérience européenne de contrôle de constitutionnalité », *ibid.*, pp. 113-126.

[117] TURPIN, D., *Le Conseil constitutionnel. Son rôle, sa jurisprudence*, 2e édition, Hachette Supérieur, Paris, 2000, pp. 55 et s.

reconnus par la constitution ou par loi" »[118]. Ensuite, la Cour constitutionnelle a déclaré non conformes à la Constitution les alinéas 2 et 3 de l'article 113 (nouveau) de la loi soumise au contrôle de la Cour tout en dégageant un principe à valeur constitutionnel selon lequel « *le contrôle de conformité d'un texte de loi à la loi Constitution doit s'apprécier non seulement par rapport aux dispositions de la Constitution, mais aussi par rapport au contenu des textes et principes à valeur constitutionnelle énumérés dans le préambule de la Constitution qui forment avec elle, ce qu'il est convenu d'appeler le "bloc de constitutionnalité"* »[119]. Trois autres décisions de la Cour constitutionnelle du Bénin rendent compte de cette réalité. En premier lieu, en 2006, par le vote de la loi constitutionnelle n° 2006-13 portant révision de l'article 80 de la Constitution béninoise du 11 décembre 1990, la majorité des députés avait voulu modifier cet article 80 de la Constitution et porter la durée de leur mandat à cinq (5) ans au lieu d'une durée de quatre (4) ans prévue par la Constitution. Sur saisine du Président de la République, de six (6) députés et de dix-sept (17) citoyens, la Cour, dans sa décision DCC 06-074 du 8 juillet 2006, a jugé que la loi votée par l'Assemblée nationale le 23 juin 2006 est, en toutes ses dispositions contraires à la Constitution. En second lieu, en 2009, dans sa décision DCC 09-081 du 30 juillet 2009, la Cour constitutionnelle du Bénin a déclaré les articles 336 à 339 du Code pénal contraires à la Constitution. Jusqu'à cette date, le législateur a instauré une disparité entre l'homme et la femme en sanctionnant cette dernière, quel que soit le lieu où elle aurait commis un adultère, alors que l'homme n'est sanctionné que si l'adultère est commis au domicile conjugal. Cette différence de traitement est contraire aux dispositions des articles 26 de la Constitution, 2 et 3 de la Charte africaine des droits de l'homme et des peuples. Enfin, en troisième lieu, par sa décision DCC 11-067 du 20 octobre 2011, le juge constitutionnel béninois a déclaré contraire à la Constitution une disposition de la loi organique n° 2011-27 portant conditions de recours au référendum, votée par l'Assemblée nationale le 30 septembre 2011. Le législateur, dans la disposition querellée, a indiqué que « *ne peuvent faire l'objet de questions à soumettre au référendum, les options fondamentales de la Conférence nationale de février 1990 à savoir : « la forme républicaine et la laïcité de l'État ; l'atteinte à l'intégrité du territoire national* »[120].

---

[118] Cour constitutionnelle du Niger, arrêt n° 2002-004/CC du 16 janvier 2002, *in Recueil des décisions (Contrôle de conformité à la Constitution*, 2001-2005, NIN, Niamey, 2005, pp. 33-36.
[119] *Ibid.*, p. 133.
[120] Sur l'abondante et remarquable jurisprudence de la Cour constitutionnelle du Bénin, voir MEDE, N., *Les grandes décisions de la Cour constitutionnelle du Bénin*, Editions Universitaires Européennes, 2012 ; BADET, G., *Les attributions originales de la Cour constitutionnelle du Bénin*, Friedrich Ebert Stiftung, 2013.

La seconde voie tend à prévoir un dispositif permettant de faire respecter l'autorité attachée aux décisions que rend le juge constitutionnel, et partant sauver l'homme et sa fonction. Sur ce registre, on peut noter quelques évolutions récentes. Ainsi, ayant tiré les enseignements de ce que le respect des décisions du juge constitutionnel « *n'est ni spontané ni mécanique* »[121], le constituant nigérien est allé plus loin que ses pairs africains dans la protection de l'autorité des décisions de la juridiction constitutionnelle. En effet, par sa volonté, le constituant prévoit, d'une part, que tout citoyen nigérien a l'obligation absolue de respecter la Constitution, et donc les arrêts de la Cour constitutionnelle, « *sous peine des sanctions prévues par la loi* »[122]. D'autre part, l'article 134 alinéa 2 de la Constitution dispose : « *tout jeu de discrédit sur les arrêts de la Cour constitutionnelle est sanctionné conformément aux lois en vigueur* ». Il est donc clairement établi que les dispositions constitutionnelles renvoient au Code pénal[123] pour sanctionner toute personne qui ne respecterait pas les décisions de la Cour constitutionnelle[124], ou tenterait de les discréditer sans respecter les formes et voies prescrites par le législateur en application des articles sus visés.

Dans tous les cas, il existe diverses propositions visant à réformer certains aspects de la procédure suivie devant le juge constitutionnel. Il s'agit, entre autres, de l'amélioration des conditions d'exécution des décisions[125] tant en matière de contentieux électoral que de constitutionnalité, la publicité des débats au moyen de la publication, par exemple, des opinions dissidentes, du caractère contradictoire de la procédure en permettant notamment aux autorités politiques saisissantes et aux citoyens de soutenir oralement leur saisine, etc.

Au total, il y a lieu de retenir que dans l'exercice de ses compétences, le juge constitutionnel veille en permanence à ne pas se substituer aux autres pouvoirs publics, notamment le législateur. Mais il faut souligner que le pouvoir créateur du juge constitutionnel trouve ses limites dans le fait qu'il n'a pas la compétence de sa compétence. Si le juge constitutionnel exerce d'importantes attributions en matière de contrôle de l'activité normative et

---

121 SINDJOUN, L., *Les grandes décisions de la justice constitutionnelle africaine. Droit constitutionnel jurisprudentiel et Politiques constitutionnelles au prisme des systèmes politiques africains*, *op. cit.*, p. 347.

122 Article 39 de la Constitution nigérienne du 25 novembre 2010.

123 L'article 171 alinéa 1 du Code pénal nigérien punit d'une peine d'emprisonnement d'un (01) à six (06) mois et d'une amende de 50.000 à 500 000 F CFA ou de l'une de ces deux peines seulement, quiconque aura publiquement, par paroles ou écrits, cherché à jeter le discrédit sur un acte ou une décision juridictionnelle, dans des conditions de nature à porter atteinte à l'autorité de la justice ou à son indépendance.

124 L'article 134 alinéa 2 de la Constitution nigérienne du 25 novembre 2010 dispose : « *Tout jet de discrédit sur les arrêts de la Cour est sanctionné conformément aux lois en vigueur* ».

125 MATHIEU, B., VERPEAUX, M. (dir.), *L'autorité des décisions du Conseil constitutionnel*, Dalloz, Paris, 2010, pp. 3-163.

régulatrice des pouvoirs publics, il doit veiller à ne pas donner prise à la critique de « *gouvernement des juges* »[126]. Le juge constitutionnel demeure, en définitive, en tant que pouvoir constitué, subordonné au constituant dont il tire sa légitimité. Le rapport de l'interaction qu'il entretient avec le constituant lui confère un rôle d'aiguilleur. Le constituant peut ainsi revenir à tout moment sur une décision d'inconstitutionnalité constatée par le juge en initiant la révision de la Constitution. Comme le soulignait le Doyen VEDEL, la légitimité du juge constitutionnel tient à ce que le juge constitutionnel est « *aussi un pouvoir constitué et qu'il n'est pas maître des mesures qu'il doit faire respecter* »[127]. Le juge constitutionnel est donc investi d'une fonction singulière de régulation de l'équilibre du système démocratique. Il représente le chaînon manquant qui empêche la prépondérance d'un pouvoir sur un autre – et à ce titre donc un instrument unique de réalisation et de garantie de l'État de droit. C'est à ce titre qu'il faut prendre toutes les mesures juridiques tendant à lui assurer l'indépendance dans sa mission de service public. Mais cela doit se faire dans le respect strict de la constitution et de l'ordre juridique de l'État[128].

---

[126] LAMBERT, E., *Le gouvernement des juges et la lutte contre la législation sociale aux États-Unis. L'expérience américaine du contrôle judiciaire de la constitutionnalité des lois, op. cit.*

[127] VEIL, S., « Discours introductif », *op. cit.*, p. 9.

[128] Voir notre étude sur « L'ordre constitutionnel », *in* MELEDJE, D. F., BLEOU, M., KOMOIN, F. (dir.), *Mélanges dédiés au Doyen Francis V. WODIE*, Faculté de droit de l'Université de Cocody- Abidjan, Presses de l'Université de Toulouse 1 Capitole, 2016, pp. 399-421.

LE POUVOIR NORMATIF DES JURIDICTIONS CONSTITUTIONNELLES EN AFRIQUE

EMMANUEL née ADOUKI Delphine Edith

Maître de Conférences, Agrégée de droit public
Université Marien Ngouabi/Brazzaville-Congo

Les juridictions constitutionnelles détiennent-elles un pouvoir normatif ?

Telle est la question qui se trouve au cœur de la présente réflexion qui revisite l'interrogation posée en son temps par le Professeur Waline, relative au pouvoir normatif de la juridiction administrative. La doctrine, qui se divise en trois groupes, apporte des réponses antinomiques, auxquelles il y a lieu d'ajouter la contribution déterminante de la jurisprudence des juridictions constitutionnelles.

Pour les Professeurs Barthelemy et Duez, représentatifs du **premier groupe d'auteurs**[1], le juge constitutionnel ne détient aucun pouvoir normatif, car « *la politique au prétoire est une chose détestable à tous égards* »[2]. Il en résulte une certaine défiance[3] à l'égard du pouvoir judiciaire, voire une « hantise anti-juridictionnelle »[4], dans les États de tradition romano-germanique[5]. Par conséquent, le pouvoir judiciaire exerce la fonction juridictionnelle, « manifestation spéciale de la puissance étatique »[6] qui consiste, à vider les contestations, à dire le droit sans disposer d'aucune liberté[7]. Dans ces conditions, le juge n'est que « la bouche qui prononce les paroles de la loi »[8]. Dans ce schéma originel, hérité de la Révolution française,

---

[1] On peut ajouter : Raymond Carré de Malberg, *Contribution à la théorie générale de l'État*, tomes 1 et 2, réédités en 1984 par les Editions Economica, et Adhemar Esmein, *Éléments de droit constitutionnel français et comparé,* Éd. Panthéon, Assas, Les introuvables, 2001, 1246 p.
[2] Joseph Barthelemy, Paul Duez, *Traité de Droit constitutionnel*, 1933, réédition, Éd. Panthéon, Assas, Les introuvables, 2004, p. 226.
[3] Robert Badinter, « Une si longue défiance », *Pouvoirs, Les juges*, n° 74, 1995, pp. 7-12.
[4] Francesco Di Donato, « De la justice politique à la politique de la justice : doctrines et pratiques conflictuelles de la souveraineté dans l'État moderne », in *Justice et État,* Actes du Colloque international d'Aix-en-Provence, 12 et 13 septembre 2013, Presses Universitaires d'Aix Marseille, 2014, p. 206.
[5] L'on distingue deux grands systèmes juridiques à savoir, le système romano-germanique ou *civil law* et le système de *common law*. Le système romano germanique accorde une « place prépondérante au législateur dans la formation du droit alors que le juge se voit confier un rôle passif ». Tandis que dans la tradition de *common law*, « une place prépondérante est accordée au juge dans la formation du droit ». Dans le premier cas, le droit est codifié ou légiféré et dans le second cas, il est jurisprudentiel. Voir, Marie-Claire Ponthoreau, *Droit(s) constitutionnel(s) comparé(s)*, Paris, Economica, 2010, pp. 128 et 130.
[6] Raymond Carré de Malberg, *Contribution à la théorie générale de l'Etat, op. cit.*
[7] *Ibidem*, p. 634 et suiv.
[8] Montesquieu, *De l'esprit des lois*, Livre XI, Chapitre VI, p. 327.

« le dernier mot en matière d'interprétation revient au corps législatif, *Ejus est interpretari legem cujus est condere* »[9]. Et, la minoration des pouvoirs du juge, qui en résulte, s'accompagne aussi de celle de la jurisprudence. Par conséquent, il est interdit aux juges de se prononcer par voie de disposition générale et réglementaire sur les causes qui leur sont soumises[10]. Cependant, ils se trouvent dans l'obligation de statuer en cas de silence, d'obscurité ou d'insuffisance de la loi sous peine de déni de justice[11].

Le second courant rassemble des auteurs, qui affirment que les juridictions constitutionnelles sont source de « normativité jurisprudentielle »[12]. Dans ce sens, après le Professeur Hans Kelsen qui considère que le juge constitutionnel est un « législateur négatif"[13], le Professeur Michel Troper soutient que le pouvoir normatif de la jurisprudence constitutionnelle consiste, en « l'ensemble des décisions de justice constitutionnelle présentant un degré de généralité et susceptibles d'application à un nombre en principe indéterminé de cas d'espèce »[14], produit par le juge.

Ces règles « de droit d'origine juridictionnelle »[15] sont énoncées par le juge constitutionnel dans une première décision, qui a valeur de précédent. Ensuite, elles se cristallisent au moyen de la motivation[16] reprise par les décisions subséquentes, dont la filiation, expresse ou implicite, avec la décision-mère paraît dans les visas ou dans le dispositif. C'est donc dans ce lien entre la première décision et les décisions suivantes que réside « tout le mystère » de la normativité jurisprudentielle, générée dans le cadre d'une procédure de plus en plus contradictoire[17].

---

[9] Cette locution latine signifie que « le pouvoir d'interpréter la loi appartient à celui qui légifère ». Voir, Jean Hilaire, *Adages et maximes du droit français*, 2e édition, Paris, Dalloz, 2015, p. 67.

[10] Article 5 du Code civil français repris par la plupart des États d'Afrique francophone.

[11] Article 4 du Code civil.

[12] Joseph Pini, « Simples Réflexions sur le statut normatif de la jurisprudence constitutionnelle », CCC, n° 24, juillet 2008.

[13] Hans Kelsen, « La garantie juridictionnelle de la Constitution », *RDP* 1928, p. 226.

[14] Michel Troper, « Fonction juridictionnelle ou pouvoir judiciaire ? » *Pouvoirs*, n° 16, 1981, p. 10.

[15] Frédéric Zenati, *La jurisprudence*, Paris, Dalloz, Méthodes du droit, 1991, p. 82.

[16] Sur la motivation des décisions des juridictions constitutionnelles, voir, Fabrice Hourquebie, Marie-Claire Ponthoreau (dir), *La motivation des décisions des Cours suprêmes et Cours constitutionnelles*, Bruxelles, Bruylant, LGDJ, 2012, 308 p.

[17] Au Gabon, l'article 85-3 de la Constitution dispose : « La Cour constitutionnelle statue, selon une procédure contradictoire dont les modalités sont fixées par la loi organique ». Alors qu'au Sénégal, le Conseil constitutionnel n'est pas tenu de respecter ce principe. Selon l'article 12 de la loi organique n° 92-23 du 30 mai 1992 sur le Conseil constitutionnel, modifiée par la loi n° 59-71 du 17 février 1999 : « la procédure devant le Conseil constitutionnel n'est pas contradictoire ». Et les documents produits n'ont que valeur de simple renseignement. Le caractère non contradictoire de la procédure devant le Conseil constitutionnel, a été notamment

Ces normes *sui generis* sont produites dans le cadre du procès constitutionnel[18]. Elles constituent des prescriptions « de nature à former dans l'avenir, c'est-à-dire pendant un temps plus ou moins long, un élément de l'ordre juridique de la communauté étatique »[19]. Elles ont pour effet de modifier « la situation juridique personnelle des gouvernés, soit dans leurs relations réciproques, soit dans leurs rapports avec l'État et ses organes ou agents, en créant à leur profit ou à leur charge de nouveaux droits ou obligations, ou encore en accroissant, diminuant ou éteignant des obligations ou droits anciens »[20].

Le **troisième groupe d'auteurs**, représenté par le Doyen Georges Vedel, observe une position plus mitigée. Il dénie, en effet, aux juridictions constitutionnelles tout pouvoir normatif, car elles ont « droit à la gomme pas au crayon »[21]. Et, il considère notamment qu'elles sont dépourvues de tout pouvoir co-constituant, car ce serait pour « le constituant qui est le maître et qui doit décider, de se mettre en petite tenue et de charger son serviteur de revêtir l'habit du maître pour commander à sa place »[22]. En même temps, il n'hésite pas à reconnaître qu'il se trouve confronté à un « dilemme »[23] relatif à l'étendue du contrôle de constitutionnalité. Il relève, en effet, d'une part, la nécessité de limiter le contrôle de constitutionnalité portant sur les questions institutionnelles. Et, d'autre part, il souligne l'impératif de l'étendre sur les questions relatives aux droits de l'homme. En conséquence, seuls les droits de l'homme seraient susceptibles de justifier le pouvoir normatif du juge constitutionnel, expression de sa liberté « d'interpréter selon ses réactions personnelles le contenu de la Constitution »[24].

---

critiqué par le Président Abdoulaye Wade lors des élections législatives du 29 avril 2001, voir, El Hadj Omar Diop et Cédric Michat, *Jurisprudence Élection législative sénégalaise du 29 avril 2001*, afrilex.u-bordeaux 4.fr/el-hadj-omar-diop.html.

[18] Pascal Jan, *Le procès constitutionnel*, 2e édition, Paris, LGDJ, 2010, p. 13.

[19] Raymond Carré de Malberg, *Contribution à la théorie générale de l'État*, *op. cit*, p. 275.

[20] *Ibidem*, p. 301.

[21] Rappelé par Benoît Genevois, "Un universitaire au Conseil constitutionnel : le doyen Georges Vedel", *RFDA*, 2004, p. 215.

[22] Georges Vedel, "La parité vaut mieux qu'un marivaudage législatif", *Le Monde* 8 décembre 1998, cité par Roussillon, p. 259.

[23] Georges Vedel, *Manuel élémentaire de droit constitutionnel*, Paris, Dalloz, réédition, 2002, p. 124.

[24] *Ibidem*.

En réponse à la problématique, il apparaît que, suivant en cela les juridictions constitutionnelles indienne[25], canadienne[26], allemande[27], brésilienne[28] ou israélienne[29], les juridictions constitutionnelles africaines[30] ne sont plus des automates[31]. En effet, le double intérêt théorique de cette réflexion est de démontrer que les juridictions constitutionnelles créent des normes jurisprudentielles qui participent au renouvellement des sources du droit constitutionnel. La lecture des décisions de constitutionnalité rendues par les juridictions constitutionnelles des États africains, comparées à la jurisprudence d'autres juridictions constitutionnelles révèle, par ailleurs, que leur pouvoir normatif transforme la constitution en une « charte jurisprudentielle des droits et libertés des citoyens »[32]. La loi fondamentale est devenue « un projet inachevé »[33], sans cesse renouvelée par « l'interprétation qui [lui] donne... sinon sa valeur, du moins son efficacité »[34] ainsi que sa véritable signification[35] (I). Mais, en même temps, l'on ne saurait occulter le fait que cette mutation des juridictions constitutionnelles en Afrique n'emporte pas l'assentiment général (II).

---

[25] Neelakanta Ramakrishna Madhava Menon, "La Cour suprême de l'Inde, statut, pouvoir juridictionnel et rôle dans la gouvernance constitutionnelle", *CCC*, n° 27, janvier 2010, Jean Louis Halperin, "La doctrine indienne de la structure basique de la Constitution. Un socle indérogeable, et flexible" *CCC*, n° 27, janvier 2010.

[26] Voir Daniel Justras, "Le rôle constitutionnel de la Cour suprême du Canada : autoportrait", *CCC*, n° 24, juillet 2008.

[27] Voir, Michel Fromont, « Présentation de la Cour constitutionnelle fédérale d'Allemagne, *CCC*, n° 15, janvier 2004 ; Olivier Lepsius, "Le contrôle par la Cour constitutionnelle des lois de révision constitutionnelle de la RFA", *CCC*, n° 27, janvier 2010 ; Christian Behrendt, *Le juge constitutionnel, un législateur cadre positif. Une analyse comparative en droit français, belge et allemand*, Bruxelles, Paris, Bruylant, LGDJ, 2006, 537 p.

[28] Voir, Enos Roberto Grau, « L'évolution du contrôle de constitutionnalité au Brésil », *CCC*, n° 26, août 2009 ; Ellen Gracie, "Présentation du Tribunal fédéral suprême et la place dans le système judiciaire brésilien", *CCC*, n° 26, août 2009.

[29] Aharon Barak, "L'exercice de la fonction juridictionnelle vu par un juge : le rôle de la Cour suprême dans une démocratie", *RFDC*, 2006/2 n° 66, pp. 227-302.

[30] Cette étude porte sur la jurisprudence des juridictions constitutionnelles des États d'Afrique francophone et d'Etats d'Afrique anglophones avec l'exemple original de la Cour constitutionnelle de la RSA à partir des années 90. Voir, Delphine EMMANUEL, "Le pouvoir normatif de la Cour constitutionnelle d'Afrique du Sud", *RDP* 2015, n° 6, p. 1593.

[31] Voir, Pierre Bouretz, "Entre la puissance de la loi et l'art de l'interprétation", *Pouvoirs* n° 74, *les juges*, p. 73 et suivantes.

[32] Dominique Rousseau, "Une résurrection : la notion de constitution", *RDP* 1990, p. 7.

[33] Dominique Rousseau, "La Constitution, "projet inachevé", *La Constitution aujourd'hui*, Recueil des cours, de l'Académie internationale de Droit constitutionnel, vol. XV, 2006, pp. 183-199.

[34] Francis Delpérée, "L'interprétation de la Constitution", La Constitution aujourd'hui, *op. cit*, p. 89.

[35] Olivier Cayla, "L'obscure théorie du pouvoir constituant originaire ou l'illusion d'une identité souveraine inaltérable", in *Mélanges en l'honneur du Professeur Michel Troper, L'architecture du droit*, Paris, Economica, 2006, p. 260.

I- L'existence du pouvoir normatif des juridictions constitutionnelles

L'observation empirique des juridictionnelles constitutionnelles contemporaines révèle la production, selon des modalités particulières, de normes jurisprudentielles (A) dotées d'une autorité absolue (B).

A- L'existence de normes jurisprudentielles

La jurisprudence constitutionnelle secrète des normes de nature constitutionnelle (1) et des normes de nature législative (2).

1- Les normes de nature constitutionnelle

Le pouvoir normatif des juridictions constitutionnelles apparaît de façon empirique afin de combler les lacunes constitutionnelles[36] et de réagir à des situations exceptionnelles.

En premier lieu, les juridictions constitutionnelles précisent les dispositions constitutionnelles vagues et comblent les « coquilles vides »[37], ainsi que cela a été observé en République sud-africaine, notamment en matière de droits de l'homme. La Cour constitutionnelle de la République sud-africaine se singularise par la production de normes de nature constitutionnelle. Elle procède, entre autres, à l'étirement continu du principe de la dignité[38] de la personne humaine[39]. Par ailleurs, elle formule le principe

---

[36] Julien Jeanneney, *Les lacunes constitutionnelles*, Paris, Dalloz, 2016, 782 p.

[37] Fabrice Hourquebie, "La réception des décisions étrangères", disponible sur http://www.ahjucaf.org/La-reception-des-decisions-html, consulté le 27 février 2017.

[38] Dans l'arrêt du 6 juin 1995, S. v. Mackwanyane et autres, la Cour constitutionnelle suivant en cela la CEDH, déclare que la dignité de la personne humaine est méconnue par la peine de mort, considérée comme une peine cruelle inhumaine et dégradante. Dans les arrêts du 7 juin 2000, Dacwood and Another v. Minister of Home Affairs and Others, Shalabi and another v. Minister of Home Affairs and Others, Thomas and Another v. Minister of Home Affairs and Others, la Cour constitutionnelle affirme que le refus de permettre à un étranger d'exercer son droit du mariage et de jouir du droit à une vie familiale normale constitue une atteinte à la dignité humaine. Dans l'arrêt du 19 juin 2015, DE v. RH, elle décide que la pénalisation de l'adultère constitue une atteinte à la dignité de la personne humaine. Voir, Delphine EMMANUEL, "Le pouvoir normatif de la Cour constitutionnelle d'Afrique du Sud", *op. cit,*

[39] Il est intéressant d'opérer une certaine analogie avec la consécration du principe de dignité humaine par le Conseil constitutionnel français. Dans les décisions 94-343 et 94-344 DC du 27 juillet 1995, Loi relative au respect du corps humain et Loi relative au don et à l'utilisation des éléments et produits du corps humain, à l'assistance médicale, à la procréation et au diagnostic prénatal (Bioéthique), le Conseil constitutionnel français découvre, de façon originale, le principe de la Dignité de la personne humaine, en interprétant l'alinéa premier du préambule de la Constitution de 1946 qui énonce "tout être humain, sans distinction de race, de religion ni de croyance, possède des droits inaliénables et sacrés".

juridique *Ubuntu*[40], tiré de la sagesse populaire Xhosa et Zoulou et, inséré dans le préambule de la Constitution intérimaire[41] du 22 décembre 1993. C'est dans la même veine que la Cour constitutionnelle du Bénin découvre le consensus national[42] et les options fondamentales de la Conférence nationale[43] qui "ne sont mentionnés" nulle part dans le texte constitutionnel[44]. Et que la Cour Constitutionnelle de l'Union des Comores, dans l'**arrêt 10-005 du 3 mai 2010**, énonce l'obligation de respecter le principe de la présidence tournante qui est un élément central des accords politiques et qui est devenu un principe constitutionnel[45].

En second lieu, la normativité jurisprudentielle est produite à la faveur des situations exceptionnelles dans lesquelles, face à l'incomplétude de l'ordre juridique, le juge constitutionnel invente des procédures ou des règles de fond, de nature constitutionnelle. Ainsi, de gardien de la Constitution, il devient le garant du fonctionnement harmonieux de l'ordre juridique, confirmant ainsi que désormais la politique est bel et bien saisie par le droit[46]. Dans la **décision n° 17-HCC/DC du 4 septembre 1996** sur l'Empêchement du Président de la République, la Haute Cour Constitutionnelle malgache relève l'absence du

---

40 *Ubuntu* renvoie à l'ensemble des valeurs humanistes africaines et implique le dialogue comme mode de résolution des conflits et interdit le recours à toute forme de violence. Voir l'arrêt du 25 juillet 1996, Azapo and Others v. President of republic of South Africa and Others.

41 Le préambule de la Constitution intérimaire du 22 décembre 1993 énonce notamment : "L'adoption de cette constitution pose la fondation solide sur laquelle le peuple d'Afrique du Sud transcendera les divisions et les luttes du passé qui ont engendré de graves violations des droits de l'homme, la transgression des principes d'humanité au cours de violents conflits, et un héritage de haine, de peur de culpabilité et de vengeance. Nous pouvons maintenant y faire face, sur la base d'un besoin de réparation et non de représailles, d'un besoin d'*Ubuntu* et non de victimisation".

42 Voir la décision DCC 06-074 du 8 juillet 2006. Dans la décision DCC 10-049 du 5 avril 2010, relative à la loi d'abrogation de la loi sur le recensement électoral national approfondi (RENA) et la Liste Électorale Permanente Informatisée (LEPI) la Cour définit le consensus ainsi qu'il suit : "loin de signifier l'unanimisme il est un processus de choix ou de décision sans passer par le vote : qu'il permet, sur une question donnée de dégager par une voie appropriée, la solution satisfaisant le plus grand nombre de personnes".

43 Cette interprétation dynamique va au-delà de l'article 156 de la Constitution qui interdit toute révision lorsqu'il est porté atteinte à l'intégrité du territoire, à la forme républicaine et à la laïcité de l'État. La Cour censure le projet de loi qui fixe les conditions de recours au référendum au motif qu'il ne cite pas toutes les options fondamentales de la Conférence nationale à savoir le nombre de mandats présidentiels, la limitation de l'âge pour les candidats à l'élection présidentielle et la nature présidentielle du régime. Voir "Controverse doctrinale" par A. Kpodar et D. Kokoroko, in *Annuaire Béninois de justice constitutionnelle*, Presses Universitaires du Bénin, 1-2013, pp. 6-99 et suiv.

44 Abdoulaye Soma, "Observations sous la décision DCC 06-074 du 8 juillet 2006", in *Annuaire béninois de justice constitutionnelle*, *op. cit*, p. 124.

45 Voir Jean du Bois de Gaudusson, A l'occasion du quinzième anniversaire de la création de la Cour constitutionnelle de l'Union des Comores : Revue de jurisprudence "d'un acteur d'une transition constitutionnelle", *RFDC* 2016/3, pp. 721-732.

46 Louis Favoreu, *La politique saisie par le droit : alternances, cohabitation et conseil constitutionnel*, Paris, Economica, 1988, 153 p.

Président du Sénat, et suite à la lacune du droit positif, elle décide de combler les lacunes de la Constitution. C'est ainsi qu'elle constate la vacance du pouvoir, confie au Premier ministre, Chef du Gouvernement, les attributions normalement dévolues par la Constitution au Président de la République, et interdit l'usage du pouvoir de dissolution et tout dépôt de motion de censure, pendant la transition.

2- Les normes de nature législative

La normativité jurisprudentielle permet aux juridictions constitutionnelles, « juges de la loi »[47] de devenir des acteurs fondamentaux « du processus complexe de fabrication des lois »[48]. Cette irruption du juge constitutionnel dans le domaine de la loi se déroule, selon deux modalités. En effet, il procède à la réécriture de la loi et il sanctionne les omissions législatives inconstitutionnelles.

D'une part, l'écriture jurisprudentielle de la loi s'opère de façon directe ou indirecte. C'est ainsi que la Cour Constitutionnelle sud-africaine décide, dans l'**arrêt du 4 mars 2004, Khosa and Another v. Minister of Social Development and Others, Malhaute and another v. Minister of Social Development**, d'étendre aux étrangers, résidents permanents en République sud-africaine, les prestations sociales accordées aux citoyens sud-africains, sur le fondement du principe d'égalité. Et, dans l'**arrêt du 19 février 2009, Hassan v. Jacobs Ns and Others**, la Cour constitutionnelle choisit de légaliser la polygamie au motif que la loi doit être lue comme visant aussi bien l'époux que les épouses.

Tandis que l'écriture indirecte de la loi consiste, pour le juge constitutionnel, à indiquer les éléments qui doivent être insérés dans la loi future. Cette prescription jurisprudentielle peut être assortie de délais de sollicitation[49] ou d'abrogation[50]. Dans l'arrêt **Minister of Home Affairs and Another v. Fourie and Others du 11 décembre 2005**, le Juge Albie Sachs, dans une décision unanime de la Cour constitutionnelle sud-africaine, déclare la non-conformité, à la Constitution, de la loi et de la *common law qui* méconnaissent le principe de l'égalité et le droit à l'orientation sexuelle. Elle précise que les effets de ces règles sont suspendus durant 12 mois. Et que si,

---

[47] Leo Hamon, *Les juges de la loi : Naissance et rôle du contre-pouvoir. Le Conseil constitutionnel*, Paris, Fayard, 1987, 300 p.

[48] Dominique Rousseau, *Droit du contentieux constitutionnel*, Paris, LGDJ, 2013, p. 78.

[49] Par le délai de sollicitation, le juge indique au législateur le délai à l'issue duquel "il doit avoir produit la norme destinée à faire disparaître l'inconstitutionnalité". Voir, Christian Behrendt, *Le juge constitutionnel, un légis-cadre positif, une analyse comparative en droit français, belge et allemand*, Bruxelles, Bruylant, 2006, p. 8.

[50] Par le délai d'abrogation, le juge fixe "le laps de temps au cours duquel la norme qu'il déclare inconstitutionnelle peut encore être appliquée". Au-delà de ce terme, et faute d'intervention du législateur, la loi se trouve modifiée, dans les conditions déterminées par la norme jurisprudentielle. *Ibidem.*

à l'issue de cette période, le Parlement ne légiférait pas, la loi sud-africaine relative au mariage devrait alors automatiquement se lire comme incluant le mariage entre personnes du même sexe[51].

D'autre part, la normativité jurisprudentielle, source de normes de nature législative, ne consiste pas seulement à réécrire la loi ; elle sanctionne aussi les omissions législatives. Par cette modalité, le juge constitutionnel révèle les « lacunes du droit en contradiction avec la Constitution »[52] et y apporte des remèdes, au moyen de l'action positive, complétive ou supplétive. Ce faisant, il soigne les pathologies de la loi[53] sur la base d'un fondement textuel, comme c'est le cas en Hongrie[54], au Portugal[55] ou dans certains États d'Amérique latine[56] ou de façon prétorienne, au Canada, en Belgique ou en Allemagne. Dans le constitutionnalisme africain, très peu de juridictions constitutionnelles procèdent au contrôle de constitutionnalité des omissions législatives. Une fois de plus, c'est la **Cour constitutionnelle de la République sud-africaine**, sur le fondement de la section 172 (1) (b) de la Constitution sud-africaine, qui habilite toute Cour ayant compétence en matière constitutionnelle à "prendre toute décision qui lui paraisse juste et équitable", qui effectue le contrôle des omissions législatives. Dans l'**arrêt du 2 décembre 1999 National Coalition for Gays and Lesbians Equality and Others**, la Cour identifie une nouvelle catégorie de bénéficiaires de la loi sur le séjour des étrangers et répare une omission législative inconstitutionnelle. C'est ainsi qu'elle insère dans l'article 25, après le terme époux les mots « ou partenaire du même sexe dans une relation stable ».

En définitive, le juge constitutionnel est devenu co-constituant et législateur positif. Et, dans le cadre de ces attributions, il adopte des normes jurisprudentielles dotées d'une autorité absolue.

---

[51] Le Parlement sud-africain entérine la décision de la Cour constitutionnelle et adopte le *Civil Union Act n° 17 of 2006*, entré en vigueur le 30 novembre 2006.

[52] Commission de Venise, Sc. R. Dürr, R. Colavitti, P. Garrone, C. Martin, G. Martin-Micallef, A. Gorey, M. L. Wigishoff (dir), *Rapport général du XIVe Congrès de la Conférence des Cours constitutionnelles européennes sur les problèmes de l'omission législative dans la jurisprudence constitutionnelle*, Strasbourg décembre 2008, p. 5.

[53] Les juridictions constitutionnelles de Russie, du Luxembourg et de France refusent de censurer directement les omissions législatives. Voir le *Rapport du XIVe Congrès de la Conférence des Cours constitutionnelles européennes. Ibidem.*

[54] Article 49 (1) de l'Acte XXXII de 1989 relatif à la Cour constitutionnelle.

[55] Articles 283.1 et 283.2 de la Constitution portugaise du 2 avril 1976.

[56] Voir l'article 336 de la Constitution de la République bolivarienne du Venezuela de 1999, l'article 8 alinéa 2 de la Constitution de la République Équatorienne du 20 octobre 2008, l'article 103 § 2 de la Constitution brésilienne du 5 octobre 1988 et l'article 73 de la loi du 11 octobre 1989 relative à la juridiction constitutionnelle du Costa Rica, cités par J. Arletta, « L'incompétence négative à l'étranger », *NCC*. Janvier 2015, n° 46, p. 65, notes 41 à 44.

B- L'autorité absolue des normes jurisprudentielles

La décision de constitutionnalité est revêtue, ainsi que l'affirme le Doyen Georges Vedel, « d'une autorité de chose jugée »[57] (1) ; elle produit des effets *erga omnes* (2).

1- L'autorité de chose jugée

L'autorité attachée à la décision de constitutionnalité[58] suscite l'intérêt de la doctrine dans la mesure où, les textes qui s'y réfèrent sont particulièrement laconiques. En effet, l'article 62-3 de la Constitution française du 4 octobre 1958, repris par la plupart des constitutions des Etats d'Afrique francophone, dispose : « Les décisions du Conseil constitutionnel ne sont susceptibles d'aucun recours. Elles s'imposent aux pouvoirs publics et à toutes les autorités administratives et juridictionnelles ». Ce mimétisme, de la part des États africains, a de quoi surprendre, car en France, cette disposition se justifie, à l'origine, par la volonté d'interdire tout recours contre les décisions du Conseil constitutionnel devant le Conseil d'État. En la reproduisant de façon mécanique, les Etats d'Afrique francophone ont transposé dans leur ordre juridique, le débat paru en France. C'est ainsi qu'après avoir proclamé que le juge constitutionnel est une véritable juridiction[59], la doctrine déclare que l'autorité des décisions de constitutionnalité est une autorité de chose jugée. Il s'ensuit que les « constatations faites par le juge soient tenues pour exactes et ne puissent être remises en question »[60]. La doctrine affirme, cependant que « les règles classiques définissant l'autorité de chose jugée doivent pour être appliquées aux décisions du Conseil constitutionnel, subir de sérieuses adaptations »[61]. Et, celles-ci s'imposent d'autant plus que « la référence à l'identité de " parties " n'a pas de sens ; celles concernant l'identité de cause, et surtout, peuvent être entendues dans un sens plus ou moins large ». Cette approche est désormais partagée par la jurisprudence constitutionnelle qui n'hésite plus à reconnaître, expressément, l'autorité de chose jugée de ses décisions[62]. Dans la **décision DCC O0-044 du 23 avril 2004, Tanimomo**

---

[57] Cité par Claude Franck, *Les fonctions juridictionnelles du Conseil constitutionnel et du Conseil d'État dans l'ordre constitutionnel*, Paris, LGDJ, 1974, p. 133.

[58] Voir, Louis Favoreu, "La décision de constitutionnalité", *RIDC* 1996, vol. 38, pp. 611-633.

[59] François Luchaire, "Le Conseil constitutionnel est-il une juridiction ?", *RDP* 1979, pp. 27-52. Sur le critère matériel de l'acte juridictionnel voir, Roger Bonnard, "La conception matérielle de la fonction juridictionnelle", in *Mélanges Carré de Malberg*, Paris, Duchemin, 1977, p. 10.

[60] Gaston Jeze, "De la force de vérité légale attachée par la loi à l'acte juridictionnel", *RDP* 1913, p. 437.

[61] Georges Vedel, "Réflexions sur les singularités de la procédure devant le Conseil constitutionnel", *Nouveaux juges, Nouveaux pouvoirs, Mélanges Roger Perrot*, Dalloz, 1996, pp. 551-552.

[62] Après quelques hésitations, le Conseil constitutionnel français mentionne expressément l'autorité de chose jugée attachée à ces décisions notamment dans les décisions n° 88-244 DC

Pascal, la Cour constitutionnelle du Bénin constate que la requête tend à contester la décision DCC 03-160 du 4 novembre 2003, par laquelle elle s'était déclarée incompétente pour apprécier les conditions de suspension de traitement et du non-paiement des arriérés dont a été victime le requérant. Sur le fondement de l'autorité de chose jugée, elle déclare la requête de M. Pascal Tanimomo irrecevable[63]. Quelques années plus tard, le juge sénégalais adopte la même interprétation dans la **décision n° 98/2007 Affaire n° 2/E/2007 du 27 janvier 2007** relative au rejet de la candidature à l'élection présidentielle de M. Yoro Fall, candidat indépendant à l'élection présidentielle. Il déclare, en effet, que tout recours contre ses décisions est interdit aussi bien devant le Conseil que devant toute autre juridiction, en vertu de l'autorité de chose jugée.

En conséquence, les juridictions constitutionnelles disent le droit et cette *juridiscio* est investie de l'*imperium*, fondé sur l'autorité de la Constitution[64] malgré l'absence de "pouvoir de contrainte institutionnalisé[65]. Ce qui en explique les effets *erga omnes*.

2- L'autorité *erga omnes*

La garantie juridictionnelle de la Constitution n'est effective que si les décisions des juridictions constitutionnelles, notamment celles qui créent des normes jurisprudentielles de nature constitutionnelle ou législative, s'imposent à tous. Cet effet *erga omnes* se justifie d'autant plus qu'il existe une pluralité d'interprètes de la Constitution[66] et un risque réel d'interprétations divergentes. Afin d'y pallier, la primauté du juge constitutionnel est organisée, de façon expresse ou implicite, au sein des différents ordres juridiques[67].

---

du 20 juillet 1982, Loi d'amnistie et n° 89-258 DC du 8 juillet 1989, Dix de Renault, Nicaise Mende.

[63] Voir, Nicaise Mende, Les grandes décisions de la Cour constitutionnelle du Bénin, Éditions universitaires européennes, 2012, pp. 32-39.

[64] T. Renaise, "Autorité de chose jugée ou autorité de la Constitution ? À propos de l'effet des décisions du Conseil constitutionnel", in *Mélanges en l'honneur de Pierre Pactet, L'esprit des institutions, l'équilibre des pouvoirs*, Paris, Dalloz, 2003, pp. 859-887.

[65] *Ibidem*, et Valérie Bacquet-Bréhant, *L'article 62, alinéa 2 de la Constitution du 4 octobre 1958. Contribution à l'étude de l'autorité des décisions du Conseil constitutionnel*, Paris, LGDJ, 2005, p. 1.

[66] Michel Troper, "L'interprétation constitutionnelle", in Ferdinand Mélin Soucramanien (dir.), Paris, Dalloz, 2005, p. 15.

[67] Au Bénin, la Cour constitutionnelle est "la plus haute juridiction de l'État en matière constitutionnelle" (article 114 de la Constitution). Au Congo, "la Cour constitutionnelle est la haute juridiction de l'État en matière constitutionnelle" (article 175 de la Constitution). Au Sénégal et en République démocratique du Congo (article 88 de la Constitution du Sénégal et article 149.1 de la Constitution de la République démocratique du Congo), le Conseil constitutionnel relève du pouvoir judiciaire. En outre, au Sénégal, le Président de la République est le gardien de la Constitution (article 42 de la Constitution).

De façon générale, les partenaires des juridictions constitutionnelles conviennent de l'autorité des décisions des juridictions constitutionnelles. Ils sont animés par la volonté d'établir "le dialogue des institutions" et plus particulièrement le « dialogue des juges » internes et internationaux[68]. Cette prédisposition contribue au maintien de « l'harmonie entre les plus hautes juridictions »[69] et elle permet « de sauvegarder l'unité et l'homogénéité de l'ordre juridique et de veiller à la sécurité juridique »[70].

Au Sénégal, durant les élections législatives de 2001 et 2012, l'on observe, l'effectivité du dialogue des juges. Dans les affaires de l'usage du logo du Président de la République, la Cour d'appel de Dakar reconnaît, dans l'**arrêt n°9 du 22/06/2012**, l'autorité persuasive de la décision du Conseil constitutionnel, **décision du 26 mars 2001** relative à l'interdiction de l'usage du logo du Président Abdoulaye Wade[71], alors que le différend porte sur l'usage des photos du Président de la République Macky Sall et d'autres responsables de la majorité durant la campagne électorale. Tandis qu'au Bénin, le dialogue des juges amène le juge judiciaire à tirer les conséquences d'une décision de la Cour constitutionnelle et à accorder une réparation à une victime de violation des droits de l'homme. En effet, le **jugement n° 007 04 de la 4e Chambre civile du 9 juin 2004** condamne l'État béninois à verser la somme de cinq millions de francs CFA à madame Adèle Favi au titre des dommages-intérêts. Il donne effet à la décision **DCC 02-058 du 4 juin 2002 de la Cour constitutionnelle** qui constate les violations des droits de l'homme et de la Constitution dont madame Favi Adèle a été victime, et pour lesquelles elle a droit à réparation.

Le pouvoir normatif des juridictions constitutionnelles apparaît donc de nos jours comme l'un des traits majeurs du nouveau constitutionnalisme africain. Mais cette réalité est loin d'être absolue, au regard des dénégations observées, par ailleurs.

II- L'inexistence du pouvoir normatif des juridictions constitutionnelles

Pour certains observateurs, le pouvoir normatif du juge constitutionnel n'existe pas, car les juridictions constitutionnelles n'ont pas reçu de la loi

---

[68] Le Président Genevois, dans ses conclusions sous l'arrêt d'Assemblée du Conseil d'État du 6 décembre 1978, ministère de l'Intérieur c/ Cohn-Bendit, déclare que dans le cadre des relations entre le juge communautaire et le juge national, "il ne devrait y avoir aucune place ni pour le gouvernement des juges, ni pour la guerre des juges, mais pour le dialogue des juges". Voir aussi *Mélanges en l'honneur de Bruno Genevois : le dialogue des juges*, Paris, Dalloz, 2009, 1000 p.

[69] Régis de Gouttes, "Conclusions sur l'arrêt de de l'Assemblée plénière de la Cour de cassation du 10 octobre 2001", *RFDC* 2002/1, n° 49, pp. 51-78.

[70] *Ibidem*.

[71] Voir Observations de Alioune Sall, in Ismaila Madior Fall, *Les Décisions et avis*, *op. cit*, pp. 415-419.

fondamentale, le pouvoir d'édicter des normes. Ces contempteurs soutiennent, par conséquent, l'inexistence des normes jurisprudentielles (A), ainsi que la contestation de l'autorité absolue de la jurisprudence (B).

A- L'inexistence des normes jurisprudentielles

Les juridictions constitutionnelles africaines n'ont pas le pouvoir de « statuer *generaliter* sur un nombre indéterminé de cas »[72]. Cette interdiction, qui s'explique par des raisons historiques (1), justifie leur compétence d'attribution (2).

1- L'absence de pouvoir normatif du juge constitutionnel

L'exclusion de tout pouvoir normatif du juge, en général, et du juge constitutionnel, en particulier, est un choix voulu par les sociétés politiques en Europe et partagé, par la suite, par les États africains, en dépit du fait qu'ils aient, lors de leur accession à l'indépendance, institué un pouvoir judiciaire. Par conséquent, en l'absence de tout pouvoir normatif, les décisions de constitutionnalité n'exercent qu'une autorité directive. Deux conséquences découlent de ce postulat à savoir la négation du pouvoir normatif et la minoration du rôle du juge et de la jurisprudence[73].

En premier lieu, la négation du pouvoir normatif met un terme à l'âge d'or de la jurisprudence, et à l'état de justice. Gambetta déclare, à propos, « L'État ne doit pas être mis au greffe »[74]. La substitution de l'état légal s'accompagne de l'affirmation de l'« autorité supérieure »[75] de la loi et de la primauté du législateur qui est le seul compétent pour interpréter la loi.

Par ailleurs, le procès constitutionnel concerne, généralement, la contestation faite à une norme et il n'y a pas, sous réserve du contentieux électoral, « de litige ni davantage de parties »[76]. Sur ce point, le Professeur Dominique Rousseau n'hésite pas à affirmer : « associer les mots "procès" et "constitutionnel" est au mieux, vouloir provoquer, au pis, manquer de savoir juridique »[77]. Ensuite, l'autorité de chose jugée suppose que la décision soit rendue selon des règles minimales du procès équitable notamment le principe du contradictoire. Or, si l'on constate la montée en puissance de ce principe devant les juridictions constitutionnelles[78], il convient de relever qu'il est exclu, de façon formelle, dans certaines juridictions constitutionnelles

---

[72] Raymond Carré de Malberg, *Contribution à la théorie générale de l'État, op. cit*, p. 295.
[73] Voir Claire Lovisi, *Introduction historique au droit, op. cit*, p. 25 et 67.
[74] *Ibidem*, p. 318, paragraphe 511.
[75] Raymond Carré de Malberg, *Contribution à la théorie générale de l'État, op. cit*, p. 294.
[76] Dominique Rousseau, "Le procès constitutionnel", *Pouvoirs*, 2011/2, n° 137, p. 47.
[77] *Ibidem.*
[78] *Ibidem.* Au Conseil constitutionnel français, le principe du contradictoire est apparu de façon empirique avec l'adoption de méthodes de travail. C'est avec la question prioritaire de constitutionnalité qu'il a été intégré dans le règlement intérieur du Conseil.

africaines, à l'instar du Conseil constitutionnel sénégalais[79]. Il paraît difficile d'aligner le procès constitutionnel sur le procès civil, pénal ou administratif et partant, malaisé de soutenir que le juge constitutionnel détiendrait un quelconque pouvoir normatif.

En second lieu, à l'autorité de chose jugée s'attachent l'*imperium* et la possibilité d'obtenir l'exécution des décisions de justice. Or, il se trouve que les décisions du juge constitutionnel sont dépourvues de sanction[80], à l'exception du Niger dont la Constitution prohibe le jet de discrédit à l'endroit d'une décision du Conseil constitutionnel[81]. En définitive, les décisions de constitutionnalité sont dotées d'une « autorité directive », ou « persuasive »[82] de chose interprétée[83]. Cette force de chose jugée et relative ne porte que sur ce qui a été jugé par le juge, et qui figure dans le dispositif et, non pas sur les moyens[84]. Cela s'explique par le fait que le juge constitutionnel n'a reçu qu'une « habilitation constitutionnelle précise : à savoir juger de la régularité de la loi à la Constitution »[85]. Par conséquent, « lui reconnaître le pouvoir de poser des normes abstraites est contraire à l'habilitation qui lui est conférée par la Constitution »[86]. En effet, l'organe chargé du contrôle de constitutionnalité se contente de répondre à la question « qui lui est posée »[87]. Aussi, chaque décision rendue n'« est qu'une décision ponctuelle – et non pas une norme – rendue à l'occasion du recours dont le Conseil est saisi, applicable seulement à ce recours et y mettant un terme »[88]. En définitive, le

---

79 Article 12 alinéa 1 de la loi n° 92-23 du 30 mai 1992 sur le Conseil constitutionnel modifiée par la loi n° 99-71 du 17 février 1999 : "La procédure devant le Conseil constitutionnel n'est pas contradictoire... Tout document produit après le dépôt de la requête n'a pour le Conseil constitutionnel qu'une valeur de simple renseignement."

80 Xavier Magnon, "Sur un pont aux-ânes ? L'autorité des décisions du Conseil constitutionnel, pour une distinction entre "autorité" et "force" de chose jugée", *RFDA*, 2013, n° 4, p. 859.

81 Article 134-2 de la Constitution : "Tout jet de discrédit sur les arrêts de la Cour est sanctionné conformément aux lois en vigueur." Le discrédit jeté sur une décision de juridiction est une infraction qui figure à l'article 434-25-1 du Code pénal français qui prohibe : "Le fait de chercher à jeter le discrédit, publiquement par actes, paroles, écrits ou images de toute nature, sur un acte ou une décision juridictionnelle, dans des conditions de nature à porter atteinte à l'autorité de la justice ou à son indépendance."

82 Bruno Genevois, "L'autorité des décisions du Conseil constitutionnel", *RFDA*, 15 (4) juillet 1999, pp. 285 et 717 et s.

83 Mathieu Disant, *L'autorité de la chose interprétée par le juge constitutionnel*, Paris, LGDJ, 2010,

84 Exemple : en Italie, seul le dispositif s'impose à la différence de la France et des États africains.

85 Xavier Magnon, « Sur un pont aux-ânes ? L'autorité des décisions du Conseil constitutionnel, pour une distinction entre "autorité" et "force" de chose jugée », *op. cit*, p. 15.

86 *Ibidem*.

87 François Luchaire, « De la méthode en droit constitutionnel », *RDP* 1981, 1, p. 287.

88 Pierre Pactet, « À propos de la marge de liberté du Conseil constitutionnel », in *Mélanges Jacques Robert*, Montchrestien 1998, p. 279.

juge ne détient aucun pouvoir normatif ; il se contente de mettre en œuvre sa compétence d'attribution.

2- La compétence d'attribution du juge constitutionnel

Les juridictions constitutionnelles n'exercent que des pouvoirs prédéterminés, sous peine de commettre un excès de pouvoir[89]. Sur ce point, le Professeur Holo rappelle que les juridictions constitutionnelles sont chargées de « deux missions majeures »[90], à savoir le contrôle de constitutionnalité des lois, des règlements des Assemblées et des traités internationaux et, la garantie des droits de l'homme. À ces attributions s'ajoutent des compétences complémentaires orthodoxes et hétérodoxes. Les compétences complémentaires orthodoxes portent sur les conflits de compétence entre les institutions, la régularité de l'élection du Président de la République, des élections parlementaires et des votations, le serment du Président de la République ou la vacance du pouvoir. Tandis que les compétences complémentaires hétérodoxes portent sur le contrôle de conformité à la Constitution des actes réglementaires[91] censés porter atteinte aux droits fondamentaux de la personne humaine et aux libertés publiques, la surveillance du recensement général de la population[92], le contrôle du respect par les partis politiques de l'interdiction de créer des partis politiques tribalistes, régionalistes, confessionnels ou racistes[93], la réception de la déclaration des biens des responsables politiques[94], l'intérim du président de la République, en cas de mise en accusation du président de la République devant la Haute Cour de justice[95] et, en cas d'outrage à l'Assemblée nationale[96].

---

[89] La notion d'excès de pouvoir n'est pas prise dans son sens administratif, ou contentieux, mais pour exprimer l'idée que le juge constitutionnel s'autorise, notamment sous le couvert de l'institution à recourir à des méthodes ou des principes qui lui laissent toute latitude pour appliquer sa propre éthique". Dandi Gnamou, "La Constitution du Bénin en fait-elle trop ? ", in *La Constitution béninoise du 11 décembre 1990*, *op. cit*, p. 694.

[90] Thédore Holo, "Émergence de la justice constitutionnelle", *Revue Pouvoirs*, n° 129, *2008* p. 103.

[91] Voir l'article 84 de la Constitution du Gabon, l'article 117 de la Constitution du Bénin et, Célestin Keutcha Tchapnga, "Le juge constitutionnel, Juge administratif au Bénin et au Gabon ?", *RFDC* 2008/3 n° 75, pp. 551-583. Voir Gilles Badet, "Les attributions originales de la Cour constitutionnelle du Bénin", *Friedrich Ebert*, 2013, 480 p.

[92] C'est le cas au Gabon, voir l'article 6-2 de la décision n° 35/CC du 10 novembre 2006 portant règlement de procédure de la Cour constitutionnelle.

[93] C'est le cas au Burkina Faso, voir les articles 13 et 156 de la Constitution du 2 juin 2001 plusieurs fois modifiés.

[94] La Cour constitutionnelle reçoit la déclaration écrite sur l'honneur des biens du Président de la République, après la cérémonie d'investiture, et dans un délai de 48 heures.

[95] C'est le cas au Bénin, article 50 alinéa 3 de la Constitution.

[96] C'est le cas du Bénin, articles 76 et 77 de la Constitution.

L'étude de la jurisprudence constitutionnelle révèle une « démarche générale d'autolimitation »[97] du juge constitutionnel africain. C'est ainsi que dans la **décision n° 41/98-Aff n° 11/E/98** relative à la demande de la mise à la disposition du fichier électoral à tous les partis politiques[98], sur saisine du ministre de l'Intérieur, le Conseil constitutionnel **sénégalais** se déclare incompétent. Le Conseil rappelle que « juge d'attribution, le Conseil constitutionnel ne peut se prononcer que sur des cas limitativement prévus par les textes qui fixent sa compétence, qu'aucun de ces textes ne lui confère une attribution consultative, que dès lors le recours dont il est saisi échappe à sa compétence ». Par conséquent, toute compétence non octroyée ou dévolue par les textes pertinents ne serait qu'usurpation et obligerait le juge à la censure. Cette interprétation est partagée par le **Conseil constitutionnel ivoirien**, dans la **décision n° L 003 du 22 mai 1998**[99]. La Haute Juridiction déclare : « La Constitution et la loi n° 94-439 du 16 août 1994… ont strictement délimité la compétence du Conseil constitutionnel ». Elle ajoute qu'en matière consultative, elle « ne peut être saisie qu'en vertu de certains articles ». Et, il conclut à son incompétence dans la mesure où "à l'analyse, ces textes ne confèrent aucune compétence au Conseil constitutionnel pour émettre un avis sur les difficultés d'application d'une disposition constitutionnelle relative à une procédure devant l'Assemblée nationale". Dans la même veine, le juge constitutionnel sénégalais refuse, dans la **décision n° 3/C/2005 du 18 janvier 2006**, de contrôler une loi référendaire en se fondant sur sa compétence d'attribution.

Sur la base de leur compétence d'attribution, les juridictions constitutionnelles prononcent notamment des décisions d'incompétence et d'irrecevabilité de recours contre la décision du Président de l'Assemblée Nationale de suspendre des indemnités parlementaires[100], d'une demande de

---

[97] Louis Favoreu, Loïc Philipp, Patrick Gaïa, *Les grandes décisions du Conseil constitutionnel*, 16e édition, Commentaire de la décision n° 2004-492 DC, p. 325.

[98] IMF, Commentaire de Alioune Sall, pp. 235-237

[99] Texte *in* Professeur Francisco Mélèdje Djèdjro, *Les grands arrêts de la jurisprudence constitutionnelle ivoirienne*, Centre National de Documentation juridique, 2012, pp. 209-214.

[100] Dans la décision n° 2006-015/CC/SG du 28 juin 2006, le Conseil constitutionnel ivoirien déclare : "Qu'à supposer même la décision existante et la saisine fondée sur les articles 77 et 95 alinéa 2 de la Constitution autorisant les groupes parlementaires à déférer au Conseil constitutionnel les lois avant leur promulgation, ladite saisine ne peut être recevable dès lors que la mesure déférée n'est pas une loi, et le Conseil constitutionnel, juge de la constitutionnalité des lois, être compétent à examiner une telle mesure", in Francisco Melèdje Djèdjro, *op. cit*, p. 522.

sursis à statuer[101], sur la procédure de destitution du Président de la République[102] ou sur la destruction de matériels et documents électoraux[103].

Le juge constitutionnel n'est donc pas un *princeps auctoritate*[104], c'est-à-dire le premier par l'autorité, « primauté »[105] qui lui permettrait "de surpasser les pouvoirs établis"[106]. Il n'est donc qu'un organe du pouvoir d'État[107] qui fait « tout ce que, mais rien que ce que la Constitution lui permet »[108]. En aucune façon, il ne peut prétendre être le « tuteur des institutions démocratiquement élues »[109], sous peine de commettre un excès de pouvoir et ainsi d'être taxé d'en faire un peu trop[110]. Par ailleurs, l'autorité tant affirmée de ses décisions est loin d'être aussi absolue.

B- La contestation de l'autorité absolue des décisions des juridictions constitutionnelles

L'autorité absolue des décisions des juridictions constitutionnelles est contestée par les partenaires nationaux (1) et internationaux (2) du juge constitutionnel.

---

101 Décision n° 32/98. Aff. N0 7/C/98 du Conseil constitutionnel sénégalais du 10 mars 1998 Augmentation du nombre de députés de 120 à 140. Dans cette affaire, les requérants demandent au Conseil constitutionnel de surseoir à statuer en attendant que le Conseil d'État se prononce sur le recours pour excès de pouvoir porté devant lui. Le Conseil constitutionnel rappelle "que la procédure de sursis à statuer n'est prévue ni par la Constitution, ni par la loi organique sur le Conseil constitutionnel", in IMF, Ismaila Madior Fall, *Les Décisions et avis*, *op. cit*, pp. 199-201.

102 Décision n° 003/CC/08 du 23 juin 2008 de la Cour constitutionnelle de la République centrafricaine, Maître Zarambaud Assingambi. Dans cette affaire, le requérant demande à la Cour constitutionnelle de destituer le Président de la République de ses fonctions au motif qu'il exerce en même temps les fonctions de ministre de la Défense et est président d'un parti politique, méconnaissant ainsi les incompatibilités établies par l'article 23 de la Constitution. La Cour répond que sa compétence est "strictement délimitée par la Constitution et la loi organique n° 05-014 du 29 décembre 2005, et que la procédure de destitution du chef de l'État, objet de la saisine, ne relève pas de la compétence de la Cour", in *Cour Constitutionnelle*, *Recueil des décisions et avis*, 2006-2010, RCA, pp. 177-180.

103 Dans la décision n° 005/CC/08 du 15 décembre 2008, la Cour constitutionnelle de la République centrafricaine est saisie d'une requête du ministre de la Justice qui sollicite l'autorisation de la Cour de détruire le matériel et les documents électoraux. La Cour rappelle que la demande du ministre de la Justice, n'entre pas dans ses attributions, voir, CC, *Recueil des décisions et avis*, op. *cit*, pp. 201-203.

104 Denis Alland, Stephane Rials, *Dictionnaire de la culture juridique*, Paris, PUF, 2003, p. 114.

105 *Ibidem*.

106 *Ibidem*.

107 Jacques Larcié, "Le Conseil constitutionnel organe du pouvoir d'État", *AJDA* Mars 1972, pp.132-137.

108 *Ibidem*, p. 132.

109 Jean Louis Atangana Amougou, "La Cour constitutionnelle béninoise. Un modèle constitutionnel en Afrique ?", *La Constitution béninoise du 11 décembre 1990 : Un modèle pour l'Afrique ? Mélanges en l'honneur de Maurice Ahanhanzo Glele*, Paris, L'Harmattan, 2014.

110 *Ibidem*, pp. 687-715.

1- La contestation des partenaires internes

La dénégation de l'autorité des décisions des juridictions constitutionnelles africaines peut être le fait notamment du pouvoir exécutif et judiciaire[111] qui considèrent qu'il est inutile et inexact de la présenter.

En premier lieu, l'opposition au pouvoir normatif des juridictions constitutionnelles est le fait du chef de l'exécutif[112], comme cela a été observé, entre autres, au Bénin, au Sénégal et en République centrafricaine. Au Bénin, le Président de la République, M. Nicéphore Soglo convoque trois membres de la Cour constitutionnelle les 26 et 27 mars 1997 afin de leur notifier plusieurs observations relatives : aux pressions internes et externes subies par la Commission Électorale Nationale Autonome (CENA) et par la Cour constitutionnelle, à sa décision d'introduire un recours en vue de l'annulation

---

[111] Pour ces institutions, l'autorité de chose jugée est une institution d'origine française transposée automatiquement dans les États d'Afrique francophone. Elles rappellent que l'article 62 alinéa 3 de la Constitution française a été élaboré lors des travaux préparatoires de la Constitution française de 1958 par les membres du Comité chargé de réfléchir sur les institutions de la Vème République, en opposition à la proposition du Président de la section du contentieux du Conseil d'État Monsieur Latournerie, qui souhaitait que soit portée la mention relative à l'autorité de chose jugée. Elles concluent que l'autorité de chose jugée est une invention purement doctrinale justifiée par la volonté d'imposer la doctrine du juge constitutionnel. Voir Comité National chargé de la publication des travaux préparatoires des institutions de la Vème République, *Documents pour servir à l'histoire de l'élaboration de la Constitution du 4 octobre 1958, vol. III. Du Conseil d'État au referendum, 20 août-28 septembre 1958, Paris, La Documentation française*, 1991, p. 163.

[112] Les États-Unis d'Amérique ont aussi eu leurs périodes de contestation de l'autorité des décisions de la Cour Suprême. Premièrement, en 1858, le Président Abraham Lincoln et le parti républicain critiquent l'arrêt de la Cour suprême *Dred Scott v. Standford, 60 US. (19 How) 393 (1857)* qui reconnaît l'esclavage comme une institution nationale. Le Président relève que l'arrêt « ne se limite pas à élargir et à étendre hors de l'Union, à l'extérieur, ce que nous tenons pour un mal, il ouvre la voie à une extension de ce mal dans les Etats ». Et il affirme qu'"il est dans nos intentions de nous opposer à lui, si nous le pouvons, jusqu'à ce qu'il soit renversé et qu'une nouvelle règle judiciaire soit établie sur ce sujet". Enfin, il préconise que les arrêts de la Cour suprême n'aient qu'une autorité relative afin d'éviter qu'ils ne soient à l'origine d'un précédent susceptible de fonder des "pratiques différentes". Deuxièmement, en 1937, le Président Franklin Roosevelt, confronté à la censure systématique des lois sur le *New Deal*, menace de modifier la composition de la Cour suprême en envoyant une fournée de juges. Il obtient gain de cause, car "la Cour retourna sa jurisprudence à 180° et annonça un nouveau mode de contrôle de constitutionnalité des lois qu'elle présenta sous la forme de cet énoncé : le principe cardinal de l'interprétation des lois est de sauver, et non de détruire. Désormais, elle affiche sa résolution de "s'autolimiter" et de pratiquer "une sage politique de retenue judiciaire (*self restraint*)" au moyen d'une "présomption de constitutionnalité des lois". Troisièmement, en 2010, le Président Obama critique devant le Congrès lors de son discours sur l'état de l'Union l'*arret Citizens United c. FEC* du 21 janvier 2010 qui autorise le financement des campagnes électorales par les entreprises. Il recommande l'adoption d'une loi afin d'en limiter les effets négatifs. Sur ces questions, voir, Elisabeth Zoller, *Les grands arrêts de la Cour Suprême*, Paris, Dalloz, 2010, p. 12 et, Elisabeth Zoller, "Considérations sur les causes de la puissance de la Cour Suprême des États-Unis et de sa retenue", *NCC*, n° 33, Dossier États-Unis, octobre 2011.

des résultats du scrutin dans les départements de Borgou et de l'Atacora, à la nécessité pour lui, sa famille et ses partisans d'être amnistiés et protégés par des garanties formelles. La Cour constitutionnelle réagit, par un communiqué le 29 mars 1997, en déclarant : « La Cour constitutionnelle affirme avec force qu'en tout état de cause, elle continuera, en toute indépendance et dans la sérénité, à assumer pleinement, dans son domaine de compétence, la mission que le peuple souverain, à travers la Constitution, lui a confiée »[113].

C'est la même posture qui est observée par le Conseil constitutionnel sénégalais, en réaction à la lettre du Président de la République du 28 mars 2001, adressée au Président du Conseil constitutionnel. En sa qualité de « gardien de la Constitution », le Président de la République fait part "des réflexions" que lui inspire la lecture de la décision du Conseil constitutionnel du 26 mars 2001, qui interdit aux partis de la majorité d'arborer le nom Wade et la photographie du Président de la République sur leurs bulletins de vote[114]. Il affirme que cette décision viole à la fois la Constitution et la loi. Et, il rappelle que le Conseil constitutionnel est tenu au respect de la Constitution. Par conséquent, il adresse une injonction au Conseil constitutionnel en ces termes : « Je souhaite avoir vos explications et vos commentaires »[115]. Cette initiative suscite la réaction du Conseil constitutionnel qui dans une note adoptée à l'issue de la délibération du 30 mars 2001, notifiée le 31 mars 2001 confirme son interprétation. Malheureusement, le Président de la République choisit de répliquer et de réfuter les arguments développés par le Conseil constitutionnel. Et il conclut : « Je compte sur votre juridiction pour continuer à élargir l'espace des droits et libertés de façon libérale par des observations pertinentes, qui me permettront de proposer prochainement à l'Assemblée nationale des projets de loi dans cet esprit »[116].

En République centrafricaine, la Cour constitutionnelle de transition centrafricaine invalide, dans la **décision n° 2069-31 du 30 décembre 2004**, la candidature de 9 des 13 candidats à l'élection présidentielle. Mais, le Président

---

113 Luc Sindjoun, *Les grandes décisions de la justice constitutionnelle africaine*, Droit constitutionnel et jurisprudentiel et politiques constitutionnelles au prisme des systèmes politiques africains, Bruxelles, Bruylant, 2009, p. 347.

114 Déjà dans la décision n° 80/2001 AFF 1/E Parti socialiste du 23 mars 2001 le Conseil constitutionnel sénégalais censure la transhumance de Monsieur Ale Lo du parti socialiste vers le parti démocratique sénégalais. Il déclare irrégulière la décision d'irrecevabilité, par le ministre de l'Intérieur, de la liste du parti socialiste dans le départ de Tivavone, prise au motif que le sieur Lo fait l'objet d'une double inscription. Le Conseil constitutionnel accorde au parti socialiste un délai supplémentaire de 3 jours pour déposer une autre liste avec un autre candidat, en remplacement du sieur Lo. Voir, Afrilex, Jurisprudence, par El Hadj Omar Diop, Cedric Michat, *Élection législative sénégalaise du 29 avril 2001*.

115 Afrilex, Jurisprudence, par El Hadj Omar Diop, *op. cit.*

116 *Ibidem*.

Bozizé décide de repêcher 3 candidats lors d'une simple allocution à la nation[117].

En second lieu, la fronde à l'égard des décisions des organes chargés du contrôle de constitutionnalité (OCCC) caractérise aussi les Cours suprêmes[118] instituées au sein des États afin de connaître, en dernier ressort, des contentieux civils ou administratifs. La coexistence de Cours souveraines, organisées par la Constitution apparaît parfois comme une source de préoccupations, dans la mesure où les textes constitutionnels ne déterminent pas « qui est la plus suprême des Cours suprêmes »[119]. Dans ces conditions, il revient en définitive aux Cours souveraines d'établir l'ordre des priorités organiques, dans le cadre d'un dialogue horizontal. Si de façon générale, les rapports entre les institutions sont apaisés, du fait du dialogue qu'elles entretiennent, l'on peut parfois déplorer « la guerre des Cours souveraines" ainsi que cela a été observé au Bénin où le juge judiciaire fait, parfois, de la résistance et refuse d'exécuter les décisions de la Cour constitutionnelle. En réaction, la Cour constitutionnelle n'hésite pas, alors, à procéder au contrôle de constitutionnalité des décisions de justice »[120]. Ce faisant, elle affirme sa suprématie sur les autres juridictions et « s'autorise l'examen de la vérité proclamée par le juge judiciaire »[121], au motif qu'elle viole les droits de la personne humaine.

Le différend qui oppose les familles Atoyo et Aïdasso illustre la novation du gardien de la Constitution en gardien des droits de la personne humaine ainsi que « la réécriture jurisprudentielle de la hiérarchie juridictionnelle »[122] qui en résulte. Dans cette affaire, Dame Atoyo et consorts s'opposent à Dame Aïdasso qui conteste leur droit de propriété sur des terres, au motif qu'ils seraient des esclaves de sa famille. Le **jugement n° 185/2000 du 10 avril 2000** du Tribunal de première instance de Oudah et l'**arrêt n° 75/2001 de la Cour d'appel de Cotonou du 4 décembre 2001** donnent raison à la famille Aïdasso. Ce que contestent les demandeurs qui saisissent la Cour constitutionnelle, de cette affaire aux multiples rebondissements, et sur laquelle la Cour constitutionnelle rendra plusieurs décisions.

---

[117] *In* Stéphane Bolle, "Les juridictions constitutionnelles africaines et les crises électorales", *5e Congrès de l'ACCPUF*, Cotonou, 22-28 juin 2009, p. 9.

[118] Sur les Cours suprêmes en général, voir, Jean Louis Halperin, « Cours suprêmes », *Dictionnaire de la culture juridique*, *op. cit*, pp. 313-317.

[119] Stéphane Bolle, Constitution, dis-moi qui est la plus suprême des Cours suprêmes, http://www.l-constitution-en-afrique.org/.

[120] Joseph Djogbenou, « Le contrôle de constitutionnalité des décisions de justice : une fantaisie de plus ? », *Afrilex.u-bordeaux4.fr avril 2014*, 27 p.

[121] *Ibidem*, p. 9, paragraphe 14.

[122] Joseph Djogbenou, Le contrôle de constitutionnalité des décisions de justice, *op. cit*, p. 14, paragraphe 24.

Dans la décision **DCC-06-076 du 27 juillet 2006, Atoyo Menonkpinzon Victoire et consorts**, la Cour constitutionnelle est saisie d'une exception d'inconstitutionnalité soulevée devant la Cour d'appel de Cotonou et d'un recours direct. Se déclarant compétente, la Cour constitutionnelle déclare que la circulaire du Dahomey du 19 mars 1931 ne peut servir de base légale à une décision judiciaire qui porte atteinte aux droits fondamentaux de la personne humaine, du fait de son caractère non exécutoire affirmé par la décision DCC-96-063 du 26 septembre 1996. Elle conclut, par conséquent, que les décisions des deux juridictions qui font "état du statut d'esclavage d'une des parties au procès violent la Constitution". Mais, la Cour suprême dans l'arrêt **n° 013/CJ-CT du 24 novembre 2006** rejette le pourvoi en cassation et confirme l'interprétation de la Cour d'appel et du Tribunal de première instance de Ouidah.

Dans la seconde **décision DCC 09-087 du 13 août 2009**, la Cour constitutionnelle déplore « la défiance de la Cour suprême, intellectuellement habillée et exprimée de manière implicite à travers sa décision du 24 novembre 2006 et celle des consorts Aïdasso expressément contenue dans leur exploit d'huissier du 26 juin 2007 ». Elle rappelle qu'en matière des droits de l'homme, les décisions de la Cour constitutionnelle « priment celles de toutes les autres juridictions ». Et, elle relève « le dysfonctionnement au sein de l'institution de l'ordre judiciaire » contraire à la Constitution, qu'il lui revient de redresser au moyen de sa jurisprudence qui fait « partie intégrante du bloc de constitutionnalité ». Enfin, elle conclut qu'« en conséquence, toute violation par commission ou par omission de ladite jurisprudence équivaut à une violation de la Constitution ».

Mais, suite à la procédure de référé menée devant la Cour d'appel par Dame Aïdasso, la Cour d'appel rend l'**arrêt n° 92/11 du 9 juin 2011** qui rétracte l'ordonnance n° 15/07 du 22 juin 2007 de sursis à exécuter du Président de la Cour d'appel. C'est alors que la Cour constitutionnelle est de nouveau saisie et, pour la troisième fois, statue sur l'affaire Atoyo c. Aïdasso. Dans la décision **DCC 14-135 du 15 juillet 2014**, Monsieur Claude Léon Atoyo et consorts, lui soumettent l'arrêt de la Cour d'appel de Cotonou n° 92/11 du 9 juin 2011 qui viole le principe de la dignité humaine et les articles 124, 122, 114 et 117 de la Constitution. La Cour décide que l'arrêt n° 92/11 du 9 juin 2011 de la Cour d'appel de Cotonou est contraire à la Constitution. Car d'une part, il méconnaît l'autorité de chose jugée des décisions de la Cour constitutionnelle. D'autre part, cette décision a pour effet de créer une voie de recours contre la décision de la Cour constitutionnelle censurant l'arrêt de la Cour d'appel du 4 décembre 2001. Ce que ne peut accepter la Cour constitutionnelle, gardienne de l'ordre constitutionnel qui affirme ainsi sa primauté au sein de l'ordre juridique interne.

La prééminence du juge constitutionnel n'est pas seulement contestée au niveau interne. Au niveau international, l'on note la contestation des partenaires externes des juridictions constitutionnelles.

2- La contestation des partenaires externes

Les relations entre les juridictions constitutionnelles et les juridictions instituées au niveau régional sont de façon générale apaisées. Toutefois, ces rapports peuvent être plus contrastés et générer des tensions entre les institutions, du fait du contrôle par les juridictions constitutionnelles de la Communauté économique des États de l'Afrique de l'Ouest (Cedeao). C'est en effet de façon progressive que la Cour de Justice de la CEDEAO[123] affirme sa compétence et sa prééminence sur les questions de constitutionnalité à l'égard des juridictions constitutionnelles. Après avoir fait preuve de *judicial restreint* et, respectueuse de la primauté des juridictions constitutionnelles, elle observe ensuite une audace sans pareille, en affirmant sa prééminence sur les juridictions constitutionnelles nationales.

L'autolimitation de la CJCEDEAO est de mise lors de l'examen des requêtes mettant en cause l'État togolais. Dans l'arrêt n° ECW/CCS/JUD/09/11 du 07 octobre 2011, **Madame AMEGANVI Manavi Isabelle et autres c. l'État du Togo**, la Cour de Justice de la CEDEAO constate l'irrégularité de la procédure de démission de neuf parlementaires togolais, sans pour autant exiger leur réintégration. Ce faisant, elle respecte la **décision n°E-002/2011 du 22 juin 2011 de la Cour constitutionnelle du Togo** qui rappelle que l'« obéissance absolue est due aux décisions de la Cour », et qu'« aucune autorité civile ou militaire », « aucune institution, fût-elle internationale, ne peut s'opposer à une décision de la Cour ».

Dans ces conditions, la Cour de Justice de la CEDEAO refuse d'être un organe d'appel et de reformation des décisions rendues par les juridictions nationales dont elle refuse l'examen. Ce faisant, elle respecte sa jurisprudence

---

[123] La Cour de Justice de la CEDEAO est créée par le Traité de Lagos consulté le 28 mai 1975, révisé le 24 juillet 1993 et complété par les protocoles du 6 juillet 1991 et du 19 janvier 2005. Le Protocole additionnel de 2005 est adopté suite au refus de la CJCDEAO, dans l'affaire Afolabi c. République du Nigeria (arrêt n° ECW/CCJ/01/03 du 27 avril 2004) de connaître des violations des droits de l'homme. La CJCDEAO participe au processus d'intégration en assurant le respect de la législation communautaire. À ce titre, elle contrôle et sanctionne les violations des obligations par les États membres, elle règle les conflits entre les États membres ou entre la communauté et ses agents. Surtout, elle est désormais compétente pour connaître des violations des droits de l'homme. Voir, Alioune Sall, *La justice de l'intégration. Réflexions sur les institutions judiciaires de la CEDEAO et de l'UEMOA*, éditions CREDILA, Dakar, 2011, 398 p ; Alioune Sall, *Les mutations de l'intégration des Etats en Afrique de l'Ouest*, L'Harmattan, 2007 ; Sow Idrissa, *La protection de l'ordre juridique sous régional par les Cours de justice, Contribution à l'étude de la fonction judiciaire dans les organismes ouest-africains d'intégration*, Université de Bordeaux, thèse, 2013.

constante. En effet, déjà dans le **jugement ECW/CCJ/JUD/02/05 du 7 octobre 2005, Affaire Ugokwe c. République du Nigeria**, elle est saisie de l'invalidation de l'élection du requérant par la Cour d'appel Fédérale du Nigeria. Elle se déclare incompétente, en déclarant que « les recours contre les décisions des juridictions nationales des États membres ne font pas »[124] partie de ses compétences et qu'il n'existe pas « d'ordre juridictionnel hiérarchique entre la Communauté et les États membres »[125]. Enfin, elle conclut qu'« elle n'est pas une juridiction d'appel ou de cassation des juridictions nationales »[126]. La seule dérogation résulterait de l'acceptation de la compétence de la CJCEDEAO par la juridiction nationale ou par les parties en litige[127]. La CJCEDEAO maintient cette interprétation dans l'arrêt **n° ECW/CCJ/JUD/06/12 du 13 mars 2012, Madame Isabelle Manavi AMEGANVI et autre c/ l'État togolais** (Demande de révision). Toutefois, elle n'hésite pas, par la suite, à faire preuve d'audace à l'égard du Burkina Faso.

Le mouvement insurrectionnel des 30 et 31 octobre 2014 au Burkina Faso emporte la IVe République à laquelle se substitue une transition dont la durée ne doit pas excéder douze mois. La fin de la transition résulte de l'organisation des élections présidentielles, législatives et municipales qui permettent de désigner les autorités légitimes de la Vème République. À cette fin sont adoptés les articles 135, 4e tiret, 166 alinéa 3, 3e tiret et 242, 2e tiret du Code électoral dont le caractère discriminatoire conduit à la saisine de la Cour de Justice de la CEDEAO. Dans **le jugement n° ECW/CCJ/JUG/16/15 du 13 juillet 2015**, la Cour de Justice de la CEDEAO décide, d'une part, que le Code électoral du Burkina Faso, tel que modifié, constitue une violation du principe de libre participation aux élections et ordonne, d'autre part, à l'État de lever tous les obstacles à la participation électorale.

Le jugement de la Cour de Justice de la CEDEAO suscite l'ire des autorités de Transition, qui n'entendent pas lui donner effet[128], ainsi que l'opposition du Conseil constitutionnel burkinabè, saisi dans le cadre du contentieux des candidatures aux élections présidentielles et législatives. Dans la **décision n°2015-026/CC/EPF du 10 septembre 2015**, le Conseil constitutionnel du Burkina Faso fait prévaloir la loi nationale. Il déclare : « que… le conseil ne peut tirer conséquence de cette décision [le jugement n° ECEW/OCJ/JUG/16/15 de la Cour de Justice de la CEDEAO] pour refuser d'appliquer les dispositions légales toujours en vigueur ». Il poursuit que la participation de certains candidats à l'adoption du projet de loi de révision de

---

[124] Considérant 32 du jugement ECW/CCJ/JUD/02/05 du 07 octobre 2005.

[125] *Ibidem.*

[126] *Ibidem.*

[127] Voir, arrêt ECW/JUD/03/07 du 22 mars 2007 Moussa Leo Keita c. République du Mali.

[128] Voir, Mission d'observation électorale de l'Union européenne au Burkina Faso. *Rapport final Élections présidentielles et législatives*, 29 novembre 2015, p. 34 et suivantes.

l'article 37 de la Constitution en Conseil des ministres constitue un soutien au changement envisagé. Par conséquent, il déclare l'inéligibilité de leur candidature après l'avoir retenue de façon provisoire. Aussi face à un conflit entre la loi nationale et la décision de la Cour de Justice de la CEDEAO, le Conseil constitutionnel du Burkina Faso choisit la loi nationale. Il confirme ainsi l'interprétation faite dans la **décision n°2015-021/CC/EL du 24 août 2015 portant sur les recours de Monsieur DABIRE A.A. aux fins de déclarer inéligibles des candidats aux élections législatives du 11 octobre 2015** : « Considérant que l'État du Burkina Faso n'a pas mis en œuvre la décision du 13 juillet 2015 de la Cour de Justice de la CEDEAO, que par conséquent l'article 166 du Code électoral est une disposition qui reste en vigueur. »

Assurément, la position de l'État burkinabè et du Conseil constitutionnel démontre que la Cour de Justice de la CEDEAO, dont les jugements sont, parfois, contestés par les États, est loin de constituer une Cour (supra) constitutionnelle.

Conclusion

En conclusion, « le pouvoir normatif des juges constitutionnels existe ; il existe nécessairement ; il existe partout et même là où on l'attend le moins »[129]. Essentiellement justifié par la nécessité d'assurer l'effectivité des droits de l'homme, il présente ainsi l'avantage de contribuer à l'autorité de la Constitution. En même temps, il présente l'inconvénient de transformer la Constitution en une norme contingente, « de plus en plus jurisprudentielle ; un acte toujours écrit sans doute, mais écrit par le juge constitutionnel »[130]. Par conséquent, le pouvoir normatif affecte l'autorité de la Constitution et soulève la question de la sécurité juridique. Ce danger implique de nécessaires limitations au pouvoir normatif des juridictions constitutionnelles ainsi qu'un usage circonstancié.

---

[129] Denys de Bechillon, « Comment encadrer le pouvoir normatif du juge constitutionnel ? », *CCC* N° 24, juillet 2008.

[130] Dominique Rousseau, « Une résurrection : la notion de Constitution » RDP janvier-février 1990, p. 5.

REGARD EXTÉRIEUR SUR LES MUTATIONS RÉCENTES DES ADMINISTRATIONS FISCALES AFRICAINES

OUEDRAOGO Séni Mahamadou

Maître de Conférences Agrégé de droit public
Université Ouagadougou/ Burkina Faso

Il n'est plus besoin de rappeler l'importance que la réforme des finances publiques revêt dans les espaces d'intégration régionale africaine. Dans l'espace francophone, l'UEMOA et la CEMAC ont engagé des réformes majeures du cadre général des finances publiques. Les premières réformes ont concerné la création de l'union douanière à travers l'adoption de tarifs extérieurs communs. La construction de cette union sera le prélude à la construction d'une transition fiscale pour faire face aux chocs liés à la mondialisation économique. Puis s'en suivront les réformes du droit budgétaire et comptable qui vont s'étendre pour ce qui est de l'UEMOA à la décentralisation financière. L'année 2017 marque un tournant décisif avec l'entrée en vigueur des dispositifs communautaires et surtout la gestion par programme. À cet effet, outre l'internalisation, les Etats sont tenus de rendre effectif le fédéralisme financier dont les grands traits ont été dessinés par l'Union. Il faut cependant craindre que celle-ci n'ait pas les moyens pour contraindre les États au respect des prescriptions communautaires. C'est au regard de son impuissance que par réalisme, l'UEMOA n'hésite pas à opter pour une construction communautaire consensuelle.

Le volet fiscal de la modernisation des finances publiques connaît une destinée bien meilleure. En effet, l'harmonisation fiscale constitue le principal levier de la construction communautaire dans la plupart des espaces d'intégration économique. Cette situation a été favorisée par le désarmement fiscal que les États avaient pu construire au lendemain des indépendances politiques. En effet, dès les premières heures des indépendances, l'Union Douanière de l'Afrique de l'Ouest et l'Union Douanière et Économique de l'Afrique Centrale (UDEAC) ont eu pour objectif de lever les barrières douanières et fiscales entre les États. C'est dans le sillon de cette tradition que le rapprochement, des législations fiscales des États de l'Afrique de l'Ouest ou central, va connaître une accélération quand est venue l'idée de créer des marchés communs communautaires.

C'est dans ce contexte que de nombreux instruments fiscaux vont être adoptés dans les espaces UEMOA et CEMAC. Même la CEDEAO qui était restée assez réservée sur son projet de création de marché commun, va accélérer l'intégration économique à travers la création d'une harmonisation fiscale. Elle est ainsi parvenue à faire accepter par les États de l'espace

UEMOA, la construction d'une union douanière dont on peut imaginer les effets inhibiteurs sur l'union douanière que celle-ci avait mis en place. En attendant l'approfondissement de l'intégration économique au niveau de cette dernière, l'UEMOA est parvenu à jeter les jalons d'un fédéralisme fiscal. Les réformes qu'elle a initiées portent à la fois sur la fiscalité directe et indirecte. Elle est même parvenue à mettre en place le mécanisme d'élimination de la double imposition.

Comme on peut l'observer, les dynamiques de construction du marché commun à travers l'élimination des entraves fiscales ont été enclenchées. Elles trouvent leur meilleure expression avec les réformes des administrations qui ont en charge les affaires fiscales. Dans le cadre d'une réflexion sur les transformations du droit public en Afrique, l'examen des mutations qui ont concerné l'une des vitrines institutionnelles de l'administration coloniale est intéressant à plusieurs égards. D'un point de vue historique, les administrations fiscales ont créé de la torpeur au sein des populations et ont longtemps constitué un moyen d'asservissement des peuples colonisés. C'est pourquoi, au lendemain des indépendances, la nouvelle administration fiscale devrait constituer le marqueur d'une intendance retrouvée. L'enjeu de la transformation était de gagner le pari de l'acculturation institutionnelle. Les efforts ont pu donc être concentrés sur les changements pour une africanisation de l'administration fiscale. Avec l'évolution, ce paradigme va changer.

À la fin des années 1980, les administrations fiscales africaines connaissent une nouvelle trajectoire. Il s'agira de les mettre au service du développement à travers une mobilisation accrue les ressources internes. C'est ce processus qui va s'approfondir à la double faveur de la crise des produits d'exportation et bien plus tard avec la création des économies intégrées. Il s'agit dans ce dernier cas de limiter les effets dévastateurs de la disparition des frontières. Les administrations sont ainsi obligées de rentrer dans un cycle continu de réforme.

Depuis quelques années, on observe que les administrations fiscales connaissent des réformes substantielles dont l'objectif est d'accroître leurs performances dans la mobilisation des ressources internes. Les tendances en matière de réforme concernent l'organisation de l'administration fiscale (intégration, organisation fonctionnelle, segmentation…), la fusion des régies de recettes, leur autonomie de gestion, la modernisation des procédures et l'adoption d'indicateurs pour mesurer leurs performances.

La présente étude se focalisera sur les mutations qui concernent les administrations fiscales qui ont en charge la fiscalité intérieure. Une telle délimitation s'explique par le fait que les espaces d'intégration économiques sont dans une transition fiscale dont l'objectif est de procéder aux réformes nécessaires en vue de permettre aux administrations fiscales de limiter les pertes de revenus des administrations douanières. Au regard de leur ampleur, ces mutations soulèvent de nombreuses interrogations dont les principales concernent le contenu, le rythme, le coût et les effets des réformes. Il s'agit de savoir si les administrations ont connu une transformation structurelle. Sont-elles à l'abri des concurrences des modèles ? Les États africains ne sont-ils pas les terrains d'expérimentation de nouveaux modèles étrangers ? Les réformes ont-elles rendu les administrations africaines plus performantes ?

Il y a lieu de faire remarquer que les réformes fiscales sont marquées par des approches comparatives influencées par la culture et les traditions. On observe ainsi une perméabilité des modèles fiscaux. Les systèmes fiscaux des pays africains sont de plus en plus influencés par les systèmes fiscaux des États anglophones. Deux raisons majeures justifient une telle pratique. D'un côté, l'assistance fournie par les institutions financières que sont la Banque mondiale et le FMI favorise la diffusion du modèle anglo-saxon. De l'autre, les réussites observées sur le continent, notamment dans certains pays comme le Rwanda, eu égard au rendement soutenu de leur système fiscal ne cessent de servir de modèle aux autres États subsahariens. De ce point de vue, la transformation des systèmes fiscaux africains se démarque progressivement d'un certain mimétisme qu'on a pu longtemps observer dans d'autres domaines[1]. On pourrait être tenté alors de dire que pour la modernisation des systèmes fiscaux, se développe un mimétisme endogène. Mais en réalité, l'attraction du modèle rwandais est facilitée par certaines institutions financières internationales qui y voient un modèle performant.

Par ailleurs, l'analyse ne peut occulter une réalité singulière de l'objet des réformes qui est lui-même soumis à des contingences fluctuantes. En effet, l'impôt que l'on veut rendre rentable est confronté à une légitimité contestée dont les manifestations sont le développement des solutions de l'évitement et/ou de la révolte contre l'impôt. Les administrations fiscales africaines sont aussi condamnées à anticiper les effets dévastateurs de tels comportements à travers une constante mutation (I) dont l'efficacité ne peut être mesurée que par le questionnement de leurs performances (II).

I- La constante mutation des administrations fiscales

Les systèmes fiscaux des États africains ont connu de nombreuses réformes et changements organisationnels ces dernières années. La segmentation a servi de base à celles-ci avant que la problématique de la fusion des régies ne soit présentée comme la clef de la performance des administrions fiscales.

---

[1] Voir D. Darbon, « A qui profite le mime ? Le mimétisme institutionnel confronté à ses représentations en Afrique », in Y. Mény (dir.), *Les politiques du mimétisme institutionnel. La greffe et le rejet*, Paris, L'Harmattan, 1993, p. 125. J. DU BOIS DE GAUDUSSON, « Le mimétisme post colonial, et après ? », *Pouvoirs*, n° 129, La démocratie en Afrique, 2009, pp.45-55.

A- La réorganisation des services extérieurs des administrations fiscales : introduction de la segmentation pour réorganiser les services extérieurs

1- La segmentation

Le concept de segmentation est une application de celui développé dans le monde des affaires pour élaborer des stratégies tenant compte des particularités des différents groupes de client (market segmentation). L'application de ce concept à l'administration fiscale a constitué un élément majeur dans les stratégies de modernisation engagées depuis la seconde moitié des années 1990 dans nombre de pays, y compris en Afrique.

La segmentation est l'opération qui consiste à regrouper les contribuables en fonction de critères précis tels que la taille (petites, moyennes, grandes) ou la cédule d'impôt. Elle a été instituée pour corriger les inconvénients des anciens modèles d'organisation par type d'impôt. La segmentation a été organisée autour de deux idées principales : la création d'un service fiscal consacré aux grandes entreprises d'abord, et la création de centres des entreprises moyennes dans les villes les plus importantes, ensuite. Cette nouvelle approche privilégiant une organisation par type de contribuable a été introduite progressivement dans les années 1990. Dans l'espace UEMOA, elle a été initialement instaurée au Bénin avant de s'étendre aux autres pays États[2]. Dans l'espace CEMAC, c'est le Cameroun qui l'a inauguré en créant en 2004 une Direction générale des grandes entreprises (DGE) à compétence nationale et en 2006, deux Centres des impôts des moyennes entreprises (CIME).

La segmentation des contribuables est instituée pour assurer une meilleure gestion des ressources administratives et pour réduire l'incivisme fiscal à travers une meilleure gestion des risques. Elle permet de mieux exploiter les différentes situations présentées par les contribuables en optimisant les possibilités de recettes offertes par les plus grands et de minimiser les problèmes posés par les petits. De nombreuses études ont en effet montré la nécessité d'accorder la priorité aux gros contribuables, car elles procurent 60 à 80 % des impôts intérieurs.

Leur grande efficacité peut toutefois créer des difficultés : la facilité avec laquelle les impôts des grandes entreprises sont collectés peut amener les gouvernements à désavantager les petites sociétés (Auriol and Warlters, 2005). Cette situation peut contribuer à fausser la concurrence et être jugée inéquitable. Le souci de la justice fiscale commande en conséquence de faire

---

[2] Au Sénégal, la réorganisation a débuté en 2001 avec la création du centre des grandes entreprises (CGE) et la création en 2012 du centre de fiscalité des entreprises moyennes (CFEM) à Dakar.

respecter les textes par les contribuables moins importants et tout en leur assurant des prestations de services d'une qualité aussi élevée.

La nécessité de prendre en compte les besoins de l'ensemble des contribuables, y compris les petits contribuables dans les zones à faible densité fiscale (qu'il s'agisse, par exemple, de leur immatriculation et de leur information, du dépôt des déclarations et du paiement des impôts, voire de l'achat de timbres fiscaux) combinée parfois à l'espoir de découvrir des « gisements » cachés en termes de recettes, a conduit plusieurs pays à multiplier les implantations de centres des impôts.

2- La difficile gestion de la segmentation

La segmentation des contribuables n'a pas que favorisé la création de structures fiscales dédiées aux grandes et moyennes entreprises, elle a aussi favorisé la multiplication des structures opérationnelles. En effet, il avait été déjà relevé que sur le long terme, l'approfondissement de la segmentation commandait une meilleure gestion des moyennes entreprises ainsi que les petites et microentreprises. Ainsi, l'UEMOA a pris le devant en harmonisant le régime de gestion des contribuables par les administrations nationales[3]. Elle a à cet effet relevé les seuils de classement qui existaient dans les États tout en prenant le soin de préciser que pour le régime du réel d'imposition[4], les États disposaient d'une marge pour son relèvement au-dessus du seuil indiqué[5].

Cependant, dans sa mise en œuvre, les difficultés vont se révéler dans la gestion du portefeuille des administrations fiscales. En effet, la segmentation a été organisée dans de nombreux États autour d'une classification multicritère alliant la nature de l'activité et le niveau du chiffre d'affaires ou la forme juridique de l'entreprise. Ainsi, en guise d'exemple, la classification des régimes tenait compte du chiffre d'affaires et de la nature de l'activité. De ce fait, la segmentation va se révéler complexe et quelquefois inefficace. La segmentation entraînait une perte de recettes. C'est notamment le cas au Burkina Faso où la conjugaison de plusieurs facteurs avait contribué à amplifier ses inconvénients. D'abord, le seuil d'assujettissement à la TVA était assez bas et les contribuables de la micro finances pouvaient facturer la TVA sur option. Aussi, les entreprises relevant du régime simplifié

[3] Voir la Directive N° 01/2008/CM/UEMOA du 28 mars 2008 portant harmonisation des modalités de détermination du résultat imposable des personnes morales au sein de l'UEMOA.

[4] Pour le régime du réel normal d'imposition, les seuils sont les suivants : le chiffre d'affaires annuel hors taxes est supérieur à 100 000 000 de francs sociétés et personnes morales qui effectuent des livraisons de biens, des ventes à consommer sur place, de fournitures de logement, de travaux immobiliers et travaux publics, les exploitants agricoles, les planteurs, les éleveurs et les pêcheurs chiffre d'affaires annuel 50 000 000 de francs de chiffre d'affaires annuel hors taxes supérieur sociétés et personnes morales qui réalisent des opérations autres que celles précédemment visées.

[5] Article 18 alinéa 5 de la Directive N° 01/2008/CM/UEMOA.

d'imposition, assujetties à la TVA la collectaient, mais ne la reversaient pas à l'administration fiscale entraînant d'énormes pertes de ressources fiscales. Les effets pervers de cette situation ont été mis en relief par résultats de l'exercice fiscal 2013. Ceux-ci ont montré que les contribuables qui ont un chiffre d'affaires supérieur ou égal à 50 000 000 de FCFA ont acquitté une TVA correspondant au taux de 95,86%[6]. Ce qui a conduit à l'adoption, à travers la loi de finances 2015, d'une nouvelle segmentation qui établit le chiffre d'affaires minimal pour l'assujettissement à la TVA à la somme de cinquante millions de francs (50 000 000)[7]. Des réformes de cette nature seront opérées dans d'autres États. C'est ainsi qu'au Mali dont le seuil d'assujettissement à la TVA était de 50 millions de FCFA a été porté à 100 millions de FCFA. Au Bénin, le seuil fixé à 40 millions FCFA est passé à 50 millions de FCFA[8].

La gestion de la segmentation se révèle quelquefois très complexe. C'est le cas avec le déclassement et le reclassement. Pour les grandes entreprises, le seuil du portefeuille de 500 contribuables conduit à ne pas déclasser un contribuable sur la seule base de l'abaissement du chiffre d'affaires réalisé au cours d'une année. Le déclassement au régime des moyennes entreprises est déterminé sur la base du résultat des trois derniers exercices qui doivent se révéler inférieurs au seuil d'imposition.

Tout comme le déclassement, le reclassement dans le régime supérieur provoque d'énormes difficultés qui relèvent des considérations pratiques. Les services gestionnaires rechignent à alléger leur portefeuille par le transfert de leurs gros contribuables au régime de la grande entreprise.

Fragmentation de l'administration fiscale dans les PVD anglophone et francophone Difficultés rencontrées dans les pays francophones en raison de l'éclatement des missions fiscales entre deux directions (quasi-totalité des pays francophones initialement...)

B- La transformation structurelle des administrations

La modernisation des systèmes fiscaux procède à une réorganisation profonde de la chaîne de mobilisation des ressources financières. Cette tendance se généralise avec cependant des modèles différents. La création en France de la DGFIP a entraîné la fusion des anciennes directions du trésor et des impôts, la Direction générale des douanes et des droits indirects gardant son autonomie.

---

[6] Soit un montant de 167.5377.0765 de francs CFA.

[7] Article 13 et 14 de la loi de finances 2015 modifiant respectivement les articles 88 de la loi N° 008-2010/AN du 29 janvier 2010 portant création d'un impôt sur les sociétés et 325,1 du code des impôts.

[8] Au Congo Brazzaville, les régimes d'impositions sont répartis comme suit : le seuil du réel normal d'imposition est fixé à 100 millions de FCFA ; pour le Réel simplifié, le seuil est à 40 millions de FCFA.

Cette réforme qui a eu pour objectif de créer un guichet fiscal unique en vue d'offrir aux contribuables un interlocuteur unique pour ses préoccupations d'établissement et de recouvrement de l'impôt. Ce modèle ne séduit pas encore les anciennes colonies subsahariennes de l'ex métropole. La tendance dans ces Etats la tendance est plutôt à une fusion des régies de recettes que sont les administrations douanière et fiscale. Il s'agira de voir si ce modèle est une réforme pertinente.

1- Des mues importantes des administrations traditionnelles

Les administrations fiscales des États d'Afrique ont connu de nouvelles réformes organisationnelles depuis le début des années 1990. Il s'est agi de la fusion des directions des impôts avec celle des domaines et de l'enregistrement et du timbre pour créer des directions générales rattachées au ministère des Finances. Certaines administrations comme celle du Sénégal ou du Congo Brazzaville conservent encore les stigmates de cette dualité[9]. Globalement les États ont procédé à des restructurations des services fiscaux opérationnels. Mais, les principales évolutions ultérieures ont porté sur le rapprochement des administrations fiscales et douanières et la création de structures spécialisées.

a. Le rapprochement des administrations fiscales et douanières

Ce rapprochement s'est manifesté de plusieurs façons. Dans certains pays, des structures communes de gestion de certaines questions ont été créées. Ce fut le cas au Burkina Faso avec la création de la Brigade mixte impôt-douane qui a été mise en place pour lutter contre la fraude douanière. Cette structure a été créée parce que les administrations avaient estimé que la fraude fiscale tirait en partie sa source dans la fraude douanière. L'équipe mixte avait l'avantage d'avoir une approche globale de la fraude fiscale. Cette expérience n'a pas connu les résultats escomptés du fait de la difficile collaboration entre les agents d'origine diverse.

Le rapprochement entre les administrations fiscales et douanières s'est aujourd'hui concentré sur les échanges de renseignements et d'informations. Cette collaboration est promue par l'UEMOA à travers sa Directive N° 02/2012/CM/UEMOA portant modernisation et harmonisation des systèmes d'échange d'informations entre les administrations douanières et fiscales dans les États membres de l'UEMOA. Cette directive vise la modernisation et l'harmonisation des systèmes d'échange d'informations entre les administrations douanières et fiscales dans les États membres de l'UEMOA afin de renforcer la synergie d'action entre les régies financières.

---

[9] L'administration fiscale porte le nom de Direction générale des impôts et du Domaine (DGID).

b. La multiplication de structures spécialisées

La création de structures fiscales spécialisées se fait à un rythme accéléré. Certaines structures ont été consacrées à la gestion de certains impôts et d'autres ont concerné l'élargissement de l'assiette fiscale. La recherche du meilleur rendement des catégories d'impôt a conduit à la création de guichets uniques du foncier. Ces structures ont eu pour but d'améliorer le rendement de l'impôt sur le foncier. Le faible rendement des impôts fonciers était principalement imputé à l'archaïsme de la gestion des impôts fonciers. C'est pourquoi les Etats ont presque tous créé un guichet unique du foncier dont l'un des mérites est d'offrir un seul interlocuteur au contribuable.

La création de la direction des objectifs au Cameroun. Les services d'enquête et de recherche ont été aussi créés pour élargir l'assiette fiscale. Leur mission, qui s'apparente à la mission de services de contrôle, est d'une nature différente. La création d'autres structures est en chantier. Il est par exemple annoncé la création d'un service de gestion des particuliers au Cameroun.

2- La tendance vers la création d'agences autonomes

La réorganisation des administrations fiscales à travers la création des agences autonomes est la nouvelle tendance de la profonde mutation institutionnelle des administrations fiscales africaines. La création d'agences est une solution inspirée des recommandations des institutions internationales et certains partenaires bilatéraux. Il consiste à fusionner les services fiscaux et douaniers. Ce modèle s'est rapidement généralisé dans les États anglophones.

Ce modèle a trouvé sa première concrétisation avec la création de l'Office rwandais des Recettes (ORR). L'ORR a été créée par la Loi N° 15/97 du 8 novembre 1997 comme une administration quasi autonome chargée de l'évaluation, la collecte et la responsabilité des taxes, impôts et d'autres types de revenus spécifiés[10]. Sa création a été motivée par la volonté du régime rwandais d'améliorer la capacité de mobilisation des ressources en offrant des services de meilleure qualité au public[11]. L'attractivité de l'agence autonome se développe progressivement dans les États d'Afrique francophone restés longtemps attachés au cadre institutionnel traditionnel créé au moment de l'indépendance. Certains pays francophones ont déjà procédé à leur mutation institutionnelle. C'est le cas du Burundi et du Togo. Le Burundi a restructuré son administration fiscale en créant par la loi n°1/11 du 14 juillet 2009 une agence du revenu semi-autonome selon le modèle retenu par la plupart des pays d'Afrique anglophone. L'Office burundais des recettes (OBR) a été mis en place dans le cadre de l'adhésion du pays à l'organisation régionale des États d'Afrique centrale (East African Community) avec un appui important

---

[10] http://www.rra.gov.rw/fr/spip.php?article16

[11] *Ibid.*

de l'agence d'aide au développement du Royaume-Uni (DFID). L'Office du Togo a été créé par la loi N°2012-016 du 14 décembre 2012[12].

La création des agences autonomes est devenue une question fondamentale dans le processus de réforme des administrations fiscales. Celle-ci soulève deux préoccupations majeures, dont celle de leur autonomie et de leur efficacité (voir ci-dessous). L'autonomie est envisagée sous le double prisme de la plus grande flexibilité dans la gestion des moyens humains et financiers d'une part, et de la grande souplesse dans l'organisation des services, d'autre part. Les agences doivent avoir des moyens suffisants et une grande liberté dans le management des services à l'abri des interférences du ministère de tutelle. L'analyse des offices montre qu'ils se distinguent des administrations fiscales traditionnelles au niveau de la fusion des régies de recettes et de l'autonomie dans la gestion. Dans leur configuration, les agences de revenus ont une approche distincte de celle qui a été retenue en France. Elles ont le monopole de l'établissement et du recouvrement de l'impôt[13]. Pour leur fonctionnement, elles disposent des ressources importantes et jouissent d'une autonomie de gestion administrative et financière. C'est le cas de l'Office togolais des recettes (OTR) qui est un établissement public à caractère administratif.

II- La performance des administrations en question

La quête d'une performance accrue, telle est l'objectif des mutations qui intéressent les administrations fiscales. On constate que les rendements des administrations fiscales sont en nette progression (A), mais les performances restent insuffisantes (B).

A- Des résultats mitigés

1- Des rendements en progression

Le constat général qui se dégage de l'analyse des résultats des administrations, c'est que leurs rendements sont en constante évolution. L'accroissement sensible des recettes fiscales est la conséquence des réformes fiscales qui ont été menées ces dernières années. Tous les États ont fait des progrès significatifs dans la meilleure gestion du portefeuille fiscal et du recouvrement de l'impôt.

Sur le plan de la gestion fiscale, les réformes ont aussi permis le renforcement des capacités des services opérationnels par l'intégration des opérations, la segmentation des contribuables et une meilleure utilisation des technologies de l'information. Il est à remarquer que la segmentation a permis

---

12 La loi de 2012 a été modifiée par la loi N°2015-011 du 2 décembre 2015.

13 L'Office Togolais des recettes a pour rôle d'asseoir, d'administrer et de recouvrer pour le compte de l'État, les impôts, taxes et droits de douanes à caractère national conformément aux textes applicables en la matière.

d'optimiser la collecte au niveau des grandes entreprises. Dans la plupart des États francophones, les services des grandes entreprises cumulent à elles seules plus de 80% des recettes fiscales collectées.

Le recouvrement qui était une des faiblesses des systèmes fiscaux a été amélioré grâce aux nombreuses réformes. Les moyens de paiement ont été à juste titre modernisés. Le paiement manuel a été presque partout abandonné. Les paiements se font par virements bancaires, par chèques dont les services de recouvrement exigent de plus en plus la certification. Au Togo, les banques commerciales sont mêmes associées au recouvrement de l'impôt.

Les réformes ont procuré d'autres avantages pour les États, surtout pour ceux dont le budget dépendait des recettes d'exportation. Leur système fiscal est en train de devenir un levier important de développement. La réorganisation des administrations fiscales permet de mieux résister aux chocs exogènes de l'économie mondiale et de faire face à une économie de plus en plus axée sur le marché. L'exemple de la transformation des administrations fiscales en Afrique centrale, notamment dans les Etats comme le Gabon et le Congo Brazzaville est assez révélateur.

2- Des performances insuffisantes

La progression des performances ne doit pas conduire à occulter une réalité implacable des administrations fiscales africaines, celle d'être des systèmes fiscaux à faibles revenus. L'effort fiscal des administrations est en constante amélioration, mais il reste en dessous des normes nationales, régionales, voire internationales. Le tableau ci-dessus indique que pour la période 2006, les indicateurs de l'effort fiscal des certains États d'Afrique francophone. Les deux colonnes montrent les recettes fiscales effectives et l'effort estimé de la dernière année pour laquelle des données sont disponibles[14].

---

[14] Fonds Monétaire International, Mobilisation des recettes dans les pays en développement Préparé par le Département des finances publiques, Approuvé par Carlo Cottarelli, 8 mars 2011, p.71.

Tableau des efforts fiscaux estimés, 2010[15]

Pays	Ratio recettes fiscales/PIB	Effort estimé (en pourcentage)
À faible revenu		
Burkina Faso	11.3	62.0
Mali	15.5	74.9
Togo	14.6	80.3
Médiane	*13.9*	*77.6*
À revenu moyen inférieur		
Cameroun	12.4	57.6
Côte d'Ivoire	16.6	96.1
Sénégal	16.1	71.6
Médiane	**16.5**	**63.2**

Les indicateurs des années postérieures montrent que les efforts fiscaux sont encore insuffisants. Le taux de pression fiscale dans l'UEMOA qui était jusqu'en 2014 de 17% n'a été atteint par aucun État. Le taux est désormais passé à 20%. L'OTR a indiqué qu'en 2015 son taux de pression fiscale (RF/PIB) était de 21,4%. Mais cette performance est contestée par le FMI qui estime que ce taux de pression fiscale est passé de 15,7 à 16,8% du PIB au cours de la période[16].

Les projections de recettes pour l'année 2017 montrent une significative évolution. Ces résultats montrent que le poids de la fiscalité dans l'UEMOA est encore faible et reste très largement en dessous de celui des pays de l'OCDE qui s'échelonne de 20 à 50 % du PIB.

[15] Source : Département des finances publiques, sur la base de Pessimo et Fenochietto (2010), tableau 3, distribution normale tronquée.

[16] Fonds Monétaire International, Rapport de mission d'évaluation de la mise en œuvre opérationnelle de l'office des recettes du Togo et poursuite des reformes d'administration fiscale et douanière, janvier 2016.

B- Les enseignements à tirer des réformes

L'organisation des réformes amène à indiquer la solution par les agences de revenus et la nécessité de réformes fondamentales.

1- La solution par les agences de revenus

L'agence des revenus s'est aujourd'hui solidement incrustée dans l'appareil administratif de nombreux États d'Afrique anglophone et d'Amérique latine. Si sa diffusion dans l'espace francophone est encore timide, la réflexion sur sa transposition est largement partagée. De plus en plus, certaines autorités politiques, voire administrative de certains États de l'espace UEMOA ne cachent plus leur admiration pour ce modèle. La nouvelle ministre des Finances du Burkina Faso nourrit l'espoir de créer une agence des revenus. À cet effet, elle a commandité une mission d'étude sur la restructuration des régies de recettes dont le rapport attend d'être rendu public.

L'attractivité du modèle des agences de revenus conduit à interroger l'efficacité de l'ensemble des administrations fiscales[17]. Il s'agit de savoir si le modèle des agences est plus efficace que le modèle traditionnel de la séparation structurelle des administrations fiscales et douanières. Dans l'affirmative, celui-ci pourrait être présenté comme une solution vers l'accroissement substantiel des recettes fiscales. Il conviendrait en principe de procéder à la comparaison des indicateurs de performance d'une administration fiscale ayant connu les deux modèles pour connaître le dispositif institutionnel le plus efficace[18]. Il existe en finances publiques, plusieurs voies possibles pour apprécier l'efficacité des administrations fiscales. Des indicateurs clés ont été établis pour donner de précieuses informations sur la performance des administrations fiscales. Ce sont entre autres l'écart fiscal et le taux de recouvrement après contrôle. La voie la plus simple selon Bazin Guillaume consiste à comparer le coût de la collecte, contrôle fiscal compris, au total des sommes collectées. Le premier élément d'appréciation du coût est celui des effectifs des administrations fiscales. Le niveau des effectifs va être intégré au coût des services rapportés aux ressources collectées ou au PIB.

Une autre méthode permet de mesurer, pour l'administration fiscale, le chemin qui reste à parcourir pour atteindre le maximum de ressources que permet l'application pleine et entière de la législation fiscale. C'est la recherche du *tax gap*, de la matière taxable qui échappe de fait à l'impôt[19].

---

[17] G. Bazin, « Les administrations fiscales : une efficacité en question », *Pouvoirs*, 2014/4 n° 151, p. 71-85.

[18] Voir les indicateurs de performances de l'UEMOA. Indicateurs de performance : *Recettes fiscales intérieures / PIB ≥ 10%. Impôts et taxes sur commerce extérieur/ PIB ≥ 7%.*

[19] G. Bazin, préc., p. 75. Cet écart est créé par l'absence de déclaration ou la sous-évaluation des revenus, la surévaluation des déductions et le défaut de paiement, autant de marqueurs qui

Il est calculé par l'application d'un taux d'imposition à un niveau de revenu dissimulé. Il est vrai que ce calcul tient rarement compte de l'ajustement du comportement des contribuables aux modifications de la politique de contrôle des administrations fiscales ; il est également très difficile d'estimer le rendement de chaque impôt si chaque contribuable joue pleinement le jeu.

Cette voie a cependant été explorée par certains États qui ont choisi de mesurer leur tax gap.

Dans l'espace UEMOA, la situation du Togo est celle qui se prêtait le mieux à la Comparaison. Cette analyse n'est pas facilitée par l'absence de données sur les périodes antérieures de l'ex-Direction générale des impôts du Togo. Cette lacune est toutefois comblée par la disponibilité des études[20] sur l'efficacité des agences de revenus qui permet d'apporter les réponses à la préoccupation précédemment soulevée.

Les études ont montré que les administrations des recettes (AR) n'ont pas toujours été à la hauteur des attentes ambitieuses que certains nourrissaient[21]. Le fonds monétaire international note cependant que s'il existe une volonté politique, elles peuvent servir de cadre à des progrès durables. Pour certains auteurs les grands espoirs qu'elles ont parfois soulevés ne se sont pas toujours concrétisés totalement[22].

Le département des finances publiques du Fonds Monétaire a pu constater que la pratique et les capacités, au niveau de la direction et des services, se sont souvent améliorées[23]. Il a toutefois été relevé que l'institution d'une agence de revenu a parfois différé la réforme des fonctions fondamentales de l'administration des impôts : l'administration des impôts directs et indirects n'est en voie d'être intégrée que maintenant seulement en Afrique anglophone par exemple. En outre, même après des hausses substantielles, les traitements continuent d'être ridiculement bas par rapport aux gains que peut procurer la corruption.

---

révèlent tout à la fois les erreurs du contribuable et les lacunes du fisc, l'ampleur de l'évasion fiscale et l'étendue de la fraude. Son évaluation permet de repérer les défauts de la cuirasse, de concentrer la politique de contrôle sur les risques les plus importants, de faciliter l'allocation des moyens.

[20] K. Maureen, and W. Crandall, « Revenue Authorities: Issues and Problems in Evaluating their Success », IMF Working Paper 06/240 (Washington: International Monetary Fund), 2006; Fonds Monétaire International, « Mobilisation des recettes dans les pays en développement Préparé par le Département de finances publiques Approuvé par Carlo Cottarelli », 8 mars 2011, 99 p.

[21] Fonds Monétaire International, « Mobilisation des recettes dans les pays en développement », préc., p. 24.

[22] K. Maureen, and W. Crandall, « Revenue Authorities: Issues and Problems in Evaluating their Success », préc.

[23] De nombreux exemples en Amérique latine, en Afrique orientale et australe, au Ghana et en Gambie.

Avec le modèle de l'OTR, on constate que l'autonomie est souvent de façade, de nombreuses immixtions existent. La collaboration fonctionnelle douane impôt est une gageure. Entre les commissariats aux impôts et à la douane, il n'existe pas de passerelle formelle. Chaque régie est plutôt fixée sur ses missions spécifiques. Par ailleurs, on constata que le partage d'information ou le recoupement d'information est très embryonnaire par rapport au Burkina par exemple.

2- La nécessité de réformes fondamentales

Le département des finances publiques du FMI fait remarquer à propos des réformes des administrations fiscales qu'avec la généralisation actuelle des agences de revenus, y compris l'intérêt accru qu'elles rencontrent en Afrique francophone, il est important de reconnaître que l'objectif de la réforme est d'améliorer les fonctions fondamentales de l'administration des recettes et non leur seule exécution[24].

Les réformes fondamentales sont celles qui concernent :

- Le renforcement des moyens des administrations fiscales ;
- La définition et l'institution des objectifs de performances ;
- Une réforme axée sur la DGI qui, du fait de la transition fiscale, sera au cœur de la mobilisation des ressources ;
- La création d'une entité spécifique de contrôle à caractère transversal. Il faut aller plus loin que la brigade mixte qui avait été créée dans certains États. Il faut créer une structure autonome qui va regrouper et retirer les fonctions de la DGD et de la DGI en matière d'enquête et de recherche et de contrôle de la fraude fiscale et douanière.

---

[24] Fonds Monétaire International, « Mobilisation des recettes dans les pays en développement », préc., p. 23.

LE CITOYEN ET LE RENOUVELLEMENT DU DROIT CONSTITUTIONNEL EN AFRIQUE

Robert MBALLA OWONA
Maître de Conférences Agrégé de droit public
Université de Yaoundé II/Cameroun

Tous les arts ont créé leurs merveilles, mais l'art de la politique n'a créé que des monstres. Pour cela, un ensemble de règles institutionnelles et de savoirs universitaires y relatifs se chargent d'encadrer les phénomènes politiques tout en équilibrant les rapports entre gouvernants et gouvernés : c'est le droit constitutionnel. Le droit constitutionnel assure au plus haut niveau étatique la régulation de la manière dont le pouvoir s'acquiert, s'exerce et se transmet ainsi que la garantie des droits et libertés fondamentaux de l'individu. De sa triple dimension institutionnelle, normative et substantielle, il a cessé d'être le droit de la constitution pour devenir la constitution du droit. Discipline de prestige et de couronnement[1], le droit constitutionnel a sorti l'individu des décombres de l'état de nature avec son insécurité, pour l'installer dans une société politique civilisée. La dynamique allant de la Cité à l'Empire jusqu'à l'État et ses formes variées en témoigne. Le droit constitutionnel dote la société politique des instruments juridiques nécessaires à son fonctionnement et capables de concilier l'autorité de l'État à la liberté individuelle. C'est à cet égard qu'il a conféré à l'individu le statut éminent de citoyen qui fait de lui un membre de la communauté politique titulaire de droits et soumis à des obligations au même titre que les autres[2]. Le statut de citoyen est apparu comme une haute distinction de l'individu dans la communauté politique. En effet, dans l'Antiquité grecque et puis romaine, il fallait rendre grâce chaque matin d'être né citoyen plutôt que métèque. Dans son ouvrage intitulé *La Politique*, **Aristote** démontre que tous les habitants de la cité ne sont pas des citoyens. L'étranger et l'esclave ne sont pas des citoyens faute d'avoir un lien juridique et politique avec la cité. Et parmi ceux qui justifient de ce lien, les enfants mineurs et les vieillards que l'âge écarte des charges publiques ne sont pas eux aussi citoyens. Les femmes étaient également écartées parce que confinées dans l'espace domestique. Pour l'éminent philosophe, le citoyen est uniquement l'individu qui, né de parents citoyens, est susceptible d'exercer une magistrature (parlementaire, juge administrateur, etc.). Bien plus, entre les citoyens, il fallait distinguer ceux qui sont pleinement actifs parce que disposant des moyens nécessaires pour exercer pleinement leurs droits, et ceux qui étaient « passifs », parce que très pauvres, devant pour cela se contenter de recevoir les droits civils, mais non

[1] Cubertafon (B), *Le nouveau droit constitutionnel*, Paris, L'Harmattan, 2008, p. 16.
[2] Duhamel(O) et Meny(Y), *Dictionnaire Constitutionnel*, Paris, PUF, 1992, pp. 143-145.

les droits politiques. C'est dire que dès les origines, la notion de citoyen recouvre un statut juridique différencié des personnes vis-à-vis de la communauté politique.

L'un des noyaux constitutifs en est que les mêmes sont à la fois et à tour de rôle gouvernants et assujettis, comme dans une sorte de division du travail politique régulée par la vertu républicaine[3]. Chez **Zenon**, le citoyen est la « figure la plus élevée du sage » capable d'une conduite autonome ; pour Machiavel le citoyen est un « patriote, pieux donnant la préséance au bien public sur ses intérêts privés ». À leur suite, **Jean Bodin**, décèle une obligation mutuelle liant le citoyen au souverain : Pour la foi et l'obéissance qu'il reçoit du citoyen explique-t-il, le souverain doit à ce dernier justice, confort, aide et protection ; ce qui n'est point dû aux étrangers. Ceci laisse apparaître que pour les anciens, le citoyen était parti d'un tout, mais pour les modernes, il est un tout qui s'agrège à un super ordonnée. Selon **T.H Marshall**, cette agrégation s'opère à travers trois éléments. D'abord, l'élément étatique civil faisant du citoyen un détenteur indivisible des droits ayant impliqué le développement des tribunaux au XVIIIe siècle. Ensuite, l'élément politique faisant de lui un sujet loyal à une seule communauté politique, ce qui a suscité l'expansion des assemblées représentatives au XIXe siècle. Enfin, l'élément social assignant au citoyen la faculté de donner la prééminence à l'intérêt public sur ses intérêts privés ; ce qui a conduit à la création des écoles et des services sociaux au XXe siècle. Autant considérer que la citoyenneté aménagée en faveur de l'individu par le droit constitutionnel est le fondement contemporain de la modernité politique. Au-delà du statut, le droit constitutionnel a contribué au bien-être du citoyen à travers les époques grâce à l'apport de multiples penseurs. Dans l'Antiquité, **Sénèque** et **Epictète** l'éclairent sur ce que la liberté est une loi antérieure et supérieure. Dans la féodalité, il s'enrichit de l'idée selon laquelle le civisme et le loyalisme vis-à-vis du prince sont un signe d'honneur pour le citoyen. Au Moyen Âge, le christianisme lui apporte le concept de dignité humaine et les principes du gouvernement constitutionnel tirés de l'ecclésiologie conciliariste (principes électifs, foreins réels et intangibles aux abus du chef). Les Lumières lui fournissent le dispositif technique de limitation du pouvoir qu'est la théorie de la séparation des pouvoirs. C'est le lieu de souligner que le droit constitutionnel a dissipé les discriminations arbitraires d'auparavant pour exalter le règne de l'égalité et la liberté de tous en tout ; il permet à l'homme de réaliser son rêve d'un avenir meilleur dans la société politique. Il ne serait donc pas excessif d'affirmer que le droit constitutionnel a tout donné au citoyen et le citoyen lui doit tout ce qu'il est devenu dans la société politique. Dans l'approche pragmatique et utilitaire dont on ne se sépare plus, ce droit est considéré volontiers comme un instrument de libération des individus et des peuples du joug de la

[3] Idem.

domination ; lequel a été conçu puis ouvragé par le génie et l'habileté des philosophes, des monarchomaques, et des constitutionnalistes pour piloter la société politique. À ce niveau, l'on peut constater que le droit constitutionnel a évolué à partir du haut, à partir de l'ambition d'encadrer le pouvoir et de limiter ses abus sur le citoyen. L'objet de la présente réflexion est de rechercher comment dans une démarche contraire, l'évolution du droit constitutionnel est déclenchée à partir du bas, c'est-à-dire à partir de la prise en compte des préoccupations propres du citoyen. Si les penseurs de la société politique ont édifié le droit constitutionnel pour le bien-être du citoyen, en quoi le citoyen peut aussi stimuler le renouvellement et l'enrichissement du droit constitutionnel pour le bien-être de la société politique et du sien propre ? Certes, l'influence est réciproque, mais les études n'abordent que très rapidement le second versant. Pourtant l'on est convaincu que c'est l'activisme citoyen qui tient les rênes du devenir de la société politique et partant du droit constitutionnel. C'est ainsi que l'évolution des mœurs conduit les gouvernants à prendre les mesures d'adaptation d'abord souhaitées, ensuite réclamées et enfin exigées par l'opinion publique ou, assez souvent, par une partie d'elle se comportant en minorité agissante.[4]

Pris isolément ou rattaché à un regroupement donné, le citoyen est devenu un référentiel de la transformation du droit constitutionnel. Par les habitudes politiques qu'il développe dans une société politique largement influencée par la globalisation, il incite sinon provoque la réorientation des règles et des savoirs du droit constitutionnel. La communauté politique par excellence qu'est l'État se trouve concurrencée par des communautés plus larges, de même que la figure du citoyen comme principal sujet politique de l'Etat s'assombrit de jour en jour. Celui-ci ne semble plus être le premier pôle d'identification de l'individu dans la communauté politique. Il n'est plus soumis à un seul gouvernement, parce qu'il est partagé entre plusieurs communautés ; d'autres regroupements ou « appartenances concrètes [5]tels que la religion, la secte, l'ethnie, la profession et même la famille surclassent son identité nationale. Bien plus, la vertu républicaine à laquelle les Anciens avaient tant cru est aujourd'hui remise en cause. La liberté des modernes est marquée par l'orientation fondamentale du citoyen vers son enrichissement privé, dans une relative indifférence au bien public ; **Jacques Chevallier** dit bien que désormais il "exige tout de l'État, mais estime ne rien lui devoir". Les questions politiques posées au sein de l'État sont très vite saisies par les communautés, la société internationale et même la société numérique ; on est passé de la constitution étatique au patrimoine constitutionnel commun des sociétés politiques, d'une démocratie représentative à une démocratie de droit où le sondage, les experts, les médias et la rue supplantent l'élection, l'ONG

[4] Pressions diffuses, Pactet, p. 29.
[5] Vlad, p. 195

supplante le parti, la communauté infra ou supra nationale supplante la nation ; les représentants, tout autant que l'État qu'ils incarnent sont soupçonnés d'être prédateurs ou mafieux[6] au lieu de servir le bien commun.

Cet ordre de faits correspond à l'affirmation d'un droit constitutionnel post-moderne. Celui-ci se vit et sévit en Afrique francophone sous la bannière de l'abstentionnisme électoral, des revendications identitaires, des manifestations, des successions, des insurrections et des révolutions, etc.

Le cadre de cette étude ne permettra pas de parcourir le phénomène dans toute son étendue. L'on se contentera d'en illustrer quelques aspects saisissants, à partir de la transition démocratique. Sans porter les jugements de valeur qui ressortent généralement des analystes des questions identitaires. À l'aune des normes et des pratiques constitutionnelles, deux marqueurs de la transformation du droit constitutionnel seront examinés. En effet, l'on observe d'une part, un renouvellement des piliers de cette discipline (appareil étatique et citoyenneté) pour l'individu (I) et d'autre part, un renouvellement de son levier (la participation politique) par celui-ci (II). Le premier aspect est démocratique et le second civique[7].

I- Le renouvellement des piliers du droit constitutionnel pour le citoyen

Les mutations du droit constitutionnel des dernières décennies semblent guidées par le souci de prendre en compte les besoins spécifiques du citoyen. Cette hypothèse peut se vérifier à un double niveau à savoir la transformation de l'appareil étatique (A) et la diversification de la citoyenneté (B).

A- La transformation de l'appareil étatique

Créés en l'absence de toute base nationale pour permettre aux peuples de jouir du droit à disposer d'eux-mêmes, les États africains dans leur immense majorité ont adopté la forme unitaire. Il était question d'éviter les lourdeurs de la fédération et les velléités centrifuges de cette forme d'État qui, de toute évidence, s'opposait à la construction impérieuse de la nation. La structure de l'État devait donc répondre au besoin de canalisation des énergies vers l'objectif de construction d'un État fort et d'une nation unie dans sa diversité. Ces idéologies quasi-totalitaires avaient donné lieu à une forte centralisation et tout ce qui allait à l'encontre de cette logique devait être banni. Tel était le cas de la décentralisation et des chefferies traditionnelles. Depuis la transition démocratique, la volonté du citoyen de s'affirmer dans son cadre de vie immédiat, autant sinon plus que dans la collectivité nationale, a poussé les

---

[6] Cubertafond, op. cit., p.9.
[7] Vlad., op. cit.

gouvernants à restaurer la décentralisation (1) et à réhabiliter les chefferies traditionnelles (2).

1- La restauration de la décentralisation

Du temps de la domination étrangère, la décentralisation avait été consacrée. Dans leurs possessions, la Grande-Bretagne l'a instituée dans les années 1920 et la France dans les années 1940. Après l'indépendance, la décentralisation est apparue comme une technique susceptible de fragiliser les jeunes États en quête de viabilité. Les dirigeants y ont renoncé systématiquement. Dans le cas du Cameroun, c'est en 1974, soit la quatorzième année suivant l'indépendance, que la décentralisation est réinstituée. Après des années de torpeur, elle connaîtra un regain de vitalité par sa constitutionnalisation en 1996. Ce n'est pas tant la reconnaissance d'un statut constitutionnel aux CTD, ce qui est en soi valorisant, que les considérations dont cette reconnaissance procède qui intéressent ici. L'entreprise de décentraliser n'est aucunement neutre. Elle trouve bien souvent ses origines, entre autres, dans la pression qu'exercent les citoyens sur les gouvernants ; pression pouvant être objective ou subjective.

Objectivement, la création d'une collectivité locale consiste à identifier une collectivité humaine installée sur une portion du territoire bien délimitée, reconnaître qu'elle a des affaires qui lui sont propres et dès lors conférer à cette collectivité une personnalité morale, l'autonomie administrative et financière « pour la gestion des intérêts régionaux et locaux » (art 55-2 de la Constitution camerounaise de 1996). C'est ainsi dire qu'à la base de l'entreprise décentralisatrice se trouve la volonté de traiter le citoyen en fonction de sa situation géographique particulière et de ses intérêts à l'indifférence et son appartenance à la collectivité nationale.

Subjectivement, il est présenté le fait que la décentralisation procède de la réponse aux réclamations diverses de certains citoyens. Au Cameroun par exemple, il a semblé que l'avancée importante de la décentralisation en 1996, en ce qui concerne la constitutionnalisation et la création des régions comme nouvelle CTD, visait à apaiser les revendications formulées par les ressortissants de la partie anglophone allant dans le sens de la création d'un État fédéral. Également au Niger et au Mali, il a été établi que la décentralisation a été une technique de "cooptation" des rebelles touaregs par l'érection de leurs zones d'influence en collectivité territoriale décentralisée, qu'ils étaient appelés à diriger officiellement. Leur rébellion ayant été parfois motivée par le besoin de reconnaissance et d'intégration[8].

Il s'avère donc que par l'activisme du citoyen et par la nécessité de prendre en compte ses aspirations, la structure de l'État a dû évoluer. Les collectivités

---

[8]Cabannis (A) et Martin (ML), *Le constitutionnalisme de la troisième vague en Afrique francophone*, Bruxelles, Bruylant_ Academia sa/PUR, 2010, p. 171.

infra étatiques qui faisaient craindre les dérives fédéralistes ou sécessionnistes contribuent désormais au développement local dans le respect de la primauté de l'État[9]. L'objectif affiché est de rapprocher l'administration des administrés, de revitaliser la démocratie en la faisant fonctionner selon des registres de concertation citoyenne délocalisée, puis de confier les décisions concernant leur vie quotidienne à des autorités de proximité. La réhabilitation des chefferies traditionnelles participe du même esprit.

2- La réhabilitation des chefferies traditionnelles

Les régimes mis en place en Afrique francophone au lendemain de l'indépendance étaient hostiles à tout ce qui pouvait atténuer la domination du pouvoir central. Les chefferies traditionnelles étaient leur première cible. Elles étaient accusées d'avoir collaboré avec le colonisateur et de lui avoir servi de relais pour la bonne exécution des ordres venant des agents de la métropole. En outre, elles étaient soupçonnées de défendre une conception réactionnaire de la société tendant à maintenir les coutumes anciennes, à empêcher la promotion des éléments les plus brillants des nouvelles générations et à se désintéresser du développement économique. Par voie de conséquence, les premières lois fondamentales post coloniales s'étaient gardées de reconnaître les chefferies traditionnelles. Ces institutions relevant de la coutume ancestrale ne bénéficiaient que d'une organisation minimale de l'État.

En se fondant sur le décret n°77/245 du 15 juillet 1977, le **professeur Roger-Gabriel Nlep** les présente comme des personnes morales de droit public[10] possédant un exécutif (le Chef) et un organe délibérant (le Conseil des notables). Elles étaient chargées de seconder les autorités administratives dans leurs missions. Leur rôle était subordonné et le trait marquant de leurs rapports avec l'État a été et peut-être demeure la volonté de la part de celui-ci de les contrôler. Au Cameroun, une abondante jurisprudence administrative a révélé l'intrusion arbitraire des autorités étatiques dans la désignation des chefs traditionnels. Ces autorités voulant toujours soutenir les candidats qui leur sont dociles au détriment des héritiers de plein droit. L'administration s'est réservé la compétence exclusive de connaître les litiges relatifs à ces affaires. Le non-respect de son décret par le juge administratif qui a continué à statuer en la matière a provoqué son dessaisissement par le législateur (Loi de 1980). Mais de temps en temps, le juge administratif continue de s'insurger contre cette loi. À ce jour, la défiance du pouvoir central vis-à-vis des chefferies traditionnelles s'estompe progressivement.

À côté des CTD, les autorités coutumières commencent à accéder à une certaine reconnaissance législative et même constitutionnelle. En dehors du passé ancestral, ce retour en grâce se fonde sur l'espoir que ces autorités sont

[9] Loi n° 2004-017 du 22 juillet 2004 portant orientation de la décentralisation.
[10] Voir aussi Enoch Kwayeb.

capables de jouer un rôle de contrôle social face à l'affaiblissement des réseaux publics (lutte contre Boko Haram par exemple). Plusieurs constitutions africaines leur consacrent ainsi une place de choix (titre XIII Tchad-art 214 ; Togo, Congo-art 207-) en tant que gardiennes des us et coutumes. Le constituant congolais semble exorciser les craintes d'antan lorsqu'il leur assigne le " devoir de promouvoir l'unité et cohésion nationale " (art.207 al 4). Le Cameroun n'est pas en reste de ce mouvement de constitutionnalisation des chefferies traditionnelles. En faisant des représentants du commandement traditionnel des conseillers régionaux, le constituant camerounais reconnaît au niveau constitutionnel ces entités qui avaient jusque-là relevé du droit coutumier. Il s'agit comme le note un auteur " d'une réconciliation du pays légal avec le pays profond /natal ".

La reconnaissance de ces collectivités infra étatiques a pour conséquence la diversification de la citoyenneté. Ceci ne répond en réalité qu'à la prise en compte des identités particulières.

B- La diversification de la citoyenneté

Le rêve de rassembler tous leurs nombreux ressortissants aux origines sociologiques disparates autour d'une société politique intégrée avait poussé tous les dirigeants africains à inscrire la nation dans les textes constitutionnels comme un objectif à valeur républicaine. De la sorte, les identités particulières avaient été enfouies sous le principe d'une nation unifiée où les populations sont désireuses de vivre ensemble. Dès lors, tous ces ressortissants allaient devenir un individu collectif. Mais de nos jours, même les pays occidentaux censés avoir émergé sur une base nationale solide se sont aperçus que la volonté constituante proclamant la nation ne reflétait pas la réalité des faits. La nation n'est pas donnée, elle se construit [11]et les citoyens relativisent l'identité nationale par la quête de la petite communauté. En Afrique et ailleurs, le droit constitutionnel contemporain s'est trouvé contraint de franchir le cap de la citoyenneté nationale pour reconnaître les identités infranationales et supranationales. À cet égard, des statuts différenciés ont été aménagés (1) et leur encadrement assuré (2).

1- L'aménagement des statuts différenciés

Les constituants ont d'abord feint d'ignorer l'appartenance des individus à un groupe ou à une structure sociale donnée[12]. Mais l'attachement de ceux-ci à leur communauté les a rendus à l'évidence que la citoyenneté en tant que principal pôle d'identification de l'individu est insuffisante, cette identification est prioritairement démotique. C'est-à-dire qu'elle tient à l'appartenance d'un groupe humain à une portion territoriale. Prenant conscience que la nation ne peut pas se "décréter" d'en haut, les constituants

[11]Vlad, p. 296
[12]Ibid., p. 294.

africains ont dû ériger leur irréductible diversité en un élément de la personnalité de l'État qui fait la fierté du peuple. Tels sont, du moins, les premiers mots du préambule de la Constitution camerounaise. Le préambule de la Constitution ivoirienne est plus explicite : il déclare la conscience du peuple ivoirien dans sa diversité ethnique et religieuse ainsi que sa conviction que c'est l'union dans le respect de la diversité qui assure le progrès économique et le bien-être social. C'est le lieu d'observer que si le respect de la diversité est source de progrès, son refoulement est a contrario cause de crises sociales et même politiques. L'individu est donc reconnu non plus seulement comme citoyen, mais aussi comme membre d'une ethnie ou d'une religion. Ainsi, à la suite des débats qui ont ouvert la transition démocratique des années 1990, les constituants africains ont consacré des identités particulières aux citoyens. L'on dénombre dans ce sens plusieurs catégories :

Les minorités qui sont des citoyens relevant d'une collectivité numériquement inférieure au reste de la population de l'État. Elles peuvent être ethniques, linguistiques, religieuses ou autres[13]. Les "minorités" participent de la nation étatique, mais ont aussi leur spécificité. Elles méritent pour autant reconnaissance et protection (exemple du peuple corse). Une double précaution est à prendre : d'une part, la valorisation de l'identité minoritaire doit être surveillée afin qu'elle ne débouche pas sur la recherche de l'autodétermination ; d'autre part, l'affirmation de la spécificité minoritaire doit être compatible avec la construction constitutionnelle de l'unité de la base sociale de l'État[14].

À côté des minorités, on classe les *peuples autochtones*. Cette catégorie de citoyens est aujourd'hui reconnue en droit constitutionnel comme premiers occupants d'une portion du territoire ou du moins ceux qui y étaient installés avant l'arrivée du colonisateur. À ce propos, l'article 57 alinéa 3 de la constitution camerounaise dispose que " le conseil régional est présidé par une personnalité autochtone de la région''. De plus en plus, l'affirmation d'autres identités suscite les mutations du droit constitutionnel. Notamment les questions de genre, de diaspora et de citoyenneté communautaire.

S'agissant du genre, il est observable que malgré l'égalité déclarée entre l'homme et la femme, des différences profondes subsistent dans le traitement de l'un et de l'autre. Dans les pays africains, des lois consacrent la polygamie et non la polyandrie, dépénalisent l'adultère de l'homme et non celui de la femme, etc. De même la vie institutionnelle révèle une sous-représentation des femmes dans les hautes responsabilités. Le juge constitutionnel a donc quelques fois essayé de rééquilibrer la balance en déclarant les lois discriminatoires et certaines pratiques (composition des listes au Cameroun)

---

[13]V. Mémorandum du SG des NU consacré à « Définition et classification des minorités », 27 décembre 1949, NV doc. E/CN4/Sub. 2/85, p. 10.
[14]Vlad, op. cit., p. 312.

contraires à la constitution (lois polygamie et adultère au Bénin-voir contra Congo). Le Sénégal a consacré la parité, mais celle-ci peine à s'imposer face à l'hostilité des chefs traditionnels.

En ce qui concerne la diaspora qui désigne ici les citoyens d'un État vivant hors de ses frontières, certains Etats ont pris en compte le fait que quelques-uns de leurs citoyens expriment leurs frustrations. Ils allèguent être méconnus par leurs pays qui les privent des droits civiques et n'aménagent aucune plateforme de rapports avec eux : il a donc été créé dans ces États, un ministère ou une commission, au sein de la chambre haute, chargé de la diaspora. De même, le droit de vote dont elle ne bénéficiait pas a été progressivement consacré. Ce fut le cas au Cameroun avec le Code électoral du 19 avril 2012.,

Pour ce qui est de la citoyenneté communautaire, force est de reconnaître que le consentement à mettre en commun des politiques de développement dans les espaces intégrés a conduit les Etats à céder partiellement à leur souveraineté. Entre autres les compétences personnelles. En effet, l'individu devient tout à la fois ressortissant d'un État et d'une communauté. Dans son désir de bénéficier de la nouvelle extension de l'espace territorial, le citoyen réclame à l'État dont il est ressortissant les droits dont lui confère la communauté, obtenant au besoin sa condamnation devant le juge. Cette situation prévaut de manière très accentuée dans l'Union européenne. La communauté des États de l'Afrique de l'Ouest a également réalisé des avancées significatives dans ce sens, en tout cas comparée à la CEMAC.

Tant de statuts accolés aux citoyens complexifient la base humaine de l'État. D'où la nécessité d'un encadrement adéquat.

2- L'encadrement des statuts différenciés

Le pluralisme démocratique qui aboutit à la reconnaissance des « appartenances concrètes »[15] est porteur de risques pour l'unité et la stabilité de l'État. Qui plus est, dans les sociétés sous-alphabétisées de l'Afrique enclines aux confusions de toutes sortes, tout se passe comme si reconnaître un groupe spécifique revient à dresser ses membres contre d'autres groupes spécifiques. Dans la gestion des affaires publiques, l'on a tendance à privilégier les membres de son groupe au détriment de ceux des autres groupes. Le tribalisme, le féminisme, la xénophobie, etc., sont autant de dérives qui s'en suivent. Dans les États africains, le droit constitutionnel s'attelle à combattre ces fléaux.

L'unité du « peuple-société », c'est-à-dire la diversité nationale[16] est alors préservée par des règles prohibitives de comportements hostiles et par celles promotrices de comportements rassembleurs. Dans le sens des premières, l'on

---

[15] Vlad, op. cit., p. 295.
[16] Vlad, op.cit., p. 309.

peut citer l'article 5 de la Constitution nigérienne de 1992 qui stigmatise le tribalisme en ces termes : « Dans l'exercice du pouvoir d'État [...] le régionalisme, l'ethnocentrisme, l'esprit de clan sont bannis et punis par la loi ». La même interdiction se retrouve dans les constitutions algérienne (art 9), béninoise, guinéenne, congolaise (Brazza), et tchadienne (art 5). Toute discrimination sur la base ethnique est interdite. Le Burundi et le Rwanda exigent par exemple que l'Unité nationale soit reflétée jusqu'au niveau de la direction des partis politiques. Relativement à ces entités, il est apparu que le pluralisme politique consacré dès la transition démocratique a été dilué dans le tribalisme. Les partis politiques se sont constitués sur une base tribale. Même lorsqu'ils se dotent d'organes qui reflètent plus ou moins le paysage socio-ethnique national, leurs bases sociologiques respectives demeurent fondamentalement tribales[17]. Partis du village ? Et chaque candidat réalise généralement le meilleur score dans sa localité d'origine. Même les partis à rayonnement national organisent les activités politiques dans chaque localité de manière à donner un rôle de premier plan au ressortissant de ladite localité.[18] À partir des premières lois électorales de la transition démocratique, tous les textes fixent aux partis l'obligation de prendre en compte toutes les composantes sociologiques dans la composition de leurs listes, sous peine de rejet desdites listes par l'organe chargé des élections au Cameroun, ce fut le cas de la liste SDF dans le département du Moungo en 2004 et du RDPC dans le département de la Mifi en 2007. Au Burundi, il a été créé une Commission Électorale Indépendante chargée de veiller à ce que les conseils communaux reflètent « la diversité ethnique de leur électorat ». Lorsqu'elle considère que cette diversité n'est pas suffisamment prise en compte, il appartient à cette commission de compléter le conseil à concurrence d'un cinquième au plus de ses membres par des « personnes provenant d'un groupe ethnique sous-représenté » (art. 266 de la Constitution). Ce mécanisme vise à atténuer la domination des ethnies majoritaires, même si l'on peut craindre qu'il soit dévoyé pour modifier la majorité politique des conseils communaux.

Par ailleurs, la préservation de l'Unité passe par la politique du dosage ethnique. Celle-ci consiste à répartir les postes de responsabilité les plus importants en tenant compte des groupes ethniques (et de leur poids démographique.[19]

Dans le sens des secondes règles qui promeuvent un des comportements rassembleurs, l'on peut évoquer les principes de tolérance, d'amitié et de solidarité consacrés par la plupart des constitutions africaines [constitution du Togo, 27 décembre 1992 révisée].

---

[17]Ahadzi.

[18]Violences post-électorales.

[19] Triumvirat au Bénin entre 70 et 72, Nord et Sud au Togo, Francophones et Anglophones au Cameroun plus Nord/Sud.

Dans le but de prendre en compte la situation et les aspirations du citoyen, le droit constitutionnel a été renouvelé dans ses piliers que sont l'organisation du pouvoir et le citoyen. Mais le phénomène ne s'est pas arrêté là. Il s'avère par-là que le comportement politique du citoyen lui-même relativement à la participation aux affaires publiques a impulsé la transformation de cette discipline.

II- Le renouvellement du levier du droit constitutionnel par le citoyen

Dans l'État moderne, la participation politique est le levier du droit constitutionnel. Celle-ci commande l'édiction des règles régissant les rapports entre les citoyens et la société politique, notamment le choix des représentants, et l'expression sur les questions d'intérêt national. Il s'agit là du fonctionnement normal d'un régime démocratique que l'on définit habituellement comme le gouvernement du peuple par le peuple et pour le peuple. Les modalités pratiques de ce gouvernement consistent pour le citoyen à choisir des représentants à intervalles de temps réguliers et à contrôler leur action. Or, l'observation des démocraties contemporaines ne paraît plus justiciable de ce mode opératoire. Le changement du contexte sociopolitique suscite un changement de comportement politique chez le citoyen, ce changement dont résulte une dégradation de la démocratie authentique (A) symétrique à la construction d'une démocratie rénovée (B).

A- La dégradation de la démocratie authentique

La relation entre les citoyens électeurs et les représentants élus connaît aujourd'hui une crise de confiance flagrante. Pour diverses raisons, les premiers délégitiment les seconds (1) et s'en remettent plutôt à de nouveaux acteurs institutionnels (2).

1- La délégitimation des représentants

Les citoyens sont de plus en plus réticents à placer leur confiance en ceux des leurs qui se proposent de les représenter dans la gestion des affaires publiques. Cette attitude se traduit par l'abstentionnisme électoral. En accident, depuis des décennies et en Afrique après l'euphorie observée au lendemain du retour au pluralisme, les citoyens manifestent tous les jours davantage une désaffection pour l'élection. L'abstentionnisme atteint des proportions inquiétantes à une époque où les élections sont de mieux en mieux contrôlées. Sous l'effet du manque de bien-être (abstentionnisme de condition) ou des déceptions accumulées (abstentionnisme de protestation), le citoyen est démotivé à voter. Et les représentants ainsi choisis au relais souffrent d'un déficit de légitimité. Qu'ils incarnent l'espoir ou non, ces représentants choisis se permettent encore d'être impliqués dans les scandales de corruption, de clientélisme de détournement, de sexe, pour ne citer que ceux-là. C'est la résurgence de la thèse ancienne et à l'heure actuelle

domination d'une profession politique cynique, des élus en quête de rentes, et de prébendes, sous couvert de discours axés sur le service de la nation et d'autrui (république des scandales, des mallettes). Des groupes et des forces sociaux et économiques concurrentes trouvent tout l'intérêt à mettre en avant des scandales certains abus et d'entretenir l'actuel discours sommaire et manichéen sur les élus malhonnêtes et menteurs (République exemplaire et postulée)... L'élection cesse donc d'être le moment indispensable, fondateur de la démocratie, mais plutôt son instant critique, le sommet de sa corruption, le ferment de sa crise. En Afrique, l'abondant contentieux électoral et la triste célébrité de certaines crises post-électorales telles que celles du Kenya, du Zimbabwe, de la Côte d'Ivoire, du Gabon et actuellement de la Gambie en sont évocateurs. Même la participation du référendum n'est plus évidente. Assez récemment, la Côte d'Ivoire l'a fait comprendre à suffisance.

Si les élus sont délégitimés, c'est en faveur de nouveaux interlocuteurs sur lesquels le peuple s'appuie.

2- La légitimation de nouveaux acteurs institutionnels

À y voir de plus près, le désamour politique des citoyens s'explique par l'émergence de nouvelles figures institutionnelles qui sont mieux acceptées en tant que garantes de l'objectivité, de l'expertise et de la sagesse. L'on évoquera entre autres, les juges et les autorités administratives indépendantes.

S'agissant des juges, les Cours constitutionnelles et communautaires jouent un rôle primordial. Le développement de la justice constitutionnelle répond au besoin de protéger les droits du citoyen contre les affres du jeu politique. Dans le modèle européen qui a été importé en Afrique, celle-ci a été conçue par d'éminents penseurs comme une justice d'élite. Le citoyen ne bénéficiait pas réellement d'un droit de recours. À force de réclamations, le modèle européen a été révisé. Il y a été introduit l'exception d'inconstitutionnalité. Cette technique de protection lui permet de faire sanctionner les excès de pouvoir législatif et même administratif contre ses droits fondamentaux dans plusieurs pays africains. Au Bénin en particulier, il est possible au citoyen ordinaire d'exercer un recours en défense de l'ordre constitutionnel, alors même que ses droits ne sont pas en cause. Et un auteur rend compte du risque d'engorgement de la Cour constitutionnelle béninoise du fait des nombreux recours en défense de l'ordre constitutionnel.[20]

De nos jours, les décisions des Cours constitutionnelles sont attendues comme des paroles d'oracles ou décisions, dit-on, de « sages » venant après des débats politiques houleux sur tous les sujets de société essentiels pour trancher, apaiser clore le pugilat politique. Le juge communautaire devient aussi la dernière planche du salut pour le citoyen quand il a épuisé les voies

[20] G. Baudet, FES, 2013, p. 210.

de recours internes. À terme, les actions juridictionnelles sont plus fréquentes que la participation aux élections dont les échanges sont suffisamment espacés.

Quant aux autorités administratives indépendantes, elles se positionnent comme des acteurs impartiaux de la vie publique dotés d'expertise et plus soucieux du bien commun que les autres acteurs, y compris les juges. Leurs champs de prédilection sont les élections, les droits de l'homme et libertés, la concurrence, etc. Elles passent pour les véritables défenseurs des droits. Les syndicats ne sont pas en reste de cette tendance. La démocratie se trouve considérablement rénovée.

B- La construction d'une démocratie rénovée

Le dépérissement de la démocratie représentative provient sans doute de la défaillance de ses mécanismes et des élus. Mais ce n'est là qu'un aspect de la réalité, car d'un autre point de vue, cette situation résulte du délaissement des modes de participation politique classiques par le citoyen, désormais porté à d'autres modes jugés plus efficaces pour la marche des affaires publiques et pour son bien-être. Cette démocratie emprunte des voies d'expression spécifiques (1) qui portent toutefois des risques d'instrumentalisation (2).

1- Les voies d'expression

Quelle que soit la nostalgie que l'on éprouve pour l'élection et le référendum, il faut reconnaître qu'aujourd'hui, la participation ne s'est pas estompée. Elle a plutôt fait sa mue et suit aujourd'hui d'autres canaux. Ces voies d'expression peuvent être regroupées sous ce qu'il est convenu d'appeler "démocratie des droits" et "démocratie d'opinion".

Dans la démocratie des droits, le citoyen exprime sa participation politique en exerçant ses droits et libertés. Ainsi préfère-t-il adhérer à une association, une ONG ou à un syndicat qu'à un parti politique. Dans le parti, sachant qu'ici, il risque la trahison des dirigeants qui à tout moment peuvent rentrer dans une coalition ou faire preuve de déficit programmatique. En revanche, les instances de la société civile ont des buts bien déterminés pour la réalisation desquels elles œuvrent et dont elles ne s'écartent pas facilement. Les domaines les plus fréquents sont la défense des droits de certaines catégories de citoyens (femmes, enfants, malades du VIH…), la protection de l'environnement et de la biodiversité. L'activisme de ces organisations est si intense qu'elles exercent une pression forte sur les gouvernants ; ce d'autant plus qu'il leur est accordé plus de crédibilité à l'international que les gouvernants.

Le citoyen exprime encore sa participation politique en exerçant des recours contre les décisions des autorités publiques. La dénonciation de l'inconstitutionnalité de loi ou d'une décision administrative devant le juge (exception d'inconstitutionnalité) révèle une « faculté d'empêcher » du citoyen et a fortiori du juge. Le recours en défense de l'ordre constitutionnel en vigueur au Bénin en est la meilleure illustration. Les recours s'exercent également devant les autorités indépendantes. Il est donc évident que dans la démocratie des droits, les organisations de la société civile sont préférées aux partis politiques, la rue et le prétoire l'emportent sur l'isoloir. Prêtant désormais une oreille distraite aux dirigeants soupçonnés de mensonges, les citoyens forgent, avec la bénédiction des NTIC, leurs propres points de vue sur les affaires politiques, qu'ils comptent imposer aux dirigeants : on parle de démocratie d'opinion (**Jurgen Habermas**, **Pierre Rosanvallon**). C'est un mode de fonctionnement du pouvoir caractérisé par l'expression spontanée des citoyens, l'emprise des médias et des sondages sur les dirigeants résignés à prendre des décisions pour satisfaire les désirs de l'opinion. La démocratie d'opinion est bâtie autour de leaders d'opinion autoproclamés et de la presse qui se donnent la main pour prendre les devants de l'espace public. Ils se posent en avant-gardes éclatés, savent ce que les gens veulent et ce qui améliore l'avenir du monde. Grands montreurs de conduite, objecteurs de conscience, défenseurs de la cause du peuple, ils s'estiment plus proches des réalités sociales que les élus qu'ils sermonnent et accablent sans ménagement, sans scrupule. C'est ainsi qu'ils finissent par asseoir leur notoriété et leur hégémonie sur les autres citoyens. Les élus deviennent de quelconques porte-parole.

Les médias privés leur accordent des tranches d'antenne ou des pages privilégiées, alors qu'ils limitent l'accès des élus à ces lieux d'expression démocratique. Les médias de service public perdant l'audience ne parviennent pas à compenser le déséquilibre. Bien plus, ces médias privés en dehors du traitement souvent orienté de l'information, conçoivent des émissions dont le message convainc l'opinion plus que les sources d'informations officielles réduites au dénigrement (les Guignols de l'info, le journal de Karl zéro…). Leur influence amène les pouvoirs publics à accroître l'aide à la presse.

Alors que les campagnes d'opinion et l'émotion entretenue dans les médias dominent la scène, les sondages censés procéder d'une consultation scientifique de l'opinion créent un bruit de fond démocratique. Ils affirment que les citoyens de tel pays "pensent" "veulent" ou "croient" ceci ou cela. Ce qui contribue souvent à la démobilisation citoyenne.

Les réseaux sociaux ne sont pas en reste de cette démocratie d'opinion. Leur influence semble même avoir pris le pas sur celle des médias. Ces nouvelles voies de participation politique du citoyen risquent de pervertir la démocratie.

2- Les risques de perversion

Orienté vers les droits ou vers l'opinion, le modèle démocratique est en passe d'être sapé. À trop vouloir de bénéficier des droits, l'État de droit recherché se trouve englouti par des tas de droits, les uns aussi contradictoires que les autres[21]. L'exercice de certains droits prônant d'ailleurs l'incivisme et la violence. C'est le cas des manifestations. Honnir les élus et s'aligner derrière les nouveaux acteurs n'est pas une attitude précautionneuse d'un double point de vue. Premièrement, les sociétés post-modernes se caractérisent par une grande complexité des problèmes (Chevallier), ce qui rend leur gouvernement très difficile. Deuxièmement, les acteurs dont l'efficacité, l'objectivité et le désintéressement sont célébrés aujourd'hui tardent à faire leurs preuves. Certaines décisions des juges sont critiquées et désobéies, les autorités indépendantes manquent souvent de véritable pouvoir de décision. L'action de certaines de ces autorités n'est presque pas ressentie (régulation économique notamment).

Pour ce qui est tout particulièrement des modeleurs de l'opinion, l'on s'aperçoit qu'ils s'emploient à passer pour des vedettes, dévoilant leur narcissisme. Parvenus à cette posture, ils peuvent manipuler l'opinion, laissant croire à l'objectivité de leurs analyses alors qu'ils portent la voix des lobbies restés en arrière garde. La démocratie d'opinion tend alors à devenir un cycle abrutissant, du tape-à-l'œil médiatique[22], panachant sérieux et ludique et ignorant toute éthique de la discussion. Arrive donc l'infamie quand les leaders d'opinion changent leurs idées au grand étonnement de leurs fidèles captifs. L'on ne peut que s'accorder avec ceux qui pensent que ces formes rénovées de démocratie participent d'une nouvelle dérive des gouvernements devant être qualifiée de "despotique-éclairés". En effet, tous ces nouveaux acteurs n'affrontent jamais l'élection, mais font des élus leur cible.

---

[21]G. Carcassone ; Cubertafond, op. cit., p. 82.
[22] Cubertafond, op. cit., p 22.

LA DÉMOCRATIE SANITAIRE, MANIFESTATION D'UNE DILUTION DÉMOCRATIQUE ?

Jean-Paul MARKUS

Professeur Agrégé de droit public
Université de Versailles Saint-Quentin et IEP de Saint-Germain-en-Laye
Dir. Laboratoire VIP (E.A. 3643)

La notion de démocratie sanitaire est présentée comme une des grandes avancées du droit de la santé en Europe occidentale, et elle commence à inspirer des États comme la Russie ou la Tunisie. En France, l'avènement de la démocratie sanitaire a eu lieu avec la loi dite Kouchner du 4 mars 2002[1]. Elle tend sur le plan organisationnel, à associer l'ensemble des acteurs du système de santé à l'élaboration et à la mise en œuvre de la politique de santé, notamment par la concertation, ce qui suppose l'information des usagers et donc une certaine transparence du système. Cette notion de démocratie sanitaire, ainsi que sa mise en œuvre, a fait l'objet de nombreuses études[2]. L'objet de la présente contribution n'est pas d'y revenir. Toutefois, après avoir brièvement exposé les manifestations de cette démocratie sanitaire (I), il faudra s'interroger sur le sens qu'elle prend dans un contexte plus général de foisonnement démocratique, avec l'apparition de démocraties que nous qualifierons de sectorielles (II). La démocratie politique trouve-t-elle avantage à cette diversification des finalités ? Rien n'est moins certain (III).

I- La démocratie sanitaire, prolongement de la Démocratie

La loi Kouchner représente l'aboutissement d'un travail de concertation avec les associations de patients notamment qui revendiquaient une plus grande participation aux décisions prises en matière de santé, qu'il s'agisse des rapports directs entre professionnels de santé et malades, ou de la définition des politiques publiques de santé.

S'agissant de la relation entre le professionnel de santé et le patient, la loi de 2002 marque une rupture. Elle met fin à l'ascendance du premier sur le second, ce rapport du sachant à l'ignorant qui tendait à faire du patient un objet de la science médicale, et par ricochet un objet du droit médical. La loi de

---

[1] Loi n° 2002-303 du 4 mars 2002 relative aux droits des malades et à la qualité du système de santé.

[2] Notamment, Chevallier (J.), Démocratie sanitaire et citoyenneté administrative, RDSS 2016. 487. - Laude et Tabuteau, Les droits des malades, PUF Que sais-je, 2016. – C. Castaing, La démocratie sanitaire : mythe ou réalité ?, LEH, 2014. - C. Kouchner et Delhaye, Le droit des malades, Dalloz, 2012. - Bidaud-Petitbon, La démocratie sanitaire, un concept juridique ambigu ? RGDM 2009, no 32, p. 147. A. Laude, Le patient, nouvel acteur de santé ? D. 2007. 1151.

2002 n'apporte en effet aucun droit nouveau qui ne figurait pas auparavant dans un texte. Mais ces droits étaient formellement conçus comme des devoirs des professionnels de santé envers leurs patients. Ils figuraient notamment dans les différents codes de déontologie des différentes professions médicales et paramédicales, à valeur réglementaire. En élevant ces droits au niveau législatif, en les plaçant en tête du code de la santé publique sous un chapitre préliminaire intitulé « Droits de la personne », la loi en fait des droits subjectifs, replaçant le patient au centre de la relation médicale : le malade est avant tout une « personne ». Il s'agit du droit à la dignité[3], de l'accès aux soins sans discrimination[4], du droit au respect de la vie privée dont fait partie le droit au secret[5], du droit aux soins les plus efficaces[6], du droit à l'information du patient sur son état et les traitements préconisés[7], ainsi que du droit du patient à consentir aux soins[8]. Ce dernier droit est d'ailleurs significatif du changement de statut du patient, puisqu'il prévoit que « toute personne prend, avec le professionnel de santé (...) les décisions concernant sa santé ». Ces droits se déclinent eux-mêmes en d'autres droits subjectifs, comme le droit aux soins palliatifs[9] ainsi qu'aux soins destinés à soulager les souffrances[10], l'accès direct au dossier médical[11], ou encore le droit d'établir des directives anticipées sur la fin de vie[12].

S'agissant de la participation des usagers du système de santé à la définition des politiques de santé, elle se situe à tous les étages de cette politique. D'abord, la politique nationale de santé est votée par le Parlement, et le gouvernement la met en œuvre par une « stratégie nationale de santé[13], à l'élaboration de laquelle contribue une « Conférence nationale de santé »[14], composée entre autres de représentants des patients. Dans chaque région est instauré un « projet régional de santé »[15], auquel contribue la « Conférence régionale de la santé et de l'autonomie »[16], également composée de représentants des patients entre autres acteurs du système de santé. Le plan régional se décline au sein des territoires de santé, grâce à des « conseils territoriaux de santé »[17] dont la composition est similaire, mais à l'échelle

[3] Code de la santé publique, art. L. 1110-2.
[4] Code de la santé publique, art. L. 1110-3.
[5] Code de la santé publique, art. L. 1110-4.
[6] Code de la santé publique, art. L. 1110-5.
[7] Code de la santé publique, art. L. 1111-2.
[8] Code de la santé publique, art. L. 1111-4.
[9] Code de la santé publique, art. L. 1110-9.
[10] Code de la santé publique, art. L. 1110-5-3.
[11] Code de la santé publique, art. L. 1111-7.
[12] Code de la santé publique, art. L. 1111-11.
[13] Code de la santé publique, art. L. 1411-1.
[14] Code de la santé publique, art. L. 1411-3.
[15] Code de la santé publique, art. L. 1434-1.
[16] Code de la santé publique, art. L. 1434-3.
[17] Code de la santé publique, art. L. 1434-16.

locale. Enfin, l'usager du système de santé a fait son entrée dans les instances dirigeantes des hôpitaux publics telles que le conseil de surveillance[18], et avec une Commission des Usagers (CDU) installée dans chaque établissement public ou privé de santé, pour représenter les patients et leur famille.

Ainsi le patient, tout comme ses proches, deviennent-ils des acteurs du système de santé aux côtés des personnels médicaux, administratifs, de l'administration et des caisses de sécurité sociale. Mais à la réflexion, pour novatrice que fût la loi de 2002, la démocratie sanitaire n'a rien d'unique. Elle ne constitue qu'une des facettes d'un élargissement et d'un approfondissement de la démocratie même. Elle en est le prolongement, mais pas le seul.

II- La démocratie politique et ses autres déclinaisons sectorielles

Depuis quelques décennies, on assiste à un courant de démocratisation de différents secteurs de la vie sociale. Ce phénomène donne lieu à ce qu'on pourrait qualifier de « démocraties sectorielles », qui sont venues satisfaire les aspirations croissantes des citoyens à retrouver prise sur les affaires qui les concernent.

Certaines de ces démocraties sectorielles ne sont pas récentes. Évoquons d'abord la « démocratie locale », acquise depuis la loi française de décentralisation du 2 mars 1982. Le législateur a poussé la logique jusqu'à adopter la loi n° 2002-276 du 27 février 2002 relative à la « démocratie de proximité », dont l'objet est de faciliter et d'encourager les habitants à « participer à la vie locale »[19]. Dans la même période étaient instaurés en France les linéaments d'une « démocratie économique »[20], fondée sur des relations du travail renouvelées, avec la possibilité donnée aux salariés de s'exprimer sur les décisions prises par leur employeur en matière de conditions de travail, et plus tard la participation de ces salariés aux décisions de l'entreprise dans ce même domaine. Cette démocratie économique donna lieu aux « lois Auroux », dont la plus emblématique fut celle n° 82-689 du 4 août 1982 relative aux libertés de travailleurs dans l'entreprise. Les lois Auroux furent suivies d'une loi n° 83-675 du 26 juillet 1983 relative à la démocratisation du secteur public.

Dès avant, après les manifestations étudiantes de mai 1968 en France, la vie universitaire fut démocratisée, par la mise en place d'une autonomie institutionnelle et financière, et d'une participation des personnels et étudiants

[18] Code de la santé publique, art. L. 6143-5.

[19] Cf. par ex. J.M. Pontier, La démocratie de proximité: de la démocratisation appliquée aux élus, *Revue administrative* 2002/5, p. 280. - B. Ménelet, Les réalités de la démocratie participative dans l'aménagement et l'équipement du territoire : les apports de la loi "démocratie de proximité", RDP 2004, p. 715.

[20] J. Auroux, ministre du Travail, Rapport au Président de la République, sept. 1981, La Documentation française, p. 4 et 8.

aux décisions prises par les organes centraux. Ce fut la loi n° 68-978 du 12 novembre 1968 d'orientation de l'enseignement supérieur, dite encore « loi Faure ». La « démocratie scolaire » devait suivre bien des années après, avec l'idée d'une "communauté éducative élargie aux parents, qui élisent des représentants aux conseils d'administration des écoles, aux côtés des personnels enseignants et des élus locaux responsables de la gestion matérielle des écoles, collèges et lycées. C'était la loi n° 89-486 du 10 juillet 1989 d'orientation sur l'éducation[21].

D'autres mouvements de démocratisation sectorielle sont plus récents. Il s'agit de la démocratie administrative[22], qui s'est instaurée progressivement depuis les grandes lois libérales de la fin des années 1970 (accès aux documents administratifs[23], aux archives[24], motivation des décisions administratives[25]), et qui a trouvé son aboutissement dans l'adoption, en 2015, d'un code des relations entre le public et l'administration[26]. La « démocratie environnementale » a fait son entrée en France par le droit de l'Union européenne, avec le droit à l'information des citoyens sur les impacts environnementaux des grands projets d'infrastructure, et la possibilité qui leur est donnée de se prononcer sur ces projets[27]. Une « Charte de la participation du public » a été publiée à cet effet le 11 octobre 2016, par le ministère de l'Environnement[28].

Ces démocraties sectorielles agissent comme des prolongements de la démocratie politique, dont elles ne sont en réalité pas détachables, même si on peut les concevoir séparément : la démocratie politique ne s'est en effet pas toujours accompagnée de déclinaisons sanitaires, économiques, administratives, etc. Elle n'en était pas moins une démocratie. De même, on

---

[21] Devenue sur ce point Code de l'Éducation, art. L. 111-4 : « *Les parents d'élèves sont membres de la communauté éducative. Leur participation à la vie scolaire et le dialogue avec les enseignants et les autres personnels sont assurés dans chaque école et dans chaque établissement. Les parents d'élèves participent, par leurs représentants aux conseils d'école, aux conseils d'administration des établissements scolaires et aux conseils de classe* ».

[22] Cf. notamment Rev. fr. d'administration publique 2011/1-2 (n° 137-138), Dossier *La démocratie administrative*, p. 7 à 227.

[23] Loi n° 78-753 du 17 juillet 1978 portant diverses mesures d'amélioration des relations entre l'administration et le public et diverses dispositions d'ordre administratif, social et fiscal.

[24] Loi n° 79-18 du 3 janvier 1979 sur les archives, modifiée et approfondie par la loi n° 2008-696 du 15 juillet 2008 relative aux archives.

[25] Loi n° 79-587 du 11 juillet 1979 relative à la motivation des actes administratifs et à l'amélioration des relations entre l'administration et le public.

[26] Ord. n° 2015-1341 du 23 octobre 2015.

[27] Cf. sur ce sujet J.M. sauvé, La démocratie environnementale aujourd'hui, discours, http://www.conseil-etat.fr/Actualites/Discours-Interventions/La-democratie-environnementale-aujourd-hui. Aussi M. Moliner-Dubost, La citoyenneté environnementale, AJDA 2016, p. 646.

[28] http://www.developpement-durable.gouv.fr/IMG/pdf/Charte_de_la_participation_du_public.pdf.

peut concevoir des éléments de démocratie sectorielle sous un régime ne répondant pas aux caractéristiques d'une démocratie politique, car la démocratie sectorielle n'aboutit pas nécessairement à la remise en cause du pouvoir en place.

Enfin, d'autres démocratisations sont à inventer ou à parfaire. Il faut ici mentionner la démocratie numérique, qui prend deux sens. Le premier est celui d'une numérisation de démocraties sectorielles existantes, comme la démocratie administrative, avec l'ouverture des données publiques sous forme d'open data[29], ou encore la démocratie locale, avec l'usage de l'instrument numérique dans les relations entre élus locaux et administrés[30]. Cette modernisation de démocraties sectorielles existantes, voire de la démocratie politique elle-même[31], constitue un processus assez naturel, s'agissant d'une adaptation aux technologies modernes des relations entre les pouvoirs publics et les citoyens.

Dans un second sens toutefois, la démocratie numérique tend à protéger l'utilisateur de l'outil numérique (et Internet en particulier) contre ce qui est ressenti parfois comme une dictature oligarchique, exercée par ceux qu'on regroupe sous l'acronyme GAFA (Google, Apple, Facebook, Amazon). Ce phénomène fait l'objet d'analyses à la fois sociologiques[32] et juridiques, avec le vote récent de la loi numéro 2016-1321 du 7 octobre 2016 pour une République numérique[33]. L'impulsion est une fois de plus venue du droit de l'Union européenne, avec le Règlement (UE) 2016/679 du Parlement européen et du Conseil du 27 avril 2016, relatif à la protection des personnes physiques à l'égard du traitement des données à caractère personnel et à la libre circulation de ces données.

Dans tous ces cas, c'est toute la logique démocratique qui se diffuse à travers certaines branches du droit, mais dans quel but ? Approfondir la démocratie politique assurément, mais l'effet escompté est-il au rendez-vous ?

III- Les déclinaisons de la Démocratie ou dérivatifs

La démocratie politique se diffuse, se sectorise, même si elle ne perd pas pour autant son unité, car elle ne saurait être divisible : une démocratie locale

[29] Cf. par. ex. J.H. Stahl, « Open data » et jurisprudence, Droit administratif 2016/11, p. 11.

[30] Par ex. G. Bachoué-Pedrouzo, La démocratie par le développement des usages numériques sur le plan local, Politeia 2015/6, n° 27, p. 395.

[31] L. Monnoyer-Smith et S. Wojcik, La participation politique en ligne, vers un renouvellement des problématiques ?, Revue *Participations*, 1/2014 (N° 8), p. 5. Avec les travers de cette démocratie politique sur le Web : D. Cardon, *La démocratie Internet. Promesses et limites*, Paris, Seuil (coll. « La République des idées »), 2011.

[32] N. Vanbremeersch, De la démocratie numérique, Éd. Le Seuil, Paris, coll. Médiathèque, 2009.

[33] T. Dautieu et E. Gabrié, Analyse de l'apport de la loi pour une République numérique à la protection des données à caractère personnel, Revue Communication Commerce électronique 2016/01, n° 12, p. 17.

par exemple est incomplète sans démocratie politique au niveau national, car elle ne permet pas au citoyen local d'en critiquer les fondements et/ou les limites. En effet, une telle remise en cause reviendrait à contester le pouvoir politique national même.

Reste qu'il convient de réfléchir sur cette évolution de la démocratie. Plus précisément, le foisonnement de démocraties sectorielles permet-il d'améliorer le fonctionnement démocratique, en impliquant le citoyen dans la vie politique ? Deux visions se côtoient, l'une optimiste, l'autre plus pessimiste.

Dans une perspective optimiste, la diffusion des principes démocratiques à travers tous les secteurs de la vie en société permet au citoyen de reprendre son quotidien en mains, avec l'aide de la loi. En propageant les principes démocratiques, la loi libère le citoyen de carcans toujours plus mal ressentis, et le responsabilise en même temps. La démocratie sectorielle élève donc le niveau du citoyen, lui fait acquérir une maturité politique davantage plus accomplie. Elle devient même une source de contre-pouvoirs, à côté des médias, dont la démocratie sectorielle contribue d'ailleurs à limiter l'emprise sur le citoyen : si ce dernier est informé grâce à l'ouverture des données publiques et de certaines données privées, et s'il est mis à même de participer aux décisions publiques ou privées grâce à cette information, il devient moins dépendant des médias et de leur miroir déformant. En somme, la démocratie sectorielle serait le prolongement naturel de la démocratie.

Dans une perspective pessimiste, il est à craindre que la sectorisation de la démocratie ne soit qu'une conséquence d'une perte de substance au niveau national. Le citoyen se désintéresse des affaires d'État et s'investit dans les affaires qui le touchent plus directement. C'est la « crise de la citoyenneté », sur laquelle il n'y a pas lieu de revenir ici tant elle a été identifiée et expliquée[34]. La source en est un discrédit du politique,[35] mais aussi des corps intermédiaires comme les syndicats ou associations[36]. Les politistes et sociologues sont légions à constater une perte de légitimité de la classe politique, une « mort lente du politique »[37] dont le pouvoir d'agir sur les données économiques et sociales a été confisqué par des forces obscures, auto-désignées hors de tout processus démocratique, et qui ne s'expriment qu'à travers des « experts » qu'elles mandatent. Pire encore, certains dénoncent l'administration des algorithmes[38], tuant dans l'œuf non seulement toute démocratie numérique, mais affectant dramatiquement la démocratie

[34] Par ex. A. Le Pors, *La citoyenneté,* PUF Que sais-je ?, 2011, p. 93 s.

[35] Ouvr. préc., p. 96.

[36] Ouvr. préc., p. 97.

[37] M. Merchier, « Vers la transdémocratie ? », Le Débat 2016/5 (n° 192), p. 56.

[38] Ibid., p. 61.

politique, au point d'en arriver à une « transdémocratie », gérée par le *big data*[39].

Il n'est guère surprenant dans ces conditions que le citoyen, décrochant des affaires étatiques, revendique « d'autres formes de citoyenneté »[40], une démocratie renouvelée[41]. Car la crise de la citoyenneté est d'abord celle de la démocratie. Celle-ci se diffuserait moins qu'elle ne se disloquerait en bribes de démocratie, pour le plus grand profit du pouvoir en place. Dans ces conditions, la démocratie sectorielle deviendrait un simple dérivatif pour un citoyen en perdition et donc dangereux.

---

[39] Ibid, p. 66.

[40] R. Denoix de Saint-Marc, L'État, PUF Que sais-je ?, 2016, p. 53.

[41] P. Rosanvallon, La contre-démocratie. La politique à l'âge de la défiance Paris, Le Seuil, 2006, p. 26 et 191.

LE JUGE FISCAL EN AFRIQUE DE L'OUEST FRANCOPHONE REGARDS SUR UN MOUCHARABIEH JURIDICTIONNEL

MEDE Nicaise

Maître de Conférences Agrégé de droit public Université d'Abomey-Calavi
Directeur du Centre d'Études et de Recherches
sur l'Administration et les Finances
(CERAF)

Introduction

L'organisation du contentieux fiscal est-elle toujours actuelle ? Répond-elle toujours aux enjeux du moment ? Correspond-elle d'ailleurs aux besoins d'une bonne administration de la justice ? Ces questions continuent d'être posées parce qu'elles présentent un triple intérêt historique, logique et heuristique dans nos ordonnancements juridiques marqués par la compétence concurrente de deux ordres juridictionnels en matière fiscale.

D'un point de vue historique, l'héritage juridictionnel des États ouest-africains francophones est celui de la dualité du contentieux fiscal, contentieux partagé entre le juge judiciaire et le juge administratif. Cette dualité évolue vers une sorte de trilatérale des compétences avec les recours à la juridiction constitutionnelle, des recours rendus possibles par la saisine directe reconnue aux citoyens, notamment au Bénin. Il est ainsi né un contentieux fiscal-constitutionnel, centré non seulement sur l'appréciation de la constitutionnalité des lois fiscales, mais également porté sur la garantie des droits subjectifs des citoyens à consentir ou à acquitter l'impôt.

La dualité de juridiction en matière fiscale est une manifestation en droit positif du schisme juridictionnel provoqué par la loi française des 16-24 août 1790. Sur ce socle binaire va se construire, au fil des ans, une répartition des compétences entre la juridiction judiciaire et la juridiction administrative en matière fiscale. La loi française des 7-11 septembre 1790 et celle du 28 pluviôse an VIII donnent un contenu à la nouvelle fracture institutionnelle en conférant, pour la première, le contentieux fiscal des contributions indirectes au juge judiciaire, et pour la seconde, la connaissance du contentieux des contributions directes par les conseils de préfecture, embryon de la juridiction administrative contemporaine. Ce schéma originel de distribution de compétences se retrouve aujourd'hui dans le libellé de l'article L. 199 du Livre des procédures fiscales français (LPF).

Le débat serait clos s'il n'existait pas des catégories d'impôts dont le rattachement à la famille des impôts directs ou au groupe des impôts indirects ne paraît pas net ni évident. Sur ce terrain des incertitudes et à défaut d'une clause législative attributive de compétence au juge judiciaire, la jurisprudence « Bourgogne-Bois » décide que le contentieux d'un tel impôt est « compris parmi le contentieux général des actes et des opérations de puissance publique et relève, à ce titre, de la juridiction administrative ». Le Conseil constitutionnel français conforte cette démarche lorsqu'il considère qu'« à l'exception des matières réservées par nature à l'autorité judiciaire, relève en dernier ressort de la compétence de la juridiction administrative l'annulation ou la réformation des décisions prises, dans l'exercice des prérogatives de puissance publique, par les autorités exerçant le pouvoir exécutif, leurs agents, les collectivités territoriales de la République ou les organismes publics placés sous leur autorité ou leur contrôle ». Le juge administratif est juge des actes de la puissance publique. Cette « conception française de la séparation des pouvoirs », selon les mots du Conseil constitutionnel français, imprégnera le droit positif des pays ouest-africains francophones.

Les indépendances africaines des années 1960 ont donné naissance à des États francophones, héritiers de la tradition juridique et juridictionnelle française. Les textes en vigueur reprennent en chœur les clauses attributives de compétence à la juridiction administrative et à celle judiciaire selon qu'on est en présence d'impôts directs ou d'impôts indirects. Ainsi, pour le Code général des impôts du Bénin, le juge administratif connaît du contentieux lié aux réclamations « des contribuables figurant à un rôle nominatif », c'est-à-dire les contribuables assujettis à un impôt direct. *A contrario*, les autres contribuables, ceux concernés par des impôts indirects, sont justiciables des tribunaux judiciaires.

L'histoire du contentieux fiscal se cristallise ainsi dans sa *summa divisio* qui distingue les impôts directs et les impôts indirects.

D'un point de vue logique, se pose un certain nombre de questions relativement à la rationalité de la science du droit, à l'intelligibilité du contentieux fiscal. En effet, qu'est-ce qu'un impôt direct et à l'inverse comment caractériser un impôt indirect. La réponse du Code général des impôts français et des codes ouest-africains francophones réside dans le mode de recouvrement desdits impôts. Les impôts indirects sont ceux perçus par les comptables de la Direction générale des impôts, soit spontanément soit après l'émission d'un avis de mise en recouvrement. Quant aux impôts directs, ils font l'objet de rôle nominatif et leur recouvrement est confié aux comptables du Trésor. En définitive, c'est l'organe chargé de la perception qui qualifie l'impôt et non l'inverse.

Une certaine doctrine préfère introduire les notions de redevable et de contribuable. Un impôt est réputé direct lorsque le redevable et le contribuable sont confondus en une seule et même personne physique ou morale. Inversement, l'impôt est indirect lorsque le redevable et le contribuable sont distincts, c'est-à-dire celui qui exécute l'opération matérielle de paiement d'une part, et d'autre part celui qui supporte l'impôt sur ses deniers, sur son patrimoine. Cette présentation rejoint par endroits le classement administratif opéré par la loi fiscale à travers le Code général des impôts. Elle laisse cependant entière la question de la logique juridique qui fait de l'organe de recouvrement, la clé de répartition des impôts en impôt direct et en impôt indirect. Ce qui présente l'inconvénient de laisser ce critère de différenciation à la merci de toute réforme institutionnelle tendant à accroître l'efficacité de la fonction recouvrement. Ainsi, la recette des services des impôts est tenue par un comptable direct du Trésor, tandis que la France fusionnait en 2008, la Direction générale des impôts et la Direction générale de la comptabilité publique en une Direction générale des finances publiques. Ce qui, par anticipation, donne raison au commissaire du gouvernement Lobry lorsqu'il pose l'inadéquation du critère administratif pour préconiser le recours à un critère fondé sur l'essence même de chaque impôt, la catégorisation par « la nature juridique intrinsèque du prélèvement ». La jurisprudence Texier la consacre définitivement en posant le principe que la juridiction compétente pour connaître d'un prélèvement doit être déterminée « d'après la nature du versement prévu par les textes et non d'après son mode de recouvrement ». L'état du droit en matière de contentieux fiscal est ainsi fixé. Aux juridictions judiciaires les impôts indirects et aux juridictions administratives les impôts directs. « Est impôt direct, celui qui frappe directement un revenu ou un bien du seul fait qu'une personne dispose de ce revenu ou de ce bien ; sera au contraire qualifié d'impôt indirect, l'impôt qui ne frappe le contribuable que lorsqu'il dépense son revenu ». La question de logique juridique trouve son épilogue, mais le débat heuristique n'est pas pour autant clos. Et pour cause.

D'un point de vue heuristique, la thématique du contentieux fiscal reste fertile, dans sa dimension répartition des compétences entre les ordres juridictionnels administratif et judiciaire. En effet, la distinction des impôts directs des impôts indirects, distinction sur laquelle se greffe la répartition de compétence entre l'ordre administratif et l'ordre judiciaire, n'épuise pas le débat sur les domaines respectifs du juge administratif et du juge judiciaire en matière fiscale. Des dispositions législatives particulières affinent le schéma général d'affectation de compétence décrit ci-dessus. Au-delà de la distinction primaire entre impôt direct et impôt indirect, la précision doit être apportée sur le juge compétent en matière d'assiette et en matière de recouvrement. Ainsi, par habilitation de la loi, le juge judiciaire pour tous impôts (directs et indirects) connaît du contentieux du recouvrement de la contestation des décisions relatives à l'octroi ou non d'un sursis à paiement, du contentieux des actes de poursuites, de la contestation contentieuse des décisions relatives aux garanties offertes au contribuable.

La dimension kaléidoscopique du contentieux fiscal apparaît ainsi au grand jour. On évoque, pour le déplorer, son côté labyrinthique, au point qu'il « n'est pas sûr qu'Ariane et le Minotaure eux-mêmes ne se perdent pas ». Notre temps, le temps qui court est celui de l'émergence de nouveaux droits humains, plus intellectuels et plus capacitants. La clarté et l'intelligibilité des lois, l'accès au juge, le procès équitable sont de ceux-là. Le contentieux fiscal mérite d'être évalué à l'aune de ces droits humains, notamment au regard de l'exigence de sécurité juridique des citoyens (I). Au demeurant, si la doctrine présente un intérêt, c'est selon Adhémar Esmein celui "d'éclairer la jurisprudence acquise grâce à la méthode historique et de mieux préparer l'avenir grâce à la synthèse que l'on en fait." Il est ainsi intéressant de construire un autre schéma institutionnel du contentieux fiscal en Afrique de l'Ouest francophone (II).

I- La sécurité, l'autre nom de la justice

Justice et sécurité forment un binôme dialectique. La première se fonde sur une idée d'équilibre de la raison. Qu'elle sanctionne ou qu'elle rétablit chacun dans ses droits, l'idée sous-jacente est toujours une idée d'égalité, de juste milieu, l'expression même d'un objectif d'équilibre. Le second exprime la tranquillité, la quiétude de celui qui, en toutes circonstances, peut se dire à l'abri de bouleversement intempestif. La relation dialectique de la sécurité et de la justice vient de ce qu'il ne saurait y avoir de justice sans sécurité (B) et non plus, pas de sécurité sans justice (A).

A- La sécurité sans la justice est un piège

Comment asseoir la sécurité sur une base durable ? Le débat interpelle la philosophie du droit, mais aussi la philosophie politique. Il inspire la science juridique, mais aussi l'organisation politique de la société. On prête à Talleyrand, ministre de Napoléon 1er, ce conseil à l'empereur en guise d'avertissement : « On peut tout faire avec une baïonnette sauf s'asseoir dessus ».

De fait, la sécurité renvoie à un état de quiétude, une absence de crainte. Elle préfigure et rend possible ce qu'une certaine religion appelle le nirvana. On est là, on est bien, tout se passe bien. On est en paix avec soi, on est en paix avec les voisins.

La sécurité du citoyen est celle de celui qui a accompli ses obligations civiles et civiques. Il n'a pas transgressé la loi. Il ne se reproche d'avoir contrevenu à aucune prescription impérative. Il n'a pas failli à une obligation de faire ou de ne pas faire. Il est quitte avec l'administration et les services publics.

La sécurité de l'individu, homme situé, homme-parmi-les-hommes, est celle du voisin, du camarade de classe, du collègue de service qui a bâti ses relations humaines sur le respect de soi et le respect des autres. Il « n'a pas de problème » et peut dire qu'il ne craint rien. Il est en sécurité dans la micro-société où se déroule sa vie quotidienne.

La sécurité du fidèle croyant s'apparente à la démarche des israélites face au Dieu d'Abraham, d'Isaac et de Jacob : la soumission. Une soumission qui donne droit, en retour, à la grâce de Dieu. La sécurité du fidèle est la quiétude de l'Homme qui espère avoir vaincu la malédiction sur terre et ainsi acheté son Ciel par ses bonnes œuvres sur terre.

La sécurité du justiciable est autrement conçue. Il ne s'agit pas ici de rapport avec Dieu, ni de relation avec les voisins, mais de tranquillité et de sérénité tirées des caractères de la décision de justice, de l'autorité de la chose jugée : ce qui a été jugé ne peut l'être de nouveau, ce qui a été jugé ne peut être contredit, ce qui a été jugé doit être exécuté (Georges Delvolvé).

Mais la sécurité du justiciable indique simplement qu'une décision a été rendue. Elle ne dit pas si la décision est le vrai reflet de l'équilibre et donc de la justice. Une sécurité sans la justice est semblable à un ciel serein avant l'orage. Il a de la précarité dans l'air.

B- La justice sans la sécurité est vaine

La force d'une décision de justice réside dans les attributs que la loi lui confère. Elle ne peut être contredite, elle doit être exécutée et aucune autre procédure ne peut à nouveau être engagée sur le même objet et les mêmes parties. Elle marque la fin d'un procès.

Mais la justice, c'est aussi et surtout la procédure qui conduit à la décision. La procédure inclut deux éléments : d'abord la juridiction compétente et ensuite les actes de procédures à observer devant le tribunal. Et c'est ici que les choses se compliquent, lorsqu'il s'agit d'un contentieux fiscal. Pour savoir le juge compétent pour recevoir son recours ou sa plainte, le justiciable doit faire un petit exercice de sélection : la cause a-t-elle fait l'objet d'une attribution de compétence par la loi ? Si oui, les choses peuvent s'arrêter là et la procédure peut s'enclencher ensuite et suivre son cours. Si par contre, aucune attribution de compétence n'a été faite, la démarche suivante est celle du tri entre contribution directe et contribution indirecte. Selon que ce sera l'une ou l'autre, le juge compétent sera le juge judiciaire ou le juge administratif. C'est le temps de l'angoisse, de l'incertitude et du doute.

Or, nous avons présenté la sécurité comme un état de sérénité, une situation de tranquillité, de quiétude, l'absence de crainte. L'État de droit, c'est le droit au droit et le droit au juge. Que peut signifier le droit au droit si la législation elle-même est en clair-obscur ? La jurisprudence constitutionnelle oblige le législateur à édicter des textes clairs et précis. L'exigence d'intelligibilité de la loi implique que celle-ci est « claire et précise » (Mazeau, 2001) et certaines décisions du Conseil constitutionnel français le rappellent à souhait : ainsi, à propos des référendums locaux, le juge constitutionnel estime à propos des référendums locaux, par exemple, le Conseil juge qu'une question posée doit satisfaire à la "double exigence de loyauté et de clarté" (Décision 226 DC du 2 juin 1987, 428 DC du 4 mai 2000). De même, le Conseil constitutionnel français a censuré des dispositions apportant à la liberté d'entreprendre des limitations qui ne sont pas énoncées de façon claire et précise (Décision 435 DC du 7 décembre 2000). Enfin, le même Conseil a censuré une loi établissant une contribution nouvelle, en fixant le taux, mais ne définissant ni son assiette ni ses modalités de recouvrement. Parce que l'article 34 de la Constitution française dispose « que la loi fixe les règles concernant l'assiette, le taux et les modalités de recouvrement des impôts de toutes natures ». Ainsi, la loi doit être complète et ne rien laisser dans l'ombre de ce qui relève de la compétence exclusive du Parlement (Décision 283 DC du 8 janvier 1991).

D'une manière générale, l'idée est qu'il faut prémunir le citoyen contre les risques juridiques et les risques juridictionnels en lui simplifiant autant que possible la règle de droit et les régimes du contentieux devant les tribunaux. Notre temps est celui de l'inflation législative, de la prolifération débridée des textes de loi, ce qui laisse le citoyen face à une jungle à discerner. Le citoyen africain francophone s'y perd encore plus, en raison de son niveau de culture juridique. Pour que la justice rime avec la sécurité, il convient de refonder tout le dispositif de jugement des affaires fiscales, au regard des exigences de clarté, de simplicité et de célérité.

II- Rebâtir le contentieux de l'impôt aujourd'hui

Les choses étant ce qu'elles sont, il convient de passer à un exercice de reconstruction. La reconstruction doit prendre en compte un état des lieux sociologique qui est celui des peuples africains francophones (A), ensuite adapter un droit processuel qui soit en congruence avec cette situation objective (B).

A- L'état des lieux sociologique

87% des citoyens du Gabon vivent en milieu urbain. Ceci est une exception notoire dans une Afrique dominée par la ruralité et le secteur agricole. On estime en effet qu'une moyenne de 60% d'Africains vit en milieu rural, dans la culture de la terre, la pêche et l'élevage. Cette population est rongée par l'analphabétisme et a une connaissance très approximative des rouages administratifs. Les institutions de l'État sont pour eux des transplantations étrangères. Ils sont les reliquats de l'Homme blanc et du système colonial qui était le sien.

Les institutions judiciaires, plus que l'administration générale, suscitent la crainte des populations parce qu'elles ne sont pas très au courant de leur fonctionnement alors qu'elles peuvent sanctionner les individus. Il s'établit alors entre les citoyens et le système judiciaire un rapport schizophrénique fait de méfiance et de répulsion. La complexité des procédures ajoute son grain de paroxysme. Et les particularismes du procès fiscal compliquent davantage les rapports entre le citoyen pauvre, analphabète et rural. La justice, pour ce dernier, devient un monde illisible et inaudible, un univers à fuir.

Pour les élites urbaines, la classe des lettrés, les choses ne se présentent pas différemment sur le sentiment de répulsion que suscite le contentieux de l'impôt. En effet, l'impôt est une atteinte au droit de propriété, un prélèvement obligatoire sur le patrimoine des individus et des entreprises. Si amputation il y a et si contestation de l'amputation il doit y avoir, il importe que tout le processus soit à la fois lisible et rapide.

Lisible parce que c'est la condition pour anticiper les risques financiers, faire les provisions au bilan et amortir le choc prévisionnel d'une décision de justice qui ne serait pas favorable au contribuable.

Rapide, parce qu'ici aussi, pour l'homme d'affaires, le contribuable, personne morale commerciale, le temps c'est de l'argent. On gagne en temps lorsque les procédures sont simples et claires. La complication et l'incertitude sont des facteurs qui peuvent délayer les délais de solution à un conflit fiscal.

Dans un cas comme dans l'autre, qu'il s'agisse du citoyen perdu dans les méandres de l'administration judiciaire ou du brave lettré, pressé et soucieux de clarté et de prévisibilité, l'impératif est le même : il faut faire simple et plus clair.

B- Le schéma prospectif du contentieux fiscal

L'éclatement de l'appareil juridictionnel dans les États africains francophones met en présence des juridictions administratives, judiciaires, des comptes et constitutionnelles. Chacune est organisée en ordre juridictionnel avec des juges du fond et des juges d'appel et de cassation. Cette architecture juridictionnelle est celle qui génère la question de l'imbroglio du contentieux fiscal. Il y a plusieurs juges donc il faut choisir. Et le choix de deux juges compétents est un élément de complication du contentieux fiscal. Pour faire simple, il faut procéder à une attribution de compétence à une juridiction. Attribution exclusive !

Certains contentieux sont organisés de cette manière. Sur le plan des principes juridiques, la question ne pose pas de problèmes au regard de la loi ou de la constitution. On peut citer, pour illustrer l'attribution législative de compétence, le contentieux de l'asile des personnes présentant un handicap mental.

Le point à examiner ensuite est celui de la juridiction qui va bénéficier de l'attribution de compétence.

Le juge judiciaire est compétent pour les affaires civiles, commerciales et sociales. Sa connaissance des questions de légalité des actes administratifs est mince. Il ne peut valablement s'occuper à titre exclusif du contentieux fiscal sans donner des signes de faiblesse dans sa connaissance des ressorts de la matière.

Le juge administratif s'occupe rationnellement de la légalité des actes administratifs. Il est le juge de l'administration, qu'il s'agisse d'annuler un acte administratif (recours pour excès de pouvoir) ou de réparer les dommages causés par un acte ou un fait imputable à l'administration publique. Mais l'acte administratif relatif à l'impôt est d'un genre particulier qu'il convient de réserver au juge qui est formé aux questions financières.

Le juge financier est le juge des comptes publics et le juge des fautes de gestion. Il est déjà familiarisé avec la notion d'acte administratif (constitutif de faute de gestion par exemple) et peut valablement connaître de la légalité des décisions entourant la procédure d'imposition. Au surplus, il s'agit d'un acte administratif d'un genre particulier, d'une recette publique, en l'occurrence l'impôt. Tout le contentieux des actes financiers (budgétaire et fiscal) serait concentré en une seule juridiction pour les besoins de clarté, de simplicité et d'efficacité.

Conclusion

Le contentieux fiscal a connu et connaît des errements quant à la juridiction compétente pour en connaître. L'éclatement de ce contentieux est préjudiciable aux affaires et à la sécurité juridique du citoyen. Il convient, de *lege feranda*, de confier ce contentieux au seul juge qui est compétent aussi bien pour les actes administratifs que pour les actes administratifs à caractère financier.

Bibliographie

1) M.-C. Esclassan, « L'organisation du contentieux fiscal est-elle toujours actuelle » *in Revue Française de Finances Publiques*, n°100/2007, p. 59-69.

2) Esmein, « La jurisprudence et la doctrine : cent ans après », *Revue trimestrielle de Droit civil*, 1902, p. 1 et s.

3) G. Delvolvé, *Rép. cont. adm Dalloz*, v° chose jugée ;

4) J. Rodeville-Hermann, « L'évolution des fonctions du principe de l'autorité de chose jugée dans les rapports du juge administratif avec le juge judiciaire, le Conseil constitutionnel et la Cour de justice des communautés européennes », *in Revue du Droit Public*, 1989, p. 1735.

5) V. Hïam, « Les labyrinthes du contentieux du recouvrement », *Dalloz*, 1995, chr. p. 150.

6) CE 24 février 1978, *Sté Sogeparc sect*, *Revue de Jurisprudence fiscale*, 4/78 n°207

7) TC, 22 oct. 1979, *Texier*, Lebon, p.646

LA DISTINCTION DROIT PUBLIC, DROIT PRIVÉ ET DROIT MIXTE DANS LA DIVISION DU DROIT

Hervé Magloire MONEBOULOU MINKADA

Maître de Conférences Agrégé de Droit privé et des Sciences criminelles
Chef de département de droit privé des Affaires
Université de Douala/Cameroun

Résumé

La division du droit en droit public, droit privé et droit mixte commande de revenir sur la nature du droit. En effet, le Droit comme phénomène juridique, est objectif et « un » ; il n'est pas public, privé ou mixte. Ce sont les sujets sur qui s'applique le Droit objectif, qui sont la personne publique et la personne privée. Sur cette base, le droit objectif public et le droit objectif privé peuvent être les deux approches, en lieu et place de la trilogie classique. La conséquence logique est la suppression de la catégorie : droit mixte.

Abstract

It is usual to divide the Law in three: public Law, private Law and hybrid law. This study offers an opportunity to analyze the nature of the Law. In fact, the Law as a phenomenon is not divided, but it is united as objective Law. That's why the Law is a set of rules. However, those who are governed by these rules are public and private persons. Therefore, we can have objective public Law and objective private Law instead of public law and private law. The hybrid law doesn't exist.

« *Ubi societas, ibi jus* » : « où il y a société, il y a le droit[1] ». Mais de quel droit s'agit-il, le droit comme phénomène juridique ou le droit comme discipline juridique ? La question semble précoce. Toutefois, le souci d'éviter une confusion dans l'analyse commande de préciser certains concepts à l'instar : du droit, droit public, droit privé et droit mixte.

Il existe une pluralité d'acception de la notion « Droit ». Elles peuvent être politiques, techniques, scientifiques, anglo-saxonnes, romano-germaniques, systémiques et normatives, etc. Au plan politique, le droit est un instrument de pouvoir, qui permet à la classe dirigeante de gérer la cité. En effet pour Marx, l'État et le droit ne sont ainsi que des instruments de contrainte, de pression aux mains de la classe dominante afin de maintenir son exploitation de la classe dominée. Selon Stucka, c'est la lutte des classes qui donne naissance à la règle de droit et qui l'explique. Et Pasukanis abonde dans le

---

[1] Albiges (C.), *Introduction au droit*, Bruxelles, Larcier, coll. Paradigme, 2e édition, 2015-2016, p. 9.

même sens lorsqu'il affirme : « Le droit est bourgeois ou il n'est pas »[2]. S'agissant de l'approche technique, le droit est une technique de lecture du monde. Pour ce faire, le juriste donne des noms aux entités et les classes en catégories. Il est question de la classification en droit[3]. Le mot « science » appliquée au Droit répond au sens du vocabulaire philosophique de Lalande à : « un ensemble de connaissances ordonnées d'après des principes ». Plusieurs éléments coexistent dans ce corps de connaissances cohérentes : des fondements, des applications, des auxiliaires. Autour de la science fondamentale du droit, s'ordonnent, comme autant de disciplines complémentaires, les sciences appliquées et les sciences dites auxiliaires[4].

La notion de « science du droit » comporte deux éléments distincts, mais étroitement complémentaires. Dans un premier sens, elle désigne la connaissance de la règle de droit et la maîtrise de sa mise en œuvre. Il s'agit de l'étude du droit positif. Dans un second sens, la « science du droit » est une réflexion sur le phénomène juridique, en vue d'améliorer les règles du droit positif[5]. Dans la conception anglo-saxonne, Holmes O. W. définit le droit comme « les prévisions de ce que les tribunaux feront effectivement, et rien d'autre de plus prétentieux, sont ce que j'entends par droit[6] ». En d'autres termes, le droit est le produit de l'activité du juge. Dans la perspective romano-germanique, le droit est perçu comme un ensemble de règles codifiées, qui régissent la vie en société[7]. L'approche du Droit comme un système intéresse la doctrine[8]. Il est possible de retenir la définition basique du Droit comme système. Il renvoie à un *corpus juris* c'est-à-dire un corps de règles ou un ensemble de règles qui régissent la vie en société[9]. Vu sous le prisme de la normativité, le droit est défini par Catherine Thibierge comme la normativité

---

[2]Dubouchet (P.), *La pensée juridique avant et après le Code civil*, Lyon, L'Hermès, 3e édition, 1994, pp. 306-311. Lire aussi : Marx (K.), Contribution à la critique de l'économie politique, Préface, trad. française. 1954 ; Stoyanovitch, *La philosophie du droit en URSS (1917-1953)*, Paris, LGDJ, 1965 ; Stucka (P. I.), *Le rôle révolutionnaire du droit et de l'État. Une théorie générale du droit*, Moscou, 1921.

[3]Cumyn (M.),« Les catégories, la classification et la qualification juridique : réflexion sur la systématicité du droit », *Les Cahiers de droit*, vol. 52, n°3-4, 2001, pp. 351-378.

[4] Cornu (G.), *Droit civil : Introduction au droit*, Paris, Montchrestien, 13e édition, 2007, pp. 103-104.

[5] Aubert (J.L.), *Introduction au droit et thèmes fondamentaux du droit civil*, Paris, Dalloz, Armand Colin, 10e édition, 2004, p. 50.

[6] Cette citation est extraite d'Oppetit (B.), *Philosophie du droit,* Paris, Dalloz, 1ere édition, 1999, p. 68.

[7] Cornu (G.), op. cit., p. 125.

[8] Hart (H.L.A.), *Le concept de droit*, traduit de l'anglais par Michel Van de Kerchove, Bruxelles, Publications des Facultés universitaires de droit de Saint-Louis, 1980 ; Kelsen (H.), *Théorie pure du droit*, Paris, Dalloz, 1962 ; Virally (M.), *Le droit international en devenir. Essais écrits au fil des ans,* Paris/Genève, PUF/Publications de l'IUHEI, 1990.

[9] Cornu (G.), op. cit., p. 15.

des normativités ; parce que la normativité du droit peut s'exercer sur d'autres normativités[10].

Toutefois dans cette étude, il faut entendre par Droit, l'ensemble des règles de conduite qui, dans une société donnée, régissent les rapports entre les hommes[11]. Cette définition renvoie au droit objectif[12]. Et ce dernier fait l'objet classiquement d'une division en droit public, droit privé et droit mixte. Selon l'approche présente, le droit public comprend l'ensemble des règles qui, dans un État donné, régissent l'organisation des structures et composantes de l'État, la régulation des rapports entre celles-ci, et les rapports entre l'Etat et les particuliers, à commencer par la nationalité[13]. Le droit privé désigne l'ensemble des règles qui gouvernent les rapports des particuliers entre eux ou avec les collectivités privées, telles que les sociétés, les associations[14]. Quant au droit mixte, il renverrait à des branches du droit visant les règles applicables à la personne publique et à la personne privée.

Outre ces définitions, il s'observe une controverse opposant les partisans de l'approche unitaire. Il est question des systèmes juridiques ou politiques dans lesquels la signification du mot est unique, et où celui-ci ne sert à désigner que des règles gouvernant la vie des hommes en société. C'est l'hypothèse du droit anglais, droit japonais[15]. À l'opposé, la tendance binaire du Droit est défendue par le système romano-germanique. Le droit désigne deux ensembles, qui diffèrent profondément, même s'ils se situent en relation. En conséquence, le Droit objectif se distingue des droits subjectifs[16]. Le doyen Carbonnier distingue le grand droit et les petits droits[17]. Il convient d'y voir une distinction formelle entre le Droit-au singulier avec une majuscule-permettant de désigner les différentes règles qui ont vocation à régir les rapports entre les hommes. La définition correspond au droit qualifié de Droit objectif ; les droits-au pluriel avec une minuscule- qui sont les prérogatives conférées à une personne par le Droit objectif, pour permettre à celle-ci de

---

[10]Thibierge (C.), *Le processus de densification normative en droit et par-delà le droit*, Paris, LGDJ, 2014, n° 236.

[11] Terré (F.), *Introduction générale au droit*, Paris, Dalloz, 9e édition, 2012, p. 3.

[12] Le droit objectif est souvent opposé aux droits subjectifs. Il s'agit d'une rime trompeuse. En effet, le droit objectif est l'arbre et les droits subjectifs, les fruits. C'est le droit objectif qui aménage à l'égard des sujets de droit : les avantages ou droits subjectifs et les devoirs ou les obligations. Si les droits subjectifs se mettent sur la balance avec les obligations, il n'est pas logique de juxtaposer : droit objectif et droits subjectifs.

[13] Moreau (J.), « La nationalité, matière de droit public », JCPAdm, 2005, p. 861.

[14] V. Démogue (R.), *Les notions fondamentales du droit privé, essai critique pour servir d'introduction à l'étude des obligations,* 1911, éd. La mémoire du droit, rééd. 2001 ; Rochfeld (J.), *Les grandes notions du droit privé*, Paris, éd. PUF, 2011.

[15] Terré (F.), op.cit., p. 3. Lire aussi sur la question : Séroussi (R.), *Introduction au droit comparé*, Paris, Dunod, 2000, 212 pages.

[16] Terré (F.), op.cit., p. 3.

[17] Carbonnier (J.), *Flexible droit-Pour une sociologie du droit sans rigueur*, Paris, L. G. D. J., 10e édition, 2004, pp. 105 et s.

vivre en société. Cette acception renvoie aux droits subjectifs[18]. La polémique dans cette analyse se situe à l'intérieur d'une catégorie : le droit objectif. Si dans la définition le droit objectif se présente comme une unité, dans sa mise en œuvre se dégage une pluralité de droits. À cette pluralité s'ajoute la tendance à l'autonomisation ou à la spécialisation du droit[19]. Pour éviter cette atomisation continue et parfois illogique dans la division du droit objectif, il convient de la réinterroger. C'est dans ce sillage que s'inscrit le questionnement suivant : ***faut-il maintenir la distinction droit public, droit privé et droit mixte dans la division du Droit ?***

La question est théoriquement intéressante ; d'autant plus qu'elle permet de développer un autre discours sur la division du droit[20]. Si une certaine division du Droit est permise comme disciplines juridiques[21], il est difficile de diviser le Droit comme phénomène juridique. Et sur le volet pratique, la réflexion participe à un remodelage épistémologique de l'attitude du juriste[22]. Le cadre d'analyse se limite au droit dur[23] et ne prend pas en compte le droit souple[24]. Est aussi exclue la distinction droit international et droit national, pour s'appesantir sur celle du droit public, droit privé et droit mixte. En guise de réponse à la question posée, il semble opportun de faire disparaître la division tripartite du droit (I), en faveur d'une division bipartite (II).

I- Pour la disparition d'une division tripartite du droit

La division tripartite du Droit objectif doit disparaître pour deux raisons. La première est relative aux risques de dénaturation du Droit objectif (A). Or par nature, le Droit objectif est un (B).

A- Les risques d'une dénaturation du Droit objectif

L'approche du droit comme discipline juridique permet certes une division du Droit. Il comporte logiquement plusieurs branches. Mais le développement contemporain des branches du droit objectif en unités spécialisées expose à

---

[18] Albiges (C.), op.cit., p.11.

[19] Cornu (G.), *Droit civil : Introduction au droit*, Paris, Montchrestien, 13e édition, 2007, p. 29.

[20] Terré (F.), *Introduction générale au droit,* Paris, Dalloz, 10e édition, 2015, p. 82 et s.

[21] Tauran (T.), « Les distinctions en Droit civil », *Petites affiches*, n° 70, 2000, p. 5 et s.

[22] Lire sur la question : Olinga (A. D.), *Qu'est-ce qu'être juriste ? Éléments pour une dogmatique éthique*, Yaoundé, Editions-Clé, 2013. Kouam (S. P.), « La définition du juriste et la redéfinition de la dogmatique juridique (à propos du syncrétisme méthodologique) », *Les Cahiers de droit*, vol. 55, n° 4, 2014, pp. 877-922.

[23] Le droit dur désigne une règle de conduite assortie d'une sanction. C'est l'approche kelsennienne du droit comme un ordre de contrainte. Cf. Kelsen (H.), *Théorie pure du droit*, Paris, Dalloz, 1962.

[24] Thibierge (C.), « Le droit souple », *RTD civ.* 2003, p. 599, spéc. p. 613 ; Senigaglia(R.), « Soft Law et hard law dans le « réseau » des sources », *Ricerche Giuridiche*, vol.3-Num.1, Giugno 2014, pp. 97-100.

deux risques. Le premier est dans l'atomisation du droit objectif (1) d'une part et le second est dans le risque de définition du droit par le sujet (2).

1- Le risque d'atomisation du droit objectif

Le risque d'atomiser le Droit objectif consiste la tendance à considérer le phénomène juridique comme une entité divisible. Une division du droit comme disciplines juridiques n'est pas problématique en soi. Il serait question d'admettre les branches du droit pour mieux connaître le droit positif. C'est le droit applicable et appliqué. À cette compréhension correspond l'étude des branches du droit[25]. Cependant une velléité de division du droit objectif pris comme phénomène juridique comporte le risque d'une pluralité de droit tendant à une objectivation autonome. Il apparaît un passage du Droit objectif à une pluralité de droits perdant l'épithète « objectif ». La perte de cette épithète dénature ces droits sur la forme. Des droits appartenant à une famille avec un ancêtre commun, il émerge des droits orphelins aspirant à une autonomie. Et de façon récurrente, il y a une insistance d'interrogation sur l'autonomie du droit public par rapport aux autres droits : droit privé et droit mixte. Ces débats peuvent être validés selon une approche disciplinaire du droit. À l'inverse, le droit comme le phénomène juridique se veut indivisible. Par ailleurs, la division tripartite du droit présente le risque de définition du droit par le sujet.

2- Le risque de définition du droit par le sujet

Le risque de définition du droit par le sujet consiste en une mise à l'écart d'une approche objective du droit pour accorder une importance à une approche subjective. En clair, le droit est défini à partir de ses destinataires et non de son objet. L'impression est vérifiée par la terminologie : « droit public », « droit privé ». Le droit public vise à organiser l'État et les collectivités publiques et à régir leur action et leurs relations avec les particuliers. Quant au droit privé, il prend en considération les particuliers et réglemente les rapports, économiques ou non, qui s'établissent entre eux : le mariage, les contrats, l'héritage[26]...ces définitions polarisent la définition du droit sur les sujets et nourrissent la possibilité de croire que le droit peut être public ou privé. Or le droit n'est pas public ou privé. Ce sont les sujets de droit qui sont la personne publique ou la personne privée. Formulé de la sorte, il apparaît un contresens. C'est celui de croire que le sujet peut lui-même secréter le droit à lui applicable. Or ni la personne publique, ni la personne privée, prises comme sujets de droit, n'édictent les règles à elles applicables.

La nature du droit s'apprécie mieux par son objet. Mais, qu'est-ce que le droit ? Ce sont des règles qui régissent la vie en société. L'objet du droit, ce sont les normes ou les règles. Catherine Thibierge définit en ce sens le droit

---

[25] Aubert (J.L.), *introduction au droit*, op.cit., p. 50.

[26] Ibid., p. 34.

comme la normativité des normativités[27]. Le droit comme normes ou règles ne permet pas une assimilation avec les sujets de droit. La personne publique ou privée, sujets de droit, n'est pas une règle ou une norme. Même quand le droit est défini comme la prédiction de ce que feront les tribunaux, le juge pose des règles pour solutionner un conflit. Ces règles ne sont pas des personnes. En effet, les règles sont élaborées pour s'appliquer aux sujets de droit. Il en découle un risque de confusion entre « Droit objectif » et « Droit public ou droit privé ». À l'inverse des risques que présente cette division tripartite, il s'observe une constance : l'esprit unitaire du Droit objectif.

B- La constance d'un Droit objectif unitaire

La controverse sur les fondements du droit conforte l'idée d'un droit objectif unitaire. Le discours des jusnaturalistes, les positivistes, les transpositivistes abordent le droit comme un tout. La réflexion théorique sur le droit invalide la division tripartite. Les velléités d'atomisation du Droit objectif par l'objectivation tendancielle de ses branches s'inscrivent en faux par rapport à la constance unitaire du droit objectif. Ce dernier est « un » sur le prisme fondamental, ontologique et téléologique. Il en ressort l'unité fondamentale (1) et téléologique (2) du droit.

1- L'unité fondamentale du droit

Au regard des fondements du droit, le discours doctrinal demeure stable sur le droit comme un phénomène unitaire. Les doctrines du droit naturel reposent sur l'idée fondamentale qu'au-dessus du droit positif en vigueur existe un droit immuable et idéal que personne n'a jamais établi et que nul législateur ne pourrait écarter[28]. Le droit naturel est un droit latent, non écrit, insaisissable dans sa propre constitution. Il est dit naturel en ce qu'il ne résulte pas d'un projet humain, mais de la nature des choses[29]. Le droit naturel permet de corriger le droit positif[30]. Il importe de distinguer le jusnaturalisme théologique et le jusnaturalisme rationnel. Le jusnaturalisme théologique postule la conformité du droit positif au droit divin. Ses partisans sont :

---

[27] Lire sur la question : Thibierge (C.), *Le processus de densification normative en droit et par-delà le droit*, Paris, LGDJ, 2014, 1024 pages.
[28]Sériaux (A.), *Le droit naturel*, Paris, PUF, coll. Que sais-je ?, 2e édition, 1999.
[29]Albiges (C.), op.cit., p. 17.
[30] Aristote considère que la correction de la loi s'impose avec le recours à l'équité qui permet une « heureuse rectification de la justice rigoureusement légale ». Cf. Aristote, *Éthique à Nicomaque*, Paris, Librairie générale française, 1992, p. 231.

Cicéron[31], Saint Augustin[32], Aristote[33] et Saint Thomas d'Aquin[34]. Quant au jusnaturalisme rationnel, il défend l'idée d'un droit positif tiré de la raison humaine. Ces promoteurs sont : Hobbes[35], Hugo Grotius[36], les philosophes des Lumières[37], Rudolf Stammler[38], etc. l'approche jusnaturaliste du droit témoigne l'idée d'un phénomène unitaire et non divisé. C'est dans le même sens que s'inscrit la doctrine positiviste. Selon ce courant, le droit n'a nul besoin d'être fondé sur un ordre supérieur. Il est fondé sur la volonté humaine. Toutefois, il existe des nuances permettant de distinguer le positivisme étatique et le positivisme sociologique. Dans le positivisme étatique, des auteurs comme Machiavel et Hobbes[39], Rudolf vonJhering[40], Georg Hegel[41] et Kant[42] pensent que le droit se réduit aux seules règles produites par l'État.

---

[31] Il considère qu'« il existe une loi universelle et éternelle, conforme à la raison divine et qui constitue le droit naturel ». L'extrait est tiré de : Albiges (C.), op.cit., p. 18.

[32] Pour lui, « les lois profanes sont injustes, car il n'y a pas de justice sans adhésion à Dieu : chaque chrétien ne se trouve lié à la cité des hommes que de manière précaire, car il ressent beaucoup plus son appartenance à la Cité de Dieu, cité supra-terrestre et intemporelle ; dès lors, la source authentique du droit ne peut être cherchée ailleurs que dans l'Écriture sainte ». Cité par : Oppétit (B.), *Philosophie du droit*, Paris, Dalloz, Précis, édition, 1ère, 1999, p. 41.

[33] Il propose l'échelle mystique, qui distingue : l'âge théologique, l'âge métaphysique et l'âge physique.

[34] Pour lui, le droit est fondé en raison, mais il existe dans l'échelle mystique rationnelle des degrés : au sommet, la loi éternelle (*lexaeterna*) ; à un degré inférieur, la loi naturelle (*lexnaturalis*) ; et la *lexhumana* correspond à l'œuvre de la raison humaine élaborant les règles pratiques de vie individuelle et sociale. Cf. Th. d'Aquin (Saint), *Somme théologique*, Iia IIae, Q. 120, art. 1, trad. F. Lachat, t. IX, Vivies, 1861.

[35] Pour cet auteur, le souci de sortir de l'état de nature conflictuel pour un état de paix passe par un ordre social imposé par le droit. Et de la sorte, « le droit est donc création volontaire du législateur ». Oppétit (B.), op.cit., p. 45.

[36] L'École dite « du droit naturel » d'Hugo Grotius considère que le droit naturel est un ensemble de principes énoncés par la raison humaine. Cité par : Albiges (C.), op.cit., p. 19.

[37] La conception du droit naturel au 18e siècle a une connotation politique, car le droit correspond davantage à un ensemble de règles voulues par le peuple qu'il ne tend à la recherche de solutions justes. C'est désormais la volonté des individus qui prime, conformément à l'approche retenue par Jean-Jacques Rousseau, Voltaire ou Montesquieu et reprise par les déclarations des droits de l'homme américaine et française. Cité par : Albiges (C.), op.cit., p. 19.

[38] Sa doctrine confère un rôle déterminant à la raison, tout en considérant que le droit naturel n'est pas immuable et doit, à l'inverse, évoluer en fonction des générations pour tendre vers un idéal. Cité par : Albiges (C.), op.cit., p. 20.

[39] Nicolas Machiavel et Thomas Hobbes considèrent le droit comme un phénomène exclusivement étatique, la souveraineté de l'État permettant d'édicter des lois nécessairement justes. Lire : Hobbes (T.), *Léviathan*, 1651.

[40] Pour lui, « la règle de droit est la seule source de capable de trancher les litiges entre les hommes ». Cité par : Albiges (C.), op.cit., p. 21.

[41] Selon lui, il faut identifier « droit » et « Etat » selon la formule suivante : « tout ce qui est étatique est juridique et tout ce qui est juridique est étatique ». Cité par : Albiges (C.), op.cit., p. 21.

[42] Il est favorable à une réduction du droit à la loi générale, égale pour tous, assortie de la sanction de l'État. Voir : Kant (E.), *Métaphysique des mœurs*, tome. II, Doctrine du droit, Doctrine de la vertu, trad. par A. Renaut, Paris, GF-Flammarion, 1994, p. 21.

Ils réduisent le droit à la loi. Une nuance est apportée par Carré de Malberg et Hans Kelsen. L'analyse qu'ils font des sources du droit et de la hiérarchie des normes juridiques ne comporte pas seulement les normes produites par l'État[43]. Quant au positivisme sociologique, il affirme que : « le droit positif est considéré comme légitime, car il correspond au reflet du milieu social et des mœurs[44] ». L'idée est soutenue par Friedrich Carl von Savigny[45] et Auguste Comte[46]. Le plus important est le droit positif pris comme droit objectif se veut un tout et non une entité divisible.

2- L'unité téléologique du droit

Le droit objectif est un tout au regard de ses finalités. On parle de l'unité téléologique du droit. La compréhension d'une telle idée s'inspire d'un préalable : l'unité de la genèse du droit. En partant des théories du contrat social[47], le passage de l'état de nature hobbesien à la société organisée a favorisé à l'intérieur d'un espace donné la dévolution du pouvoir normateur à une entité représentative de la collective. Souvent appelé : « Léviathan »[48], le producteur de la norme juridique agit comme un dépositaire du mandat social. Et la norme juridique, qu'il secrète, est objective par sa nature et sa provenance. Bien plus, le droit est « un » par son contenu. Il s'agit des normes juridiques qui forment un ensemble. Si tel est l'explication de la genèse du droit sous le prisme du monisme juridique, l'émergence contemporaine du pluralisme juridique ne remet pas en cause l'unité téléologique du droit. Le passage de la pyramide au réseau[49] n'a pas infléchi l'unité téléologique du droit.

L'unité du droit[50] objectif se trouve renforcée sous l'angle téléologique. Les finalités du droit objectif s'appréhendent comme un tout complémentaire. Et toutes les divisions possibles du droit objectif restent unies par ces finalités. Elles sont de plusieurs tendances. Les finalités traditionnelles du droit sont :

---

[43]Albiges (C.), op.cit., p. 21.
[44]Albiges (C.), op.cit., p. 21
[45] Pour Savigny, historien allemand à l'origine de l'École historique, le droit est essentiellement de source populaire et historique. Il repose sur la coutume, source du droit la plus proche des comportements sociaux. La loi ne doit intervenir que pour consacrer, dans un texte, une telle coutume.
[46] Pour l'École française et Auguste Comte en particulier, l'élaboration des lois doit résulter des besoins sociaux de la conscience collective qui se manifestent dans la règle de droit, conception reprise par d'autres auteurs français, notamment Émile Durkheim et Léon Duguit.
[47] La synthèse de ces théories est contenue dans l'ouvrage : Dubouchet (P.), *La pensée juridique avant et après le Code civil*, Lyon, L'Hermès, 3e édition, 1994.
[48] Hobbes (T.), *Léviathan*, Québec, Les classiques des sciences sociales, 1651, 144 pages.
[49] Voir : Ost (F.) et Van de Kerchove (M.), *De la pyramide au réseau ? Pour une théorie dialectique du droit*, Bruxelles, Publications des facultés universitaires Saint-Louis, 2002, 596 pages.
[50] Lire sur la question : Boccara (E.), *Droit, l'ouvrage qui n'existait pas*, Paris, Gazette du Palais, 2011, 186 pages.

la justice[51], l'ordre[52] et le progrès[53]. L'héritage révolutionnaire ajoute les exigences célèbres de la liberté, de l'égalité[54], de la fraternité[55] et de la propriété. S'ajoutent la recherche de la sécurité et une meilleure qualité de la vie[56]. Peu importe les branches du droit objectif, il demeure « un ».

L'unité du droit au regard de ses fondements et ses finalités permet d'articuler une autre définition du droit. Il se veut une traduction sous la forme d'un ensemble de règles d'un projet politique global[57]. Cependant, en prenant pour socle l'unité du Droit objectif, il est possible d'aménager une approche bipartite.

II- Vers l'apparition d'une approche bipartite du droit

Le Droit objectif est un tout. Cependant, il a deux destinataires : la personne publique et la personne privée. Il en résulte une approche bipartite (A). Celle-ci présente un intérêt théorico-pratique (B).

A- La consistance d'une approche bipartite du droit

Une approche bipartite du droit suppose un préalable : le droit est un tout ou une unité. Toutefois, cette unité régit la vie de deux sujets : la personne privée et la personne publique. Le fondement (1) et la matérialisation (2) de l'approche bipartite du droit en sont les corollaires.

1- Le fondement d'une approche bipartite du droit

Une division bipartite du droit désigne une compartimentation en deux axes. Une telle approche serait contraire à la logique unitaire du Droit objectif. Mais il se trouve que ce Droit régit deux types de personnes : la personne publique et la personne privée. Sur cette base, partant d'un socle commun, il ne serait pas excessif d'admettre un droit objectif public à côté d'un droit objectif privé. Le socle commun à l'approche bipartite du droit est dans la pertinence de la nature unitaire du droit. Ontologiquement, le droit est une règle de conduite sociale intégrée dans l'ordre social[58]. Cet ordre comprend le

---

[51]Moneboulou Minkada (H. M.), « La justice idéale et la justice juridique : plaidoyer pour une justice juridique légitime », *Annales africaines*, Cheik AntaiDiop, 2016.
[52]Izorche (M.L.), « L'ordre et le droit », *Mélanges M. Cabrillac*, 1999, p. 731 s.
[53]Terré (F.), *Introduction générale au droit*, op. cit., p. 154.
[54]Mayaux (L.), « L'égalité en droit civil », JCP, 1992, I, 3611. ; Jestaz (Ph.), « L'égalité et l'avenir du droit de la famille », Mélanges F. Terré, 1999, p. 417.
[55]Borgetto (M.), La notion de fraternité en droit public français (le passé, le présent et l'avenir de la solidarité), thèse Paris II, éd. 1993. ; Gaudu, « La fraternité dans l'entreprise », *Dr. social*, 1990, 134 s.
[56]Borysewicz (M.), « La qualité de la vie : une finalité nouvelle de la règle de droit », *Mélanges Jauffret*, 1974, p. 127 s.
[57] C'est dans ce sens qu'il faut comprendre le caractère coercitif de la règle de droit comme l'expression d'une volonté politique. De plus, la règle de droit met en œuvre un projet politique poursuivi par la volonté dominante du corps social. Aubert (J.L.), n° 36 et 37.
[58] Chevalier (J.), « L'ordre juridique », in *Le droit en procès*, Paris, PUF 1983, pp. 40-41.

droit et le non-droit[59]. Ce qui importe, c'est le constat suivant lequel la règle de droit régule la vie en société comme les autres règles de conduite sociale. Dans cette perspective, elle se pose comme un tout : le phénomène juridique. Il se décline comme un ensemble de règles : un tout. Et ce n'est pas à tort que le système juridique ; qu'il soit pris comme une pyramide chère à Kelsen[60], sous le prisme de la cohérence chère à Virally[61], ou du réseau[62] s'appréhende comme un tout. Cette tendance unitaire du droit est amplifiée par l'ordre juridique[63]. Une analyse bipartite du droit est effectuée par l'école du dualisme juridique. Elle[64] est défendue par : Brownlie[65], Dupuy[66], Malcom Shaw[67] et

---

[59] Lire sur la question : Carbonnier (J.), *Essai sur les lois*, Paris, Répertoire du notariat Defrénois, 1979, 299 pages ; Carbonnier (J.), *Flexible droit : Pour une sociologie du droit sans rigueur,* Paris, 10e édition, 2001, 490 pages.

[60] L'idée des normes juridiques hiérarchisées remonte à Adolf Merkl en 1927 en Allemagne. Mais l'auteur contemporain qui a théorisé la hiérarchie des normes est Hans Kelsen. Le juriste austro-américain (dans son ouvrage *Théorie pure du droit*, 1934) développe un discours pur sur le droit d'une part et la présentation du droit comme un système autosuffisant d'autre part. Cf. Kelsen (H.), *Théorie pure du droit*, Paris, 2eme édit., trad. Charles Eisenmann, Dalloz, 1962.

[61]Selon Michel Virally, la pyramide n'est pas la seule grille d'approche des normes juridiques. En droit international, il n'existe pas une hiérarchie des sources de ce droit. Le système juridique est plutôt défini comme un ensemble de normes cohérentes. Virally (M.), « Sur la prétendue primitivité du droit international », in Michel Virally, *Le droit international en devenir. Essais écrits au fil des ans*, Paris/Genève, PUF/Publications de l'IUHEI, 1990, pp. 91-101.

[62]Ost (F.) et Van de Kerchove (M.), *De la pyramide au réseau ? Pour une théorie dialectique du droit*, Bruxelles, Publications des facultés universitaires Saint-Louis, 2002, 596 pages.

[63]Lire sur la question : Romano (S.), *L'ordre juridique*, Paris, Dalloz, 1975, 174 pages.

[64] Les partisans de l'école dualiste considèrent que les normes juridiques internationales, d'une part, et nationales, d'autre part, forment des ensembles distincts et étanches l'un et l'autre. Ce cloisonnement repose sur l'idée que les deux catégories de normes ont des destinataires tout à fait différents : alors que les règles juridiques internes s'adressent principalement aux particuliers, les règles de droit international visent quant à elles nécessairement les États (ce sont des normes que l'on peut qualifier d'« internationales ».

[65]Les propos d'Ian Brownlie sont éclairants : « *Dualist doctrine points to the essential difference of international law municipal law, consisting primarily in the fact that the two systems regulate different subject-matter. International law is a law between sovereign states: municipal law applies within a state and regulates the relations of its citizens with each other and with the executive. On this view neither legal order has the power to create or alter rules of the other* ». Cf. Brownlie (I.), *Principles of public international law*, Oxford, Oxford University Press, 6eédition, 2003, pp. 31-32.

[66] Pierre- Marie Dupuy écrit que : « *Dans la pensée dualiste, chaque ordre juridique « constitue un ensemble autonome et sans lien possible avec l'autre. L'ordre international lie les États entre eux par des droits et des obligations réciproques. Par ailleurs, chaque État possède son propre ordre juridique dont il conserve la maîtrise exclusive* ». Cf. Dupuy (P. M.), *Droit international public*, Paris, Dalloz, 4e édition, 1998, p. 371.

[67]Selon Malcom Shaw: « *This thoery (...) stresses that the rules of the systems of international law and municipal law exist separately and cannot purport to have an effect on, or overrule, the other* ». Cf. Shaw (M. N.), *International law*, Cambridge, Cambridge University Press, 5eédition, 2003, pp. 121-122.

Sciotti-Lam[68]. Selon cette école, le droit international est applicable aux sujets du droit international et le droit national est applicable aux sujets du droit interne. Toutefois, cette école dualiste est tempérée et unifiée par l'école moniste d'Hans Kelsen[69]. Ce dernier a réussi à asseoir le fondement unitaire du droit en distinguant le monisme avec primauté du droit interne[70] et le monisme avec primauté du droit international[71]. Peu importe la norme juridique qui occupe le sommet de la hiérarchie, le reste des normes juridiques s'inscrit dans un tout systémique.

La réplique à cette analyse proviendrait d'une part du pluralisme juridique et d'autre part de la distinction droit dur et droit souple. Une analyse du pluralisme juridique[72] permet d'observer une kyrielle de droits : droit étatique, droit international, droit para-étatique, droit transnational, droit d'origine privée interne et international. La pluralité des droits ne doit pas éluder l'identité ontologique. Il s'agit toujours du droit comme une règle de conduite sociale. C'est dans la même option que s'appréhendent le droit dur et le droit souple[73]. Le droit dur se veut une règle de conduite assortie d'une sanction. Et le droit souple s'entend d'une règle de conduite non sanctionnée. Il émerge un radical commun trahissant l'essence du droit. Il s'agit d'une règle de conduite, qu'elle soit sanctionnée ou non.

Au-delà de cette unité ontologique, le droit comme phénomène juridique s'applique à des personnes ou sujets de droit. Il est question de la personne publique ou de la personne privée. La destination du droit comme phénomène juridique à l'égard des sujets-personne publique ou personne privée- permet de tirer deux conclusions. La première est tributaire du fondement du droit, qui ne change pas. Il est « un » et « indivisible ». Cependant, son application soit à la personne publique, soit à la personne privée fonde sa bipartition.

---

[68]Sciotti-Lam relève qu'aux yeux de l'école dualiste : « *Le droit international régit les rapports entre Etats, alors que le droit interne porte sur les rapports entre individus* ». Cf. Sciotti-Lam (Cl.), *L'applicabilité des traités internationaux relatifs aux droits de l'homme en droit interne*, Bruxelles, Bruylant, 2004, p. 116.

[69] Voir, Kelsen (H.), *Théorie pure du droit*, Paris, Dalloz, 2e édition, 1962.

[70] Selon cette conception, c'est le droit interne qui prime le droit international au sein de la pyramide : la norme nationale suprême de l'État- c'est-à-dire la Constitution au sens formel du terme, quand l'État dispose d'un tel instrument-prime non seulement sur les autres normes internes, mais aussi sur les règles juridiques internationales par lesquelles cet État est lié.

[71] Cette théorie implique que toutes les normes internes d'un État – y compris la Constitution au sens formel du terme – puisent leur validité dans une règle de droit international ; par conséquent, les règles de droit interne doivent, sans exception, être conformes aux dispositions du droit des Gens – ou pour être plus précis – à celles de ses dispositions par lesquelles l'État est lié.

[72]Cf. Delmas-Marty (M.), *Le pluralisme ordonné. Les forces imaginantes du droit (II)*, Paris, Éditions du Seuil, 2006, 304 pages ; Koubi (G.), « Des-ordres juridiques », in *Désordres*, Jacques Chevalier (dir), Paris, CURAPP, PUF, 1997.

[73]Thibierge (C.), « Le droit souple », *RTD civ.* 2003, p. 599, spéc. p. 613. Lire aussi : Conseil d'État, Étude annuelle 2013 : le droit souple, 2 octobre 2013.

2- La matérialisation d'une approche bipartite du droit

Par droit objectif public, il convient d'entendre l'application du Droit objectif à la personne publique. Cette terminologie est moins équivoque par rapport à la formulation « Droit public ». Le droit objectif public rassemblerait toutes les disciplines analysant les règles applicables dans les rapports entre l'Etat et le citoyen d'une part, les États entre eux d'autre part. Sont visées : le droit constitutionnel[74], le droit administratif[75], le droit fiscal, le droit pénal, la procédure pénale et le droit international. Quant au droit objectif privé, il renvoie à l'application du droit objectif à la personne privée. Cette option est moins confuse en comparaison au « Droit privé ». Le droit objectif privé engloberait les disciplines orientées vers l'analyse des dispositions applicables dans les rapports entre citoyens. Sont à l'ordre du jour : le droit civil, le droit commercial, le droit social, le droit judiciaire privé. La promotion de la distinction droit objectif public et droit objectif privé présente des enjeux.

B- Les enjeux de la division bipartite du droit

La division du droit en deux parties ayant en commun le droit objectif intéresse pour trois raisons. Ces dernières peuvent rendre compte des enjeux théorique (1) et pratique (2).

1- Les enjeux théoriques d'une approche bipartite du droit objectif

Théoriquement, une approche bipartite du droit objectif est non seulement caractéristique de l'inexistence du droit mixte, mais aussi le phénomène juridique.

La première raison consiste en l'inexistence du droit mixte. Il a été défini comme l'ensemble des règles juridiques, où il n'est pas possible de faire la distinction entre le public et le privé. Constitue un droit mixte, toute branche du droit qui réalise une combinaison de règles relevant, pour les unes du droit public, et pour les autres du droit privé[76]. Il rassemble des branches du droit comme : le droit pénal, le droit processuel et le droit social. En effet, le caractère mixte que réclame ce droit est illusoire. Entre le public et le privé imbriqué, il existe toujours une entité dominante en faveur de laquelle le droit objectif fixe les règles. De la sorte en droit social, le droit objectif précise les règles applicables au rapport entre personnes privées (droit du travail) et la

---

[74] Il détermine les règles relatives à la forme de l'État, à la constitution du gouvernement et des pouvoirs publics. Cf. Pactet (P.) et Mélin-Soucramanien (F.), *Institutions politiques, Droit constitutionnel*, 23e éd., 2012 ; Olinga (A. D.), *La constitution de la République du Cameroun*, Yaoundé, PUCAC, 2e édition, 2013, 272 pages.

[75] Il réglemente l'organisation des collectivités publiques-État lui-même, régions, départements, communes, etc.- et des services publics, ainsi que leurs rapports avec les particuliers. V. spéc. De Laubadere (A.) et Gaudemet (Y.), *Traité de droit administratif*, Paris, LGDJ, t. 1, 16e édition, 2001 ; Gaudemet (Y.), *Droit administratif*, Paris, LGDJ, 19e éd., 2010 ; Braibant (G.) et Stirn (B.), *Le droit administratif français*, 7e édition, 2005.

[76] Aubert, op.cit., p. 43.

sécurité sociale des travailleurs. En conséquence, le droit social appartient au droit objectif privé. Et le droit pénal consolide la difficulté à asseoir le droit transversal. En effet, la tentation d'appréhender le droit pénal comme un droit mixte se fonde sur deux raisons. La première est la protection des particuliers et de l'État. Et la seconde est la nature du droit pénal. Ce n'est pas un droit, mais une espèce de sanction des autres droits[77]. Cependant, la classification du droit pénal comme une discipline de droit public est tributaire de son noyau fondateur : la sanction pénale, monopole de l'État dans la contrainte légitime.

La seconde raison concerne le droit comme un phénomène. C'est un véritable retour aux sources que subit la science juridique. De plus en plus, le droit objectif revendique sa nature unitaire en évinçant les cloisonnements velléitaires. On en veut pour preuve : l'interdisciplinarité, les emprunts normatifs, le dialogue des juges, les questions préjudicielles. Tous ces indices montrent à suffisance que le droit comme champ de savoir est par nature une unité et non une pluralité. C'est ce qui s'observe dans une discipline comme la théorie du droit, la philosophie du droit et l'épistémologie du droit. La théorie du droit se veut un discours explicatif sur le droit comme un phénomène. La philosophie du droit correspond à une analyse interrogative et dubitative sur le droit comme champ de savoir. C'est une réflexion sur le droit lui-même, à la recherche de sa définition, de son fondement et de ses fins[78]. Et l'épistémologie du droit renvoie à la critique de la méthode juridique. Toutes ces chapelles scientifiques abordent le droit comme un tout, une unité et en font un objet d'observation et d'étude. Les illustrations pour rendre compte de sa substance sont tirées dans toutes les disciplines juridiques constitutives de la dogmatique juridique. Outre les considérations théoriques, l'approche bipartite du droit objectif revêt un enjeu pratique.

2- L'enjeu pratique d'une approche bipartite du droit objectif

L'enjeu pratique d'une approche bipartite du droit objectif résident dans la démarche du juriste théoricien et praticien du droit. Il se résume dans l'exigence d'une pluridisciplinarité du juriste. Si le droit est « un » et objectif, le juriste doit consentir un effort pour aller au-delà de la distinction pragmatique pour s'intéresser à la nature unitaire du droit. À la vérité, la spécialisation des juristes en publicistes et privatistes se justifierait par la distinction de la personne publique de la personne privée. Mais les sujets de droit ne sont pas le droit lui-même. Ontologiquement le droit est un. Un juriste qui choisit le droit objectif public doit admettre qu'il est un juriste à moitié. Il en est de même de celui qui choisit le droit objectif privé. L'enseignant du droit objectif privé doit rester ouvert au savoir du droit objectif public et vice-

[77] « *Les lois criminelles sont moins une espèce particulière de lois que la sanction de toutes les autres* ». Cf. Rousseau (J. J.), *Du contrat social,* 1762.

[78]Atias (C.), *Philosophie du droit*, 1999, Jestaz (Ph.), *Le droit,* Coll. Connaissance du droit, 4e éd., 2002, Villey (M.), *Philosophie du droit,* 2 vol., notamment, vol. 1, 2e éd., 1978, n° 8.

versa. Les praticiens comme les avocats et les juges sont aussi confrontés à cette exigence, à la faveur des questions préjudicielles. Les avocats se regroupent en consortium multi-spécialités pour les besoins d'efficacité. Et les juges recourent au dialogue entre eux.

Conclusion

Au terme de l'analyse, il convient de distinguer l'approche du Droit comme phénomène juridique de l'approche du Droit comme discipline juridique. Indivisible comme phénomène, l'étude du Droit peut justifier artificiellement des champs disciplinaires. Ce postulat est le préambule nécessaire à partir duquel, il fallait appréhender la thématique. Il en ressort une division triptyque du droit : droit public, droit privé et droit mixte sont attentatoires à la nature du droit. Le droit n'est pas public, privé ou mixte, mais il est objectif. La prise en compte de ses destinataires et la préservation de sa nature autorisent la *summadivisio* : droit objectif public et droit objectif privé. Les transformations ou les mutations observées dans les disciplines juridiques n'autorisent pas un passage du singulier au pluriel. Bien plus, la particularité de la normativité juridique est son dynamisme ; alors que les autres normes de conduite sociale sont statiques. Toute chose qui commande d'approfondir l'analyse sur la spécificité de la règle de droit.

LE CONTRÔLE JURIDICTIONNEL DES DÉCISIONS RENDUES AU CONTENTIEUX PAR LES AUTORITÉS DE RÉGULATION DES MARCHES PUBLICS DANS LES ÉTATS FRANCOPHONES D'AFRIQUE DE L'OUEST

Paterne MAMBO

Maître de Conférences Agrégé de droit public
Doyen de la Faculté de droit de l'Université de Daloa
Côte d'Ivoire

Introduction

« Développement et vogue de la contractualisation »[1], « euphorie contractualisante »[2], « marée actuelle de contractualisation »[3], les mots et les expressions résonnent pour amplifier la vertigineuse montée en puissance des marchés publics sur le continent africain. Dans cet espace concurrentiel, un nouveau cycle semble s'ouvrir avec ces espèces nouvelles de contrats administratifs.

Les États francophones d'Afrique de l'ouest, à l'instar du Burkina, du Mali, du Sénégal, du Togo, du Bénin et de la Côte d'Ivoire, n'échappent pas à cette réalité. Dans leur quête d'émergence, les marchés publics sont devenus, pour ces États, le moyen d'accéder au développement. Le phénomène n'est pas sans conséquence. Il engendre, dans un domaine où la compétition est la règle d'or, de nombreux litiges entre les différents acteurs, au point de faire intervenir le juge sur la scène économique, pour exercer, le cas échéant, un contrôle sur les décisions rendues au contentieux par les autorités de régulation des marchés publics, chargées de régler les différends avant toute saisine du juge.

La réglementation en vigueur, dans les États francophones d'Afrique de l'Ouest, définit la notion de marché public à peu près de la même manière. Il s'agit d'un contrat écrit, conclu à titre onéreux par une autorité contractante, pour répondre à ses besoins en matière de travaux, de fournitures ou de services[4], étant entendu que l'autorité contractante désigne la personne morale

---

[1] Amel Aouij Mrad, « Le contrat administratif en Tunisie : étude jurisprudentielle », in Mélanges en l'honneur de Jacqueline Morand-Deviller, *Confluences*, Paris, Montchrestien, 2008, p. 171 ; Célestin Keutcha Tchapnga, *Précis de contentieux administratif au Cameroun : aspects de l'évolution récente*, Paris, éd. L'Harmattan, 2013, p. 61.

[2] Amel Aouij Mrad, « Le contrat administratif en Tunisie : étude jurisprudentielle », précité, p. 171.

[3] Amel Aouij Mrad, « Le contrat administratif en Tunisie : étude jurisprudentielle », p. 172.

[4] Voir, par exemple, décret n° 2009-259 du 6 août 2009, portant Code des marchés publics en Côte d'Ivoire (article 1) ; décret n° 2013-569/PRN/PM du 20 décembre 2013, portant Code des

de droit public ou de droit privé, signataire d'un marché[5]. Le marché public est un contrat administratif, par détermination de la loi[6]. Il comprend les marchés de travaux, les marchés de fournitures et les marchés de services[7].

La facilité à définir la notion de marché public tranche avec la difficulté à définir la notion de régulation[8], en raison de la polysémie du mot et du concept[9]. Laurence Calandri, dans une thèse majeure, fait le tour de la question et souligne les potentialités et la richesse de la notion[10]. En synthétisant l'étude qu'elle a réalisée, on observe que la régulation dérive du latin *« regulare »*, qui signifie « régler », et de *« regula »*, la « règle ». La signification du mot révèle ses liens étroits avec le droit. La régulation apparaît ainsi comme le fait de régler, l'action de régler, de régulariser ou de réglementer : régler, c'est-à-dire soumettre à un certain ordre, fixer, déterminer, décider de façon définitive ; régulariser au sens de rendre conforme aux règles, aux règlements, aux lois ; réglementer, dans le sens de diriger ou de commander.

La diversité des approches mono-disciplinaires de la régulation en fait un concept fuyant. La polysémie du mot détermine le sens qu'il est possible de lui donner, la signification qu'il désigne. Ainsi, la régulation se définit comme

---

marchés publics et des délégations de service public au Niger (article 2) ; décret n° 2014-1212 du 22 septembre 2014, portant Code des marchés publics au Sénégal (article 4) ; loi n° 2009-02 du 7 août 2009, portant Code des marchés publics et des délégations de service public en République du Bénin (article 3) ; décret n° 2015-0604/P-RM du 25 septembre 2015, portant Code des marchés publics et des délégations de service public au Mali (article 2) ; loi n° 039-2016/AN du 2 décembre 2016, portant réglementation générale de la commande publique au Burkina Faso (article 2).

[5] Voir directive n° 04/2005/CM/UEMOA, portant procédures de passation, d'exécution et de règlement des marchés publics et des délégations de service public dans l'Union économique et monétaire de l'Afrique de l'Ouest (article 1) ; décret n° 2009-259 du 6 août 2009, portant Code des marchés publics en Côte d'Ivoire (article 1) ; décret n° 2013-569/PRN/PM du 20 décembre 2013, portant Code des marchés publics et des délégations de service public au Niger (article 2) ; décret n° 2014-1212 du 22 septembre 2014, portant Code des marchés publics au Sénégal (article 4) ; loi n° 2009-02 du 7 août 2009, portant Code des marchés publics et des délégations de service public en République du Bénin (article 3) ; décret n° 2015-0604/P-RM du 25 septembre 2015, portant Code des marchés publics et des délégations de service public au Mali (article 2) ; loi n° 039-2016/AN du 2 décembre 2016, portant réglementation générale de la commande publique au Burkina Faso (article 2).

[6] Voir, par exemple, décret n° 2014-1212 du 22 septembre 2014, portant Code des marchés publics au Sénégal (article 4) ; décret n° 2013-569/PRN/PM du 20 décembre 2013, portant Code des marchés publics et des délégations de service public au Niger (article 2) ; loi n° 039-2016/AN du 2 décembre 2016, portant réglementation générale de la commande publique au Burkina Faso (article 2).

[7] Pour définir et distinguer ces différents marchés publics, voir les textes précités.

[8] Laurence Calandri, *Recherche sur la notion de régulation en droit administratif français*, Paris, Librairie générale de droit et de jurisprudence, 2008, p. 2 et suivantes.

[9] Laurence Calandri, *Recherche sur la notion de régulation en droit administratif français*, op. cit., p. 3.

[10] Laurence Calandri, op. cit. p. 1 et suivantes. Nous reprenons, brièvement, quelques aspects de l'approche définitionnelle tentée par l'auteure.

une fonction en biologie ; en science économique, elle représente une théorie ; et dans les systèmes complexes, la régulation est une méthode d'analyse[11].

En droit particulièrement, la régulation est un vocable flou et large[12], dont le contenu juridique est difficile à déterminer. « Personne ne sait ce qu'est exactement la régulation, mais tout le monde s'accorde sur sa nécessité »[13]. La régulation est devenue, néanmoins, une nouvelle fonction juridique. « La fonction de régulation se concrétise par l'adoption, par certaines autorités administratives, d'actes particuliers, pouvant être qualifiés d'actes de régulation. (…) Ces actes ne pouvant être intégrés au sein des catégories d'actes juridiques existantes, la régulation se présente donc comme un objet juridique à part entière doté d'une originalité »[14].

La régulation apparaît comme une nouvelle manière d'administrer ou de gouverner. Elle a réussi à transformer, à métamorphoser la notion d'autorité ; elle est devenue l'expression du nouveau visage de l'autorité au sein de l'administration. Comme l'explique le Professeur Babacar Gueye, « La notion de régulation suppose l'existence d'un organe spécifique occupant une position charnière ou d'interface entre les entités dont il s'agit de concilier les logiques de fonctionnement ». L'auteur ajoute que la régulation « peut être conçue comme un mode inédit d'élaboration du droit mettant en œuvre un processus de formation de règles en rupture avec des modes classiques, d'une part par la généralisation des procédures de concertation et de participation à la prise de décisions, d'autre part par l'émergence d'un composé de règles souples et flexibles destinées à l'encadrement de l'action des acteurs sociaux. Au fond, la régulation vise à remédier à des phénomènes de dysfonctionnement, de crise, de dérèglement dans les relations entre membres d'une société ou entre l'État et ses composantes, en particulier la société civile »[15].

Pour jouer ce rôle, ont été instituées, dans les États francophones d'Afrique de l'Ouest – objet de cette étude en raison de la jurisprudence disponible –, des autorités de régulation des marchés publics. Les attributions de ces autorités sont si diversifiées qu'elles touchent même à la fonction contentieuse, grâce à laquelle tout différend est soumis à un règlement juridictionnel ou non juridictionnel. Dans l'exercice de ses fonctions contentieuses, l'autorité de régulation prend des actes. Le juge de la légalité

---

[11] Pour une analyse approfondie, lire Laurence Calandri, op. cit., p. 7 et suivantes.

[12] Yves Gaudemet, « La responsabilité de l'administration du fait de ses activités de contrôle », in *Liber amicorum Jean Waline*, Gouverner, administrer, juger, Paris, Dalloz, 2002, p. 561 et suivantes, spéc. p. 572.

[13] Laurence Calandri, op. cit., p. 25.

[14] Laurence Calandri, op. cit. p. 34.

[15] Babacar Gueye, « Les autorités de régulation hier et aujourd'hui », *Droit sénégalais*, 2006, n° 5, p. 323-334, spéc. p. 323.

contrôle ces actes de régulation, dont la nature apparaît pourtant problématique.

Il importe, par conséquent, d'apprécier la pertinence des fondements du contrôle exercé par le juge. En effet, l'originalité des autorités de régulation, l'hétérogénéité ou la dynamique des fonctions qu'elles exercent, la distance entre le formalisme juridique et la pratique institutionnelle invitent à s'interroger sur les évidences et les idées communément répandues.

De ce qui précède, il se dégage la question suivante : le contrôle juridictionnel des décisions rendues au contentieux par les autorités de régulation des marchés publics dans les États francophones d'Afrique de l'ouest se justifie-t-il ?

Comme un iceberg, la réponse à la question présente deux faces. Elle n'est pas catégorique, mais nuancée. La face visible laisse penser qu'il s'agit d'un contrôle normal ou apparaissant comme tel (I). Plusieurs éléments plaident en faveur de cette thèse et invitent à opiner dans cette direction. Pourtant, lorsqu'on regarde attentivement la face cachée de la question ou de la réponse à la question, d'autres éléments conduisent à réfléchir davantage et à questionner, à défaut d'affirmer. Celle-ci montre, en effet, que le contrôle exercé par le juge est néanmoins discutable (II).

I- Un contrôle apparaissant comme normal

Le contrôle que le juge exerce sur les décisions prises par l'autorité de régulation des marchés publics est expliqué ou justifié essentiellement par deux idées : la première est relative à la nature des autorités de régulation (A) ; la deuxième est liée à la nature des décisions rendues par ces autorités (B).

A- La justification tenant à la nature des autorités de régulation

La nature des autorités de régulation des marchés publics est l'une des justifications du contrôle juridictionnel exercé sur les décisions qu'elles rendent. Il s'agit d'organismes qui ne sont pas, en tout cas, considérés comme des juridictions (1) et qui sont présentés comme ayant une nature administrative (2).

1- Des organismes considérés comme n'étant pas des juridictions

Les organismes de régulation des marchés publics, dans les États francophones d'Afrique de l'Ouest, sont vus et appréhendés comme n'étant pas des juridictions, encore moins comme des juridictions suprêmes. Une telle qualification semble devoir échapper à toute tentative d'identification. Des arguments de texte, de jurisprudence et de doctrine confortent cette idée.

D'abord, les textes : ils rappellent, de manière constante, la nature non juridictionnelle des autorités de régulation des marchés publics. Il en va ainsi du décret n° 2007-546 du 25 avril 2007 portant organisation et fonctionnement de l'autorité de régulation des marchés publics au Sénégal. L'article 2 de ce décret dispose, en effet, que « L'autorité de régulation des marchés publics a pour mission [entre autres] de procéder au *règlement non juridictionnel des litiges* nés à l'occasion de la passation des marchés publics et des délégations de service public, ou de rendre des avis dans le cadre du *règlement amiable des litiges* nés à l'occasion de leur exécution[16] ». De même, au Burkina Faso, le décret n° 2014-554 portant création, attributions, organisation et fonctionnement de l'autorité de régulation de la commande publique (ARCOP) énonce, en son article 2, qu'il est « institué auprès de l'ARCOP *un organe administratif de recours non juridictionnel* chargé de la discipline et du *règlement non juridictionnel des différends* en matière de marché public, de délégation de service public et de partenariat public-privé, dénommé Organe de Règlement Amiable des Différends (ORAD) »[17]. En Côte d'Ivoire, également, l'idée est reprise dans un arrêté du 14 septembre 2010 fixant les modalités de saisine, les procédures d'instruction et de décision de la cellule recours et sanctions de l'autorité nationale de régulation des marchés publics (ANRMP). L'article 2 de cet arrêté présente la cellule recours et sanctions, organe de l'ANRMP, chargé de trancher les litiges ou de régler les différends, comme étant « un organe non juridictionnel ».

Ces exemples textuels, renforcés par quelques Codes des marchés publics[18], montrent bien que, dans les États francophones d'Afrique de l'Ouest, la qualité de juridiction n'est pas reconnue aux organes institués au sein des autorités de régulation des marchés publics pour trancher les litiges ou les différends qui naissent lors de la passation ou de l'exécution des marchés. Le règlement des litiges par ces organes ne semble pas devoir suffire à les considérer comme des juridictions à part entière. Si bien qu'on ne devrait pas, au regard des textes, présenter ou saisir les autorités de régulation comme des autorités juridictionnelles.

Ensuite, la jurisprudence : sur la question de la nature des autorités de régulation, elle est également constante, si l'on s'en tient aux références jurisprudentielles consultées.

La première remarque que l'on peut faire est que les décisions rendues par les autorités de régulation des marchés publics, lors des litiges soumis à leur examen, ne sont généralement contestables que par la voie du recours en annulation pour excès de pouvoir. Ceci conforte la thèse de la nature non juridictionnelle des autorités de régulation des marchés publics. C'est dire que

---

[16] Nous soulignons.

[17] Nous soulignons.

[18] Voir par exemple : le Code ivoirien des marchés publics (2009, modifié en 2014 et 2015), articles 168 ; le Code malien des marchés publics (2015), article 121 ; Code sénégalais des marchés publics (2014), article 4.

leurs décisions n'auraient été contestables, devant les juridictions administratives, que par la voie du recours en cassation, si elles avaient une nature juridictionnelle.

La deuxième remarque qui résulte de l'analyse des décisions consultées est que le juge d'Afrique de l'Ouest n'hésite pas à rappeler la nature non juridictionnelle des autorités de régulation des marchés publics. Ceci est visible, notamment, dans un arrêt rendu le 12 avril 2012 par la Chambre administrative de la Cour suprême du Sénégal, *Agence de régulation des télécommunications et des postes et État du Sénégal contre Comité de règlement des différends de l'Autorité de régulation des marchés publics et Société nationale des télécommunications*. Dans cette espèce en effet, la haute juridiction fait remarquer qu'« en cas de non-respect des règles relatives à la passation des marchés et sans préjudice des recours gracieux et contentieux, une procédure spéciale de *recours non juridictionnel devant (...) l'Agence de régulation des marchés publics*[19] est ouverte à toute personne qui a participé à une procédure de passation et n'a pas été désignée attributaire ». La nature non juridictionnelle de l'autorité de régulation est ainsi affirmée, donnant immédiatement à constater que les recours dont elle peut être saisie ont, par conséquent, une nature non juridictionnelle, ce qui apparaît tout à fait logique.

Enfin, la doctrine : sa voix audible et vigoureuse ne laisse pas de place au scepticisme quant à la nature des autorités de régulation des marchés publics. Elle penche majoritairement, presque unanimement, pour la non-reconnaissance de la qualité de juridiction aux organismes de régulation. La messe semble dite, en effet, lorsqu'on considère les travaux et les développements consacrés à la question. Ici également, il n'est pas utile de multiplier les exemples pour s'en convaincre. Qu'il suffise de se référer à la note présentée par un auteur, sous l'arrêt *Société Jan de Nul contre Autorité de régulation des marchés publics*, rendu le 30 décembre 2014 par la Chambre administrative de la Cour suprême de Côte d'Ivoire, dans laquelle le commentateur fait observer, péremptoirement, que l'autorité de régulation des marchés publics « n'est pas une juridiction »[20]. Par ailleurs, le Professeur Kobo, actuellement Président de la Chambre administrative de la Cour suprême de Côte d'Ivoire, s'est penché sur cette délicate question de la nature des autorités de régulation des marchés publics, dans un rapport consacré à l'affaire *Société Dragon de Côte d'Ivoire contre Autorité nationale de régulation des marchés publics*, qui a donné lieu à la reddition par la haute juridiction d'un arrêt en date du 27 février 2013. Dans une argumentation digne d'intérêt, il aboutit à la conclusion qu'en dépit des apparences,

---

[19] Nous soulignons.

[20] Cf. Konan Adjé, « Note sous l'arrêt n° 188 du 30 décembre 2014, Société Jan de Nul contre Autorité nationale de régulation des marchés publics », in *La Tribune de la Chambre administrative* (de la Cour suprême de Côte d'Ivoire), n° 4, avril 2015, p. 17-25, spéc. p. 19.

raisonnablement, « on ne saurait regarder l'autorité nationale de régulation des marchés publics comme une juridiction »[21].

Tout ceci contribue manifestement à alimenter une certaine rhétorique sur la question de la nature des autorités de régulation des marchés publics, en leur déniant totalement le label de juridiction, au profit d'un discours tendant à leur reconnaître la qualité ou la qualification d'autorités administratives.

2- Des autorités présentées comme ayant une nature administrative

Le contrôle juridictionnel des décisions rendues au contentieux par les autorités de régulation des marchés publics est justifié par le fait qu'elles sont présentées et appréhendées comme des autorités administratives. Cette idée est également confortée par la réglementation, la jurisprudence et la doctrine.

La réglementation relative aux marchés publics est particulièrement explicite sur la question de la nature des autorités de régulation, qu'elle qualifie d'autorités administratives indépendantes. Tel est le cas en droit burkinabé[22], sénégalais[23], togolais[24] ou ivoirien[25].

---

[21] Lire Pierre-Claver Kobo, Rapport sur l'affaire Société Dragon de Côte d'Ivoire contre Autorité nationale de régulation des marchés publics, Abidjan, 23 novembre 2012, 8 p., spéc. p. 5. Disponible sur [http://www.consetat.ci/app/webroot/img/files/pdfs/RAPPORT_n2012-055_REP.pdf].

[22] Voir, à titre d'illustration, le décret n° 2014-554/PRES/PM portant création, attributions, organisation et fonctionnement de l'Autorité de régulation de la commande publique. L'article 1er énonce que « L'Autorité de régulation de la commande publique est une autorité administrative indépendante dotée de la personnalité juridique, de l'autonomie financière et de gestion ». L'article 2 ajoute que « Par ailleurs, il est institué auprès de l'Autorité de régulation de la commande publique un organe administratif de recours non juridictionnel chargé de la discipline et du règlement non juridictionnel des différends en matière de marché public, de délégation de service public et de partenariat public-privé ». De même, l'article 10 de la loi n° 039-2016/AN du 2 décembre 2016, portant réglementation générale de la commande publique, dispose qu'« Il est créé une autorité administrative indépendante chargée de la régulation de la commande publique. Elle est dotée de la personnalité juridique, de l'autonomie financière et de gestion ».

[23] Voir le décret n° 2007-546 du 25 avril 2007 portant organisation et fonctionnement de l'Autorité de Régulation des Marchés Publics (ARMP), dont l'article 1er dispose que « L'ARMP est une autorité administrative indépendante (…) dotée de l'autonomie financière et de gestion ».

[24] Consulter le décret n° 2009-296/PR portant missions, attributions, organisation et fonctionnement de l'Autorité de régulation des marchés publics. L'article 2 de ce texte énonce que « L'Autorité de régulation des marchés publics est une autorité administrative indépendante qui jouit d'une indépendance fonctionnelle et organique sur toutes les questions relatives à ses missions (…). Elle est dotée de la personnalité juridique et d'une autonomie de gestion administrative et financière. »

[25] Lire le décret n° 2013-308 du 8 mai 2013 portant modification du décret n° 2009-260 du 6 août 2009 portant organisation et fonctionnement de l'Autorité Nationale de Régulation des Marchés Publics (ANRMP). L'article 2 nouveau de ce décret dispose, dans une formulation particulièrement insolite, que « L'Autorité Nationale de Régulation des Marchés Publics est un organe spécial indépendant ».

La jurisprudence renforce cette qualification, puisqu'elle ne reconnaît aux autorités de régulation des marchés publics qu'une nature administrative. Les exemples sénégalais, malien et ivoirien apparaissent, à cet égard, suffisamment illustratifs.

En effet, dans un arrêt *État du Sénégal contre Autorité de régulation des marchés publics*, en date du 5 mai 2009, rendu à propos d'une affaire où le requérant fait grief à l'autorité de régulation de s'être érigée en juge de la légalité, la Chambre administrative de la Cour suprême du Sénégal rappelle, au détour d'un considérant, que « l'Agence de Régulation des Marchés publics » est une « autorité administrative ayant une autonomie financière ».

Dans un arrêt du 6 juin 2013, *Direction générale du contentieux de l'État contre Autorité de régulation des marchés publics et des délégations de service public*, la section administrative de la Cour suprême du Mali, va abonder dans le même sens et qualifier l'autorité de régulation de « structure administrative ».

Le juge suprême ivoirien ne déroge pas à la règle, « Considérant que l'Autorité nationale de régulation des marchés publics est un organe administratif ». Cette qualification résulte bien de la décision *Société Dragon-Côte d'Ivoire contre Autorité nationale de régulation des marchés publics*, rendue le 27 février 2013 par la Chambre administrative de la Cour suprême de Côte d'Ivoire, consécutivement à l'annulation par l'autorité de régulation d'un marché attribué au requérant.

On observe ainsi, à travers ces différents arrêts, une consécration jurisprudentielle de la nature administrative des autorités de régulation des marchés publics.

Pour la doctrine dominante, l'autorité de régulation est une autorité administrative[26].

La thèse de Laurence Calandri, consacrée à la notion de régulation, soutient visiblement cette position. Les autorités de régulation y sont décrites, en effet,

---

[26] Voir, par exemple, Yves Gaudemet, « Introduction », in « La régulation, Nouveaux modes ? Nouveaux territoires », Colloque ENA, 29 janvier 2004, *Revue Française d'Administration Publique*, 2004, n° 109, p. 13 : « La régulation est la forme moderne de l'action administrative » ; Seydou Traoré, « Les autorités administratives indépendantes dotées de la personnalité morale : vers une réintégration institutionnelle de la catégorie juridique ? », *Droit administratif*, août-septembre 2004, p. 16 et suivantes : l'auteur conteste l'idée selon laquelle réguler ne serait pas administrer, expliquant que la fonction de régulation est exercée par des autorités administratives ; Jérôme Gallot, « Qu'est-ce que la régulation ? », in *Concurrence et régulation des marchés*, *Cahiers français*, mars-avril 2003, n° 313, La Documentation française, spéc. p. 56, où l'auteur écrit que la régulation « est (…) une modalité de l'action publique » ; Guylain Clamour, *Intérêt général et concurrence. Essai sur la pérennité du droit public en économie de marché*, Paris, Dalloz, Nouvelle Bibliothèque de Thèses, 2006, p. 692-695 : « La régulation constitue une activité administrative ».

comme étant « des organismes administratifs particuliers »[27], qui exercent « une activité administrative spécifique »[28].

Au regard des textes, de la jurisprudence et des travaux réalisés par la doctrine, la nature administrative des autorités de régulation est affirmée ; l'affirmation semble catégorique. Cette position est, d'ailleurs, confortée par un argument tenant à la nature des décisions que rendent ces autorités.

B- L'argument tenant à la nature des décisions rendues

La nature des décisions rendues par les autorités de régulation des marchés publics contribue à les classer dans la catégorie des autorités administratives. Ces décisions, réputées administratives (1), se trouvent ainsi dépourvues de l'autorité de la chose jugée (2).

1- Des décisions réputées administratives

La qualité d'autorité administrative reconnue à l'autorité de régulation des marchés publics a pour conséquence que ses actes ou décisions n'ont qu'une nature administrative, du moins au regard des textes juridiques et de la jurisprudence, relayés et renforcés par la doctrine.

S'agissant de la réglementation en vigueur dans les États francophones d'Afrique de l'Ouest, il faut noter et observer que l'unanimité est faite sur la nature administrative des décisions rendues au contentieux par les autorités de régulation des marchés publics. On peut citer, à titre illustratif et sans qu'il soit besoin d'insister, l'article 42 du décret n° 2014-554 portant création, attributions, organisation et fonctionnement de l'Autorité de régulation de la commande publique au Burkina Faso, qui énonce que les décisions rendues au contentieux par cet organisme sont des « actes administratifs » « susceptibles de recours devant la juridiction compétente ». Dans le même sens, l'article 10 de la loi n° 039-2016/AN du 2 décembre 2016, portant réglementation générale de la commande publique au Burkina, indique que les actes de l'autorité de régulation « sont soumis au contrôle de légalité du juge administratif ». Par ailleurs, au Mali, l'article 21 de la loi n° 08-023 du 23 juillet 2008 relative à l'Autorité de régulation des marchés publics et des délégations de service public dispose que « Les actes et sanctions prononcées par l'autorité de régulation ont le caractère d'actes administratifs et sont susceptibles de recours juridictionnels ».

---

[27] Laurence Calandri, *Recherche sur la notion de régulation en droit administratif français*, Paris, Librairie générale de droit et de jurisprudence, 2008, p. 385 et suivantes.

[28] Laurence Calandri, *Recherche sur la notion de régulation en droit administratif français*, op. cit., p. 383 et suivantes.

De ce qui précède, il résulte que les actes des autorités de régulation des marchés publics, pris en matière contentieuse, n'ont que l'autorité de la chose décidée[29].

La jurisprudence confirme cette idée souvent de manière explicite, et parfois de manière implicite. Dans l'arrêt rendu le 27 février 2013 par la Chambre administrative de la Cour suprême de Côte d'Ivoire, *Société Dragon-Côte d'Ivoire dite DRACI contre Autorité nationale de régulation des marchés publics*, la qualification administrative des décisions rendues au contentieux par l'autorité de régulation est donnée, de manière implicite, par le juge, en ces termes : « Considérant que l'Autorité nationale de régulation des marchés publics est un organe administratif ; qu'il s'ensuit que le recours d'excès de pouvoir à l'encontre de ses décisions, contrairement à ce qu'elle soutient dans son mémoire en défense, reste soumis à l'obligation du recours administratif préalable ». En droit administratif ivoirien, le recours juridictionnel exercé contre les décisions administratives est obligatoirement précédé d'un recours administratif, dont l'intérêt est particulièrement discuté[30].

De manière explicite, le juge qualifie également les décisions rendues au contentieux par les autorités de régulation des marchés publics. On a pu le relever dans un arrêt rendu le 6 juin 2013 par la Section administrative de la Cour suprême du Mali, à propos d'une affaire opposant le Ministère de l'Administration territoriale, de la décentralisation et de l'aménagement du territoire à l'Autorité de régulation des marchés publics et des délégations de service public. Le juge malien fait observer que « Les actes et sanctions prononcées par l'autorité de régulation ont le caractère d'actes administratifs et sont susceptibles de recours juridictionnels ». Dans un autre arrêt rendu par la même juridiction, le 24 octobre 2013, *Société Yattassaye et autres contre Autorité de régulation des marchés publics*, le juge va reprendre la même idée et rappeler l'administrativité des décisions rendues au contentieux par l'autorité de régulation.

De façon générale, c'est par la voie du recours pour excès de pouvoir que le juge contrôle la légalité des décisions rendues au contentieux par les autorités de régulation. Or, l'on sait qu'un tel recours, qui déclenche le procès

---

[29] Sur la question, voir, notamment, Roger-Gérard Schwartzenberg, *L'autorité de chose décidée*, Paris, Librairie générale de droit et de jurisprudence, 1969, 452 pages ; Georges Vedel et Pierre Delvolvé (avec la collaboration de), *Droit administratif*, Paris, Presses universitaires de France, coll. Thémis Droit, 1980, p. 278 et suivantes.

[30] On lira avec intérêt Pierre-Claver Kobo, « Le recours administratif préalable, une condition de recevabilité absurde du recours d'excès de pouvoir ? », *Revue ivoirienne de droit*, n° 38, 2007, p. 60-110.

fait à l'acte, n'est dirigé que contre les décisions administratives, si l'on se réfère à la vénérable et illustre jurisprudence Dame Lamotte[31].

Ceci est, d'ailleurs, conforté par les décisions que rendent les autorités de régulation statuant en matière contentieuse ; ces décisions précisent généralement que les recours exercés par les requérants ont une nature non juridictionnelle[32]. C'est dire qu'ils ne peuvent déboucher que sur des décisions administratives de l'autorité de régulation ; une décision juridictionnelle ne pouvant, par principe, résulter d'un recours non juridictionnel.

Il en découle, nécessairement, des conséquences théoriques. Théoriquement, en effet, on voit bien se dégager l'idée que les actes édictés par les autorités de régulation, autorités administratives indépendantes, ne semblent pas devoir échapper à leur nature administrative. Ceci amène à constater que les décisions rendues au contentieux par les organes de régulation sont dotées de l'autorité de la chose décidée et à rappeler, par ailleurs, qu'elles sont dépourvues de l'autorité de la chose jugée.

2- Des décisions dépourvues de l'autorité de la chose jugée

La justiciabilité des décisions rendues au contentieux par les autorités de régulation des marchés publics se trouve justifiée également par le fait que ces décisions sont dépourvues de l'autorité de la chose jugée. Dans la mesure où il ne s'agit pas de décisions juridictionnelles, mais plutôt de décisions administratives ayant un caractère exécutoire. Elles ne sauraient, raisonnablement, échapper au contrôle du juge.

Vedel explique que l'autorité de la chose jugée est l'effet formel attaché aux actes juridictionnels. Cet effet formel n'est acquis que pour les décisions définitives, insusceptibles de recours, soit par épuisement des voies de recours, soit par expiration des délais de recours[33]. « Le jugement ou l'arrêt passé en force de chose jugée a valeur de vérité légale, [en vertu du principe *res judicata pro veritate habetur*, d'après lequel la chose jugée doit être tenue pour vérité]. Ce qui a été jugé définitivement ne peut plus être remis en

---

[31] Conseil d'État français, Assemblée, 17 février 1950, Dame Lamotte, *Rec.*, p. 110 ; *Revue du droit public*, 1951, p. 478, concl. J. Delvolvé, note Waline.

[32] Pour des exemples ivoiriens, voir notamment : Autorité nationale de régulation des marchés publics, Décision n° 042/2015/ANRMP/CRS du 29 décembre 2015 sur le recours du cabinet Afric Consulting Group contestant les résultats de l'appel d'offres national n° P102/2015 organisé par la Poste de Côte d'Ivoire ; ANRMP, Décision n° 037/2015/ANRMP/CRS du 12 novembre 2015 sur le recours de la société Borro Frères contestant les résultats de l'appel d'offres n° F18/2015 organisé par le Programme national de développement communautaire ; ANRMP, Décision n° 001/2016/ANRMP/CRS du 14 janvier 2016 sur le recours de l'entreprise INCI Construction contestant les résultats de l'appel d'offres n° F411/2015 organisé par le Port autonome d'Abidjan.

[33] Georges Vedel et Pierre Delvolvé (avec la collaboration de), *Droit administratif*, précité, p. 391.

question, ni directement ni indirectement, ni par voie d'action ni par voie d'exception.[34] »[35]

On considère donc qu'à partir du moment où les décisions rendues au contentieux par les autorités de régulation des marchés publics n'ont pas valeur de vérité légale, elles ne sauraient être regardées comme des décisions définitives. Et dans ces conditions, elles ne sont pas inattaquables.

Il en découle que les décisions que rendent les autorités de régulation, en matière contentieuse, sont susceptibles d'être déférées au juge, d'être annulées ou confirmées par une juridiction. L'avenir ou le sort des décisions régulatoires dépend amplement de ces contingences, faisant ainsi du juge de la légalité le censeur des décisions de l'autorité de régulation prises en matière contentieuse. Et dans cette hypothèse, seules les décisions que rend le juge de la légalité, généralement le juge suprême, ont l'autorité de la chose jugée.

Pourtant, quand on regarde attentivement la question, le contrôle exercé par le juge sur les décisions de l'autorité de régulation n'échappe pas à la critique. Ce contrôle, sans doute fondé ou justifié à la fois juridiquement et théoriquement, apparaît néanmoins discutable.

II- Un contrôle néanmoins discutable

Le contrôle juridictionnel exercé sur les décisions rendues au contentieux par les autorités de régulation des marchés publics, dans les États francophones d'Afrique de l'Ouest, suscite interrogations et questionnements. Bien que présenté comme justifié et fondé, il apparaît discutable pour deux raisons au moins. Premièrement, le contrôle est discutable en raison de ce que le statut organique des autorités de régulation est construit sur des ambiguïtés (A). Deuxièmement, cette discutabilité du contrôle est justifiée par la diversification problématique des fonctions exercées par les autorités de régulation des marchés publics (B).

A- Un statut organique construit sur des ambiguïtés

Le contrôle juridictionnel exercé sur les décisions des autorités de régulation apparaît problématique, dans la mesure où, organiquement, le statut de ces autorités est construit ou fondé sur des ambiguïtés. On constate que les éléments structurants de ce statut peuvent être discutés. Les autorités de régulation des marchés publics sont, en effet, dotées d'une administrativité susceptible d'être débattue (1) et bénéficient d'une indépendance qui peut être questionnée (2).

---

[34] Ibidem, p. 391.

[35] Voir également René Dégni-Ségui, *Droit administratif général*, Tome 2, Abidjan, éd. NEI-CEDA, 2012, p. 55 ; René Chapus, *Droit du contentieux administratif*, Paris, Montchrestien, 13e éd., 2008, p. 1084 et suivantes.

1- Une administrativité en débat

Les autorités de régulation des marchés publics, on l'a souligné, sont qualifiées d'autorités administratives, aussi bien par les textes, la jurisprudence que la doctrine. Pourtant, l'analyse permet de constater que les choses ne sont pas aussi simples, aussi nettes, tant la figure de ces autorités de régulation que leur morphologie, rendent complexe la détermination de leur nature juridique.

Ceci pousse à s'interroger et à poser la question de savoir si les autorités de régulation des marchés publics, en dépit des idées reçues, sont des autorités administratives ou plutôt des autorités juridictionnelles. Autrement dit, l'autorité de régulation des marchés publics statuant au contentieux, doit-elle être considérée, réellement, comme une administration ou comme une juridiction ?

L'interrogation n'est pas malvenue si l'on considère le lien ou l'interpénétration, voire la confusion, entre les fonctions contentieuses et les fonctions juridictionnelles, ainsi que la difficulté à identifier la nature juridique d'organes qui, intrinsèquement, échappent à toute tentative de classification ou de catégorisation. Elle rappelle, au fond, la nécessité de rediscuter et d'apprécier les critères retenus pour distinguer entre l'administration et la juridiction. La doctrine a pu montrer l'intérêt d'une telle distinction[36]. Mais, on peut se demander aujourd'hui, si celle-ci a encore une réelle utilité[37].

Laure Milano a montré et démontré l'inadaptation des critères traditionnels de définition de la notion de juridiction et relevé l'intérêt et la nécessité de dépasser les catégorisations classiques[38]. On assiste, aujourd'hui, effectivement à un phénomène de juridictionnalisation des autorités administratives indépendantes, dotées d'un pouvoir de sanction, dans l'exercice de leurs fonctions contentieuses. De sorte qu'il devient nécessaire

[36] Voir René Chapus, « Qu'est-ce qu'une juridiction ? La réponse de la jurisprudence administrative », in *Recueil d'études en hommage à Charles Eisenmann*, Paris, éd. Cujas, 1975, p. 265-297 ; Raymond Carré de Malberg, *Contribution à la théorie générale de l'État*, Paris, Sirey, 1920, Tome 1, p. 691-816 ; Pierre Lampué, « La notion d'acte juridictionnel », *Revue du droit public*, 1946, Tome 62, p. 5-67 ; Roger Bonnard, « La conception matérielle de la fonction juridictionnelle », in *Mélanges R. Carré de Malberg*, Paris, Sirey, 1933, p. 1-29 ; Léon Duguit, « L'acte administratif et l'acte juridictionnel », *RDP*, 1906, p. 470 et suivantes ; Marcel Waline, « Les critères des actes juridictionnels », *RDP*, 1933, p. 565 et suivantes ; Jean-Marie Auby, « Autorités administratives et autorités juridictionnelles », *Actualité Juridique Droit Administratif*, 1995, p. 91 et suivantes ; Jacques Chevallier, « Fonction contentieuse et fonction juridictionnelle », in *Mélanges en l'honneur du Professeur Stassinopoulos*, LGDJ, 1974, p. 275-290.

[37] Laure Milano, « Qu'est-ce qu'une juridiction ? La question a-t-elle encore une utilité ? », in *Revue française de droit administratif*, 2014, p. 1119 et suivantes.

[38] Sur ces points, voir Laure Milano, « Qu'est-ce qu'une juridiction ? La question a-t-elle encore une utilité ? », précité.

de relativiser les critères traditionnels de définition de la notion de juridiction. On rappelle que la reconnaissance de la qualité de juridiction à un organisme repose sur trois critères : le critère matériel, le critère organique et le critère formel. Le critère matériel est celui qui s'intéresse aux qualités intrinsèques de l'acte et qui définit l'acte juridictionnel comme un acte destiné à trancher définitivement un litige conformément au droit. Le critère organique se rapporte à la nature de l'organe qui exerce la fonction juridictionnelle. Le critère formel, quant à lui, est relatif aux formes et procédures appliquées.

De tels critères ne sont plus décisifs ou déterminants pour refuser d'inscrire les autorités de régulation des marchés publics dans la catégorie des autorités juridictionnelles. S'agissant du critère matériel que le Professeur René Chapus considère comme déterminant dans la définition de la notion de juridiction[39], on s'aperçoit qu'il est possible de le remettre en question, dans la mesure où les autorités de régulation des marchés publics, en statuant au contentieux, exercent une activité juridictionnelle et appliquent le droit pour régler des différends[40]. On peut ainsi faire le lien avec le critère formel et relever qu'il est devenu inutile en tant que critère de définition des juridictions, puisque les garanties procédurales et formes applicables aux autorités de régulation des marchés publics sont similaires à celles appliquées aux juridictions[41]. Quant au critère organique, retenu généralement par le juge pour écarter les autorités administratives indépendantes de la catégorie des autorités juridictionnelles[42], il faut constater qu'il n'est plus véritablement déterminant[43], parce que les juridictions classiques ne sont plus les seules à exercer la fonction

---

[39] René Chapus, « Qu'est-ce qu'une juridiction ? La réponse de la jurisprudence administrative », précité.

[40] Cf. Marie-Anne Frison-Roche, « Le pouvoir du régulateur de régler les différends : entre office de régulation et office juridictionnel civil », in M.-A. Frison-Roche (sous la direction de), *Les risques de la régulation*, Dalloz, 2005, p. 269-287.

[41] Notamment le respect des droits de la défense et du principe du contradictoire. Pour un exemple jurisprudentiel, voir Chambre administrative de la Cour suprême de Côte d'Ivoire, 30 décembre 2014, arrêt n° 188, *Société Jan de Nul contre Autorité nationale de régulation des marchés publics*, confirmé par CACS-CI, 19 octobre 2016, arrêt n° 169, *Société abidjanaise de dépannage dite SOAD contre Autorité nationale de régulation des marchés publics*. Pour un exemple textuel, voir le décret n° 2014-554/PRES/PM portant création, attributions, organisation et fonctionnement de l'Autorité de régulation de la commande publique au Burkina Faso, dont l'article 36 énonce que « Pour chaque affaire, l'organe de règlement des différends, [organe de l'autorité de régulation) apprécie sa propre compétence, examine la recevabilité de la requête et se prononce sur le fond et exclusivement sur les griefs dont il est saisi. La procédure doit respecter les principes du contradictoire et d'équité. (…) L'organe de règlement des différends est tenu de motiver ses décisions ».

[42] Voir, par exemple, Chambre administrative de la Cour suprême du Sénégal, arrêt n° 12 du 5 mai 2009, *État du Sénégal contre Autorité de régulation des marchés publics et autres*.

[43] Pour une démonstration convaincante, voir Laure Milano, « Qu'est-ce qu'une juridiction ?... », précité.

juridictionnelle, et que, de plus en plus, des organismes administratifs ou considérés comme tels exercent également cette fonction.

D'autres arguments plaident en faveur d'une reconnaissance de la qualité de juridiction à l'autorité de régulation des marchés publics, statuant au contentieux : l'argument de sa nature hétérogène, l'argument de sa composition hétéroclite et l'argument de la forme de ses décisions, calquées sur celle des décisions rendues par les juridictions classiques.

D'abord, l'argument de la nature hétérogène des autorités de régulation des marchés publics : il n'est pas contestable que ces autorités apparaissent à la fois comme des autorités administratives lorsqu'elles exercent des fonctions non contentieuses et comme des autorités juridictionnelles lorsqu'elles exercent des fonctions contentieuses, ce qui permet d'établir le lien entre fonctions contentieuses et fonctions juridictionnelles. Le refus de reconnaître la qualité de juridiction aux autorités de régulation, lorsqu'elles statuent au contentieux, semble méconnaître une réalité pourtant indiscutable, celle du dédoublement fonctionnel des juridictions classiques qui exercent à la fois des fonctions administratives ou consultatives et des fonctions juridictionnelles. À l'image de ces juridictions classiques, les autorités de régulation des marchés publics exercent des fonctions contentieuses et des fonctions non contentieuses, ou, si l'on préfère, des fonctions administratives et des fonctions juridictionnelles[44]. Par ce dédoublement fonctionnel, les autorités de régulation confirment l'hétérogénéité de leur nature qui rend problématique ou discutable la question de la nature du contrôle juridictionnel exercé sur les décisions qu'elles rendent au contentieux.

Ensuite, l'argument de la composition hétéroclite des autorités de régulation des marchés publics : sur ce point, il faut indiquer que l'organe de règlement des litiges relatifs aux marchés publics est composé de membres divers. On y retrouve, notamment, des administrateurs, des magistrats, des membres de la société civile et du secteur privé. Les textes juridiques insistent sur la nécessité de respecter cette diversification dans la composition de l'organe de règlement des différends[45]. Et le juge de la légalité est très attaché

---

[44] Voir, par exemple, le décret n° 2009-296/PR du 30 décembre 2009 portant missions, attributions, organisation et fonctionnement de l'Autorité de régulation des marchés publics au Togo. La première section de ce décret est consacrée aux missions et attributions de l'autorité de régulation en matière administrative et consultative, tandis que la section 3 est relative aux missions et attributions en matière contentieuse (au sens de juridictionnelle ?).

[45] Voir, par exemple, l'article 27 nouveau du décret n° 2011-182/PR modifiant le décret n° 2009-296/PR du 30 décembre 2009 portant missions, attributions, organisation et fonctionnement de l'Autorité de régulation des marchés publics au Togo, qui énonce que « (...) Le comité de règlement des différends, [organe de l'Autorité de régulation des marchés publics] est composé [du] président du conseil de régulation, [d'un] magistrat, [de] deux membres appartenant l'un au secteur privé et l'autre à la société civile, désignés par le conseil de régulation ». Pour des exemples similaires d'organes de règlement des différends composés de

au respect de cette règle ; il a déjà eu l'occasion d'annuler des décisions rendues au contentieux par des autorités de régulation, en méconnaissance de cette règle, surtout lorsque la procédure s'est déroulée et que les décisions ont été prises en l'absence du membre magistrat[46]. La présence obligatoire d'un magistrat au sein de l'organe de règlement des différends relatifs aux marchés publics achève de convaincre que les autorités de régulation des marchés publics n'ont pas qu'une nature administrative, mais qu'elles doivent être regardées également comme ayant une nature juridictionnelle. On peut ainsi les voir ou les appréhender comme des juridictions spécialisées, insusceptibles d'être rangées dans les catégories classiques, au point d'apparaître et de faire office de juridictions *sui generis*.

Enfin, l'argument de la forme des décisions rendues par les autorités de régulation, lorsqu'elles statuent au contentieux : elle n'a rien à envier aux décisions rendues au contentieux par les juridictions classiques. Les décisions rendues, en matière contentieuse, par les autorités de régulation des marchés publics, ont, en effet, une présentation similaire à celle des décisions juridictionnelles classiques. Elles comportent une date, un numéro, l'identité des parties au litige, des visas, l'exposé des faits, de la procédure suivie et des moyens de la requête, l'objet du litige, l'examen de la recevabilité de la requête et du fond de l'affaire, des considérants, les motifs qui fondent ces décisions et un dispositif[47]. Cette construction de la décision régulatoire repose, d'ailleurs, sur des dispositions textuelles. On peut, à ce sujet, citer l'exemple burkinabé. En effet, l'article 36 du décret n° 2014-554/PRES/PM portant création, attributions, organisation et fonctionnement de l'Autorité de régulation de la commande publique au Burkina Faso, énonce que « Pour chaque affaire, l'organe de règlement des différends [organe de l'autorité de régulation) apprécie sa propre compétence, examine la recevabilité de la

---

représentants de l'Administration, de magistrats, de membres de la société civile et du secteur privé, voir également : le décret n° 2007-546 du 25 avril 2007 portant organisation et fonctionnement de l'Autorité de Régulation des Marchés Publics au Sénégal (articles 6 et 18) ; l'arrêté n° 661 /MEF/ANRMP du 14 septembre 2010 fixant les modalités de saisine, les procédures d'instruction et de décision de la cellule recours et sanctions de l'autorité nationale de régulation des marchés publics en Côte d'Ivoire (article 2).

[46] Pour un exemple significatif, voir Chambre administrative de la Cour suprême du Sénégal, arrêt n° 01 du 13 janvier 2011, *Port autonome de Dakar contre Comité de règlement des différends de l'autorité de régulation des marchés publics*.

[47] Pour des exemples ivoiriens, voir notamment : Autorité nationale de régulation des marchés publics, Décision n° 042/2015/ANRMP/CRS du 29 décembre 2015 sur le recours du cabinet Afric Consulting Group contestant les résultats de l'appel d'offres national n° P102/2015 organisé par la Poste de Côte d'Ivoire ; ANRMP, Décision n° 037/2015/ANRMP/CRS du 12 novembre 2015 sur le recours de la société Borro Frères contestant les résultats de l'appel d'offres n° F18/2015 organisé par le Programme national de développement communautaire ; ANRMP, Décision n° 001/2016/ANRMP/CRS du 14 janvier 2016 sur le recours de l'entreprise INCI Construction contestant les résultats de l'appel d'offres n° F411/2015 organisé par le Port autonome d'Abidjan.

requête et se prononce sur le fond et exclusivement sur les griefs dont il est saisi. La procédure doit respecter les principes du contradictoire et d'équité. (...) L'organe de règlement des différends est tenu de motiver ses décisions ».

Au regard de ce qui précède, on est fondé à soutenir que d'un point de vue matériel ou du moins fonctionnel, les autorités de régulation des marchés publics, lorsqu'elles statuent au contentieux, font office de juridictions. On peut même avancer que la doctrine de l'administrateur-juge, abandonnée en 1889 avec la jurisprudence *Cadot*, est ressuscitée par l'institutionnalisation des autorités de régulation des marchés publics dans les États d'Afrique francophone. À la différence que l'Administration que constituent ces autorités de régulation devient Juge pour trancher des litiges qui n'ont pas été engendrés par sa propre action. On a ici affaire à une Administration qui juge et à un Juge qui administre, c'est-à-dire à une Institution qui administre la justice en cas de litiges relatifs aux marchés publics. Ceci contribue à discuter des fondements ou de la nature du contrôle juridictionnel exercé sur les décisions des autorités de régulation des marchés publics, au même titre que leur indépendance qui invite au questionnement.

2- Une indépendance en questionnement

L'indépendance reconnue aux autorités de régulation des marchés publics est l'une des raisons qui rendent problématique et discutable le contrôle juridictionnel exercé sur les décisions rendues au contentieux par lesdites autorités. On s'appesantit sur la nature administrative de ces autorités et on occulte le fait qu'elles sont définies également comme des autorités indépendantes[48]. Or, il s'agit là d'une caractéristique essentielle qui rappelle leur particularité et qui invite à les faire échapper à toute forme de catégorisation ou de classification traditionnelle.

À quoi sert, finalement, une indépendance qui n'est pas vécue et sur laquelle l'accent n'est pas mis, puisqu'elle n'empêche pas le contrôle du juge ? On peut également s'interroger sur la signification et sur le contenu de cette notion d'indépendance, en allant au-delà des clauses de style et des pétitions de principe.

La notion d'indépendance, élément d'identification des autorités de régulation des marchés publics, apparaît particulièrement impropre. Il faudrait peut-être, à propos de ces organismes, parler plutôt d'autonomie et non

---

[48] Pour une étude d'ensemble relative au continent africain, consulter Nadjombé Gbeou-Kpayile, *Réflexions sur les autorités administratives indépendantes dans les États d'Afrique noire francophone : Les cas du Bénin, du Niger et du Togo*, Thèse de doctorat en droit, Poitiers, 2011 ; Ng. Ngom, *Les autorités administratives indépendantes en Afrique*, Thèse de doctorat d'État en droit, 2000-2001 ; Abdoulaye Diarra, « Les autorités administratives indépendantes dans les États francophones d'Afrique noire : cas du Mali, du Sénégal et du Bénin », in *Afrilex : Revue d'étude et de recherche sur le droit et l'administration dans les pays d'Afrique*, janvier 2000, 25 p.

d'indépendance. L'autonomie, notion également ambiguë[49], pouvant être définie comme une indépendance relative.

Raymond Carré de Malberg a démontré le lien et l'équivalence entre les concepts d'indépendance et de souveraineté, et les a présentés comme étant interchangeables ; l'indépendance et la souveraineté sont ainsi des synonymes[50]. Il précise que « La souveraineté, c'est le caractère suprême d'un pouvoir : suprême, en ce que ce pouvoir n'en admet aucun autre ni au-dessus de lui, ni en concurrence avec lui »[51]. La réalité est bien différente en ce qui concerne les autorités de régulation des marchés publics ; bien que présentées comme des autorités administratives indépendantes qui ne doivent recevoir des instructions d'aucune autorité[52], elles n'échappent pas au contrôle du juge. La censure susceptible d'affecter leurs décisions est la manifestation que l'indépendance qu'on leur reconnaît n'est pas conforme à la réalité ; ces décisions étant soumises au contrôle du juge qui dicte aux autorités de régulation la conduite à suivre chaque fois qu'elles sont annulées. On peut affirmer que l'adjectif « indépendant » est quelque peu trompeur ; aucun État ne semble considérer cette indépendance comme absolue, mais comme étant relative. Pontier précise qu'il s'agit d'une question de dosage[53].

Il existe manifestement, et malgré tout, un paradoxe consistant à reconnaître formellement l'indépendance aux autorités de régulation et à la méconnaître dans la pratique, ou plutôt à la vider de son contenu. Jean-Louis Autin résume l'ambiguïté en parlant de « bizarrerie juridique »[54]. Jean Rivero quant à lui, s'interrogeant sur la volonté d'indépendance rendue manifeste par la création de nouvelles autorités, invite à réfléchir davantage sur cette notion d'indépendance[55].

---

[49] Voir dans ce sens Marc Joyau, *De l'autonomie des collectivités territoriales françaises : essai sur la liberté du pouvoir normatif local*, Paris, LGDJ, 1998, p. 2 ; Robert Hertzog, « L'autonomie en droit : trop de sens, trop peu de signification ? », in Mélanges Paul Amselek, Bruxelles, éd. Bruylant, 2005, p. 445 et suivantes.

[50] Raymond Carré de Malberg, *Contribution à la Théorie générale de l'État*, Tome 1, Paris, Dalloz, 2004, p. 70 et suivantes.

[51] Raymond Carré de Malberg, *Contribution à la Théorie générale de l'État*, op. cit.

[52] Voir dans ce sens l'article 26 du décret n° 2014-554/PRES/PM portant création, attributions, organisation et fonctionnement de l'Autorité de régulation de la commande publique au Burkina Faso. Consulter également l'article 10 de la loi n° 039-2016/AN du 2 décembre 2016, portant réglementation générale de la commande publique au Burkina Faso.

[53] Jean-Marie Pontier, « Synthèse des rapports nationaux », in Patrice Gélard, *Rapports sur les autorités administratives indépendantes*, Office parlementaire d'évaluation de la législation (Sénat), n° 404, Tome 2, 2006, p. 180.

[54] Jean-Louis Autin, « Autorités administratives indépendantes, démocratie et État de droit », *Droit et société*, 2016/2, n° 93, p. 285-295, spéc. p. 286.

[55] Question posée par Jean Rivero lors du colloque organisé les 11 et 12 juin 1987 par le Centre d'études et de recherches sur l'administration publique de l'Université Paris 1 (Panthéon-Sorbonne). Les actes de ce colloque sont publiés in Claude-Albert Colliard et Gérard Timsit

La réflexion s'impose et l'interrogation reste persistante, dès lors qu'on s'aperçoit que la doctrine de la séparation des pouvoirs s'adapte difficilement à l'anomalie organisationnelle que représentent les autorités indépendantes, surtout que ces autorités indépendantes remettent vigoureusement en question la séparation triadique des pouvoirs[56]. Elles apparaissent à la limite comme un quatrième pouvoir, comme un pouvoir neutre[57], qui se situe en dehors des trois pouvoirs traditionnels que sont le pouvoir exécutif, le pouvoir législatif et le pouvoir juridictionnel. On a véritablement du mal à les classer parmi les trois pouvoirs classiques, notamment en raison des garanties d'indépendance dont elles sont dotées.

Au fond, il devient nécessaire de redéfinir le statut des autorités de régulation des marchés publics et de les qualifier simplement d'autorités administratives ou d'autorités administratives autonomes, puisqu'on se rend bien compte, en l'état actuel du droit positif, que l'indépendance qui leur est reconnue n'est que relative et elle n'est probablement pas décisive dans la mesure où ces organismes n'échappent pas au contrôle du juge. Ceci contribuerait à renforcer les fondements juridiques et théoriques ou les justifications du contrôle juridictionnel exercé sur les décisions rendues au contentieux par les autorités de régulation des marchés publics. La logique du contrôle juridictionnel des décisions régulatoires apparaîtrait ainsi plus visible. Pour l'heure, le doute n'est pas dissipé ; il est amplifié par la diversification problématique des fonctions exercées par les autorités de régulation des marchés publics.

B- Une diversification problématique des fonctions exercées

Le contrôle juridictionnel des décisions rendues par les autorités de régulation des marchés publics est rendu discutable par la diversification problématique des fonctions qu'elles exercent. Ces fonctions multiples invitent à s'interroger sur la pertinence des fondements du contrôle juridictionnel, au moins pour deux raisons. D'une part, leurs limites sont mouvantes (1) ; d'autre part, leur contenu est variable (2).

1- Des fonctions aux limites mouvantes

Quand on examine attentivement la réglementation, on s'aperçoit de la diversité et de la dynamique des fonctions exercées par les autorités de régulation des marchés publics. Il serait fastidieux de les énumérer et, d'ailleurs, l'intérêt de cette énumération n'est pas apparent. On peut,

---

(sous la direction de), *Les autorités administratives indépendantes*, Paris, Presses Universitaires de France, 1988, spéc. p. 310.

[56] András Sajó, « Les autorités indépendantes », in Michel Troper et Dominique Chagnollaud (Sous la direction de), *Traité international de droit constitutionnel*, Tome 2 : Distribution des pouvoirs, Paris, Dalloz, 2012, p. 321-365, spéc. p. 322.

[57] András Sajó, « Les autorités indépendantes », précité, p. 323 et 324.

cependant, noter et relever, à la suite du Professeur René Chapus, que les autorités de régulation, autorités administratives indépendantes, « sont dotées d'attributions de conseil, recommandation, contrôle, enquête, qui les investissent, en bref, d'un "pouvoir d'influence" »[58]. Les limites des fonctions exercées par les autorités de régulation, bien que fixées dans les textes, ne sont pas toujours statiques. En pratique, elles sont dynamiques, donnant ainsi la pleine mesure de la difficulté à cantonner les autorités de régulation uniquement dans la sphère administrative ou à ne les définir que par rapport à leurs activités administratives. Les textes juridiques[59] et la jurisprudence administrative[60] le confirment ; ils font apparaître l'élasticité des fonctions dévolues ou exercées par les autorités de régulation.

En réalité, la délimitation des attributions exercées par les autorités de régulation des marchés publics est difficile, car il faut bien voir qu'en intervenant dans un secteur économique aussi vital, ces organismes définissent la politique en matière de marchés publics. On a déjà expliqué que les autorités de régulation sont des autorités administratives particulières et qu'elles font office de juridictions spéciales lorsqu'elles règlent les différends. Cette observation amène à considérer que, par ses fonctions élastiques, l'autorité de régulation des marchés publics se situe à la frontière du politique, de l'administratif et du juridictionnel.

Des conséquences théoriques découlent de ce constat. En effet, on remarque que le caractère dynamique des fonctions exercées par les autorités de régulation des marchés publics, maillon essentiel de ce domaine d'activités économiques, bouscule les certitudes, déconstruit les logiques établies et remet en cause le principe de la séparation des autorités administratives et judiciaires, hérité du droit français. On observe également que cette élasticité fonctionnelle qui caractérise les autorités de régulation des marchés publics remet en question le principe de la séparation des pouvoirs cher à Locke[61] et Montesquieu[62]. Ce cumul des fonctions politiques, administratives et

---

[58] René Chapus, *Droit administratif général*, Tome 1, Paris, Montchrestien, 15e éd., 2001, p. 228.

[59] Voir les différents textes déjà cités.

[60] Voir, par exemple, Chambre administrative de la Cour suprême du Sénégal, arrêt n° 29 du 10 mai 2012, *Cellule nationale de traitement des informations financières et État du Sénégal contre Comité de règlement des différends de l'Autorité de régulation des marchés publics* : le premier considérant de cette décision rappelle que les autorités de régulation exercent des fonctions administratives et juridictionnelles ; elles émettent des avis, font des recommandations et tranchent les litiges en appliquant la réglementation.

[61] John Locke, *Traité sur le gouvernement civil*, 1690, in : http://classiques.uqac.ca/classiques/locke_john/traite_du_gouvernement/traite_du_gouv_civil.pdf

[62] Montesquieu, *De l'esprit des lois*, 1re Partie, Livres I à VIII, 1748, in : http://classiques.uqac.ca/classiques/montesquieu/de_esprit_des_lois/partie_1/esprit_des_lois_Livre_1.pdf

juridictionnelles, invite, inévitablement, à questionner les fondements théoriques du contrôle juridictionnel des décisions rendues par les autorités de régulation des marchés publics.

La difficulté à catégoriser définitivement les actes pris par les autorités de régulation des marchés publics, en matière contentieuse, est renforcée par le fait même que certaines décisions rendues ne précisent pas la nature de la saisine ou du recours exercé par les requérants. Ces décisions indiquent simplement qu'il y a saisine, comme si elles doutaient de la nature véritable de juridiction ou d'autorité administrative des organes de régulation[63]. Du coup, on ignore parfois si le recours exercé est effectivement juridictionnel ou non juridictionnel, étant donné que les organismes de régulation pensent être, dans la pratique, de véritables juridictions et n'hésitent pas à se comporter conformément à cette croyance.

Ceci interpelle le juriste et l'invite à s'interroger, à défaut d'affirmer. L'interrogation se précise et devient persistante avec le constat de la variabilité des fonctions exercées par les autorités de régulation des marchés publics, qui prolonge l'idée qui vient d'être développée.

2- Des fonctions au contenu variable

Les fonctions exercées par les autorités de régulation des marchés publics sont diversifiées. Cette diversification aboutit à rejeter toute catégorisation visant à ne reconnaître qu'une nature administrative aux autorités de régulation. Il serait réducteur, en effet, de voir ces organismes uniquement comme des autorités administratives, c'est-à-dire de se fonder exclusivement sur le critère organique – encore qu'il est discutable pour les définir. C'est dire que le critère matériel ou fonctionnel ne doit pas être occulté, car on voit bien que les autorités de régulation ne se limitent pas à exercer des fonctions administratives classiques. Dès lors, on peut regarder la notion d'autorité de régulation des marchés publics comme une notion fonctionnelle, c'est-à-dire une notion définissable uniquement par sa fonction. Le doyen Vedel explique que les notions fonctionnelles se distinguent des notions conceptuelles, par

63. Pour des exemples ivoiriens, voir Autorité Nationale de Régulation des Marchés publics : Décision 027/2015/ANRMP/CRS du 6 août 2015 sur le recours de la Société Gustave Computing Services contestant les résultats de l'appel d'offres n° F209/2015 organisé par le ministère de l'Éducation nationale et de l'enseignement technique ; Décision 001/2015/ANRMP/CRS du 9 janvier 2015 sur le recours de la Société CODIPAS contestant la résiliation pour faute, des marchés n° 2008-0-0-1189/08-24, 2008-0-0-1191/08-24, 2008-0-0-1193/08-24 et 2008-0-0-1194/08-24 par le ministre auprès du Premier Ministre chargé du budget.

rapport à leur contenu qui n'est pas abstraitement déterminé une fois pour toutes et qu'elles ne sauraient être indépendantes de ce à quoi elles servent[64].

La référence au critère fonctionnel fait apparaître non seulement la diversité des fonctions exercées par les autorités de régulation des marchés publics, mais également la variabilité, la mutabilité ou la mobilité de leur nature juridique. On observe, à leur égard, une forme de transversalité fonctionnelle qui les place dans la posture d'un organisme caméléon. En effet, en participant d'une façon ou d'une autre à la formation des règles qui régissent le domaine des marchés publics, les autorités de régulation s'habillent en législateurs. Par les différends qu'elles règlent, elles apparaissent comme des juges. Naturellement, leur qualité d'administrateurs n'est pas discutée ou remise en cause.

Ainsi, en fonction des circonstances, la nature véritable des autorités de régulation des marchés publics change. Elle se conforme aux fonctions exercées par ces organismes. Ceci amplifie le contenu de la notion de régulation qui devient dynamique et hétérogène. C'est cette idée qu'a voulu exprimer András Sajó, lorsqu'il affirme que l'autorité de régulation, autorité indépendante, « s'empare des fonctions régulatrices, juridictionnelles et administratives »[65], « elle accumule diverses prérogatives et pourrait s'ingérer dans la sphère de compétence »[66] des pouvoirs publics. Et on voit bien que « l'existence d'une entité dotée de fonctions administratives, régulatrices et même juridictionnelles, défie l'orthodoxie constitutionnelle et le droit constitutionnel positif »[67].

Dès lors que les attributions ou fonctions consacrées par les textes ne correspondent pas toujours à la réalité dans leur mise en œuvre, il se pose immédiatement la question de savoir si l'autorité de régulation des marchés publics administre ou juge, lorsqu'elle tranche des litiges. Ceci pose, en arrière-plan, le problème de la pertinence des fondements du contrôle juridictionnel exercé et celui de la nature du contrôle juridictionnel à retenir, si un tel contrôle doit être maintenu. Faut-il maintenir le contrôle en annulation pour excès de pouvoir ou consacrer plutôt un contrôle en cassation ? Faut-il supprimer tout contrôle juridictionnel à propos des décisions rendues au contentieux par les autorités de régulation des marchés publics et considérer que ces décisions ont l'autorité de la chose jugée ? Tout va dépendre, évidemment, de l'évolution ou non du statut des organismes de régulation.

---

[64] Georges Vedel, *Juris-Classeur Périodique*, 1948, I, n° 682 (Étude relative à la jurisprudence Septfonds-Barinstein). Et *Juris-Classeur Périodique*, 1950, I, n° 851 (Étude relative à la voie de fait).
[65] András Sajó, « Les autorités indépendantes », précité, p. 352.
[66] András Sajó, précité, p. 352-353.
[67] András Sajó, précité, p. 353.

Conclusion

Au terme de cette réflexion, on observe que le contrôle juridictionnel des décisions rendues au contentieux par les autorités de régulation des marchés publics est fondé sur des arguments discutables. L'analyse permet de voir que les fondements du contrôle sont susceptibles d'être questionnés. Les questions posées sont délicates et les réponses à ces questions ne sont pas toujours évidentes. Elles demandent une réflexion en profondeur sur la nature de ces figures nouvelles que sont les autorités administratives indépendantes, qui imposent une nouvelle façon d'administrer et de gouverner. Elles placent également ces entités à l'identification incertaine, du moins au regard de la pratique, dans une forme de contingences à la fois organique et fonctionnelle, qui laisse ouvert le débat de la réforme de leur statut.

ÉLÉMENTS CONCLUSIFS ET DE RÉFLEXION SUR LES TRANSFORMATIONS CONTEMPORAINES DU DROIT PUBLIC EN AFRIQUE

Fabrice HOURQUEBIE

Professeur Agrégé de droit public
Directeur de l'École doctorale de droit
Secrétaire général de l'Association française de droit constitutionnel
Université de Bordeaux/ France

Ce texte est la version prononcée à l'issue du colloque

Réfléchir aux transformations du droit public en Afrique suppose de s'interroger sur la substance de ces transformations et sur leurs modalités afin de tenter de les systématiser. Pour mieux percevoir ces mutations, nous devons d'abord interroger la notion d'État en Afrique : sa place, son rôle (régulateur, opérateur économique, protecteur ?), ses recompositions. Nous devons aussi saisir les trajectoires constitutionnelles des États africains. Car si transformation il y a, alors il y a mutation, ce qui implique de revenir sur l'existant, mesurer les évolutions, les écarts, les modifications de la forme première de l'existant et identifier les modèles reçus. Enfin, les transformations contemporaines du droit public incitent à identifier les tendances lourdes de ces transformations. Certaines peuvent être constructives, quand d'autres seront neutralisantes, alors que certaines autres seront plutôt déstabilisatrices. C'est ici une grille d'analyse possible. Mais certainement difficile à remplir tant le droit africain est un droit pluriel et multifonctionnel. La pluralité des origines, la multiplicité des sources de droit et la diversité des espaces géographiques régionaux auraient d'ailleurs peut-être plutôt dû conduire à faire référence « aux droits publics africains ».

En toutes hypothèses, les mutations contemporaines du droit public en Afrique pourront être appréhendées à partir des transformations du contexte ***(I)*** qui rétroagissent tant sur les transformations des pratiques ***(II)*** que des cadres juridiques ***(III)***.

I- Les transformations du contexte

C'est la question de la singularité du contexte ou des contextes qui doit être examinée ici.

A- L'existence d'un droit public africain

1. Droit public africain ou droits publics en Afrique ? C'est la première question fondamentale qui sous-tend l'approche de ce colloque. Il n'y aurait pas un droit public spécifique, mais des droits formés à partir des droits coloniaux. Au contraire, si on opte pour l'existence d'un droit public africain, cela oblige ma doctrine à le systématiser. En réalité, si le principe du mimétisme constitutionnel et institutionnel a conduit à la construction d'un socle commun de principes, il n'en demeure pas moins que des spécificités existent ou demeurent (principe de spécialité, édiction de règles juridiques applicables localement…), sous-tendues par les mécanismes de libéralisation du droit.

2. Autre spécificité du contexte : les logiques d'intégration qui se déploient dans plusieurs sous-espaces gouvernés par plusieurs organisations d'intégration. La difficulté qui en découle est celle de la concurrence de ces organisations régionales. Il en découle des conséquences sur le plan de l'inter-normativité (relations des normes régionales entre elles) ; sur le plan des rapports de systèmes (articulation entre les ordres juridiques nationaux et d'intégration) ; ou sur le plan de « l'inter-juridictionnalité » (conflits entre les cours de justice de l'UEMOA et de la CEDEAO). D'où, il découle un nouveau contexte marqué par une pluralité d'ordres juridiques (vision optimiste), ou par un désordre juridique potentiel (vision pessimiste) ; et par une implication toujours grandissante de la communauté internationale dans les droits nationaux et régionaux. Autant de facteurs déterminants dans la redéfinition des contextes dans lesquels évoluent les droits publics africains.

B- La construction d'un modèle

1. À travers l'exigence de contextualisation, c'est finalement la question du modèle qui est posée. Modèle juridique français pour les droits africains ? Ou le droit public africain comme modèle en lui-même ? Mais un modèle est à la fois pérenne et appelé à évoluer. Le modèle de référence est soumis à un ensemble de contraintes qui le transforment et qui interrogent sur sa transposabilité.

2. Deux exemples illustrent l'évolution des modèles de référence. Ainsi en est-il de la mutation de la place des femmes dans les services publics et la fonction publique, liée à la Première Guerre mondiale. Cette mutation traduit une transformation du modèle de l'administration française, avec la construction progressive d'un statut dans une fonction publique française patriarcale. Autre exemple, celui du modèle de système politique pertinent. République ou chefferie en Afrique ? Un peu des deux peut-être, tant le statut du chef de l'État est lié à la personnalisation du pouvoir, de l'Etat et du parti.

II- Les transformations du cadre juridique

Pour s'inspirer du propos du doyen Vedel, c'est le lieu ici de s'interroger sur la continuité des cadres administratifs et la discontinuité des cadres constitutionnels en Afrique francophone…ou l'inverse.

A- La refondation des cadres constitutionnels

1. Les transformations profondes sont liées aux acquis des indépendances et à la véritable rupture politique et constitutionnelle des années quatre-vingt-dix. Les droits et libertés ont été consacrés dans les préambules ou les sections dédiées des constitutions. Le corollaire est la création des juridictions constitutionnelles qui incarnent une profonde transformation du droit public dans la protection des libertés fondamentales. Pour reprendre l'expression du doyen Favoreu, les Cours africaines sont passées de régulatrices de l'activité normative des pouvoirs publics à gardiens des droits et libertés fondamentales des individus.

2. Mais la transformation des cadres constitutionnels est plus largement liée à la mutation des cadres démocratiques, et plus particulièrement à la place du citoyen dans la démocratie constitutionnelle. C'est aujourd'hui l'idée de démocratie continue, chère à Habermas, qui domine, c'est-à-dire une démocratie des droits de regards permanents. C'est aussi l'idée de contre-démocratie défendue par Pierre Rosanvallon ou de l'État post moderne de Jacques Chevallier. Cette conception de la démocratie débouche sur l'avènement aujourd'hui d'un droit constitutionnel démotique, qui se caractérise notamment par le recentrage de l'individu dans les processus de décision. Reste que l'on peut être sceptique face aux multiples déclinaisons de la démocratie, qui sont marquées d'ajustements et de transformations du cadre démocratique. La démocratie participative, d'opinion, sociale, économique, locale, sanitaire sont autant de dévaluations du sens de la notion même de démocratie. Censées suppléer les lacunes de la démocratie, elles sont en réalité la manifestation du déclin de la démocratie. La démocratie est nationale, politique et constitutionnelle ou n'est pas. Le cadre juridique de son exercice est à cette condition.

B- La mutation des cadres de l'action administrative

1. C'est d'abord la transformation du droit administratif substantiel ou matériel qu'il convient d'évoquer. Cette transformation prend cinq directions : soit le sens d'une fortification au bénéfice de l'administration (Afrique) ; soit le sens de la subjectivisation des droits de l'administré (France) ; soit le sens d'une codification intensive (limitant de fait l'intervention du juge), signe d'une profonde mutation du droit administratif africain, liée à la place et au rôle du juge administratif quand celui-ci existe. ; soit le sens de l'émergence de nouvelles institutions de l'action administrative (multiplication des autorités administratives indépendantes par exemple) ; soit enfin le sens de la privatisation des méthodes et des moyens de l'action administrative par l'importation des règles, techniques et institutions du droit privé dans le droit administratif, tendant peut-être à un rééquilibrage du rapport administration/administré quand le rapport originel est par principe inégalitaire.

2. C'est aussi le renouvellement des cadres financiers, consubstantiels à la transformation du rôle de l'État, qu'il faut mentionner. La mise en place d'une administration fiscale après les indépendances a connu par exemple aujourd'hui de profondes mutations et est même dans certains pays en perpétuelle transformation. De même, la pratique de l'anesthésie fiscale, nécessaire pour financer le budget dans un contexte dans lequel l'informel prend le pas et où l'impôt est la première ressource des collectivités locales, est aussi le symbole d'une profonde rénovation des règles financières.

III- Les transformations des pratiques

Évaluer le décalage entre le texte constitutionnel et son interprétation permet de mesurer à quel point les constitutions africaines peuvent engendrer des comportements institutionnels très différents de la lettre du texte. Il peut en découler des pratiques d'apaisement ou des pratiques crisogènes, la plupart des pratiques revêtant en réalité ces deux dimensions, d'où l'impossibilité d'une classification des pratiques, même si deux tendances émergent dans l'espace africain francophone.

A- La mutation profonde de l'office des Cours constitutionnelles

1. La pratique des Cours constitutionnelles est souvent en décalage avec l'habilitation dont elles bénéficient. Elles restent soit en deçà de la compétence dont elles bénéficient ; ou vont au-delà de leur compétence constitutionnelle. L'exercice de la fonction régulatrice des Cours (en mobilisant une faculté de statuer ou une faculté d'empêcher, pour reprendre les termes de Montesquieu), qu'elle se déploie entre les institutions ou entre les normes, est toujours soumise à critiques. En effet, cette fonction régulatrice s'exerce toujours sur une échelle qui va du self-restreint à l'activisme, de la modestie à l'audace. En filigranes, la volonté de plaire au pouvoir… ou de ne pas déplaire à ce dernier. Dans les deux cas, elles encourent les critiques. La pratique de la fonction de régulation est telle que les juges constitutionnels tendent à apparaître comme le contre-pouvoir juridictionnel face à l'hégémonie du parti unique ou du pouvoir majoritaire.

2. Au final, c'est la question du pouvoir normatif des juges constitutionnels qui est posée. Le juge constitutionnel africain devient soit un co-législateur soit un co-constituant. En toutes hypothèses, l'office du juge correspond rarement au périmètre de compétences dont la constitution l'habilite.

B- La reconfiguration de la protection des droits fondamentaux

1. L'accentuation de la subjectivisation du droit et de la pulvérisation du droit en droits rétroagit sur la manière dont les droits fondamentaux sont protégés. Ainsi, ne serait-ce que dans le cadre de la « démocratie sanitaire », de nouveaux droits sont apparus, consacrés à partir de droits pivots dont le périmètre a été redéfini. Il en va ainsi du droit au respect des convictions religieuses, du droit au respect de la vie privée, du droit à la dignité, du droit au consentement…

2. La pratique évolue aussi sous l'influence de préoccupations inédites, comme la lutte contre le terrorisme (qui se caractérise aussi tout à fait comme une mutation du contexte ou comme une transformation du cadre juridique applicable), qui vise à la fois à faire respecter les droits de l'homme tout en considérant que le terrorisme cherche par essence à saper les fondements desdits droits de l'homme. C'est ici la dialectique sécurité versus libertés qui est posée ; la sécurité étant certainement la première des libertés. Cette confrontation agit sur les pratiques de l'exécutif, du législateur et des juges. La multiplication des législations et des dispositifs juridiques d'exception engendre mécaniquement de nouvelles attitudes et pratiques dans la protection des droits. Ainsi en est-il de la mutation de l'office du juge (le juge constitutionnel, judiciaire ou administratif peut-il juger de la même manière en période normale et en période exceptionnelle ?) ou encore de l'extension des pouvoirs de police administrative des autorités publiques.

On a envisagé les transformations du droit public en Afrique sur la base d'un postulat, celui d'un État stabilisé, construit, abouti. Mais les droits publics africains ne seraient-ils pas plutôt dans une période d'entre-deux ? Et peut-être que la principale transformation des droits publics en Afrique serait davantage liée à la résurgence des crises, aux contretemps de la démocratie. Les droits constitutionnels et administratifs nationaux élaborent alors, de facto, un droit public des crises (incarné par les accords politiques, les conférences nationales, les dialogues nationaux, les commissions électorales nationales indépendantes…), véritable marqueur de la vitalité du constitutionnalisme et de l'ingénierie constitutionnelle africaine francophone. D'où peut-être une piste pour l'organisation du prochain colloque, celle des transformations contemporaines du droit public en Afrique sou l'effet des crises. Il n'est pas certain à ce moment que les conclusions auxquelles on aboutit soient tout à fait identiques à celles du présent colloque…

TABLE DES MATIÈRES

Questions juridiques aux éditions L'Harmattan

Dernières parutions

QU'EST-CE QUE LE DROIT ?
Théorie syncrétique et échelle de juridicité
Barraud Boris
La définition du droit ici est d'abord lexicographique et scientifique. La théorie syncrétique réunit toutes les définitions du droit en vigueur, loin d'être concurrentes elles s'associent. Ne s'opposant plus, elles se complètent. La seconde partie interroge les dimensions du droit en mesurant le niveau de force juridique par l'application des critères de juridicité. Cette nouvelle forme de rationalité de la pensée juridique permet au juriste de s'ouvrir à tout type de normes sociales tout en sauvegardant l'autonomie conceptuelle du droit.
(Coll. Le Droit aujourd'hui, 25.50 euros, 242 p.)
ISBN : 978-2-343-13423-9, ISBN EBOOK : 978-2-14-005340-5

LA RECHERCHE DE L'ÉQUILIBRE CONTRACTUEL DANS LE CAUTIONNEMENT
Regards croisés entre le droit français et le droit OHADA
Dibangue Guy - Préface de Pascal Rubellin
Le cautionnement est actuellement la sûreté qu'exigent de préférence les banques des emprunteurs. Si le législateur français semble surprotéger la caution par rapport au créancier, c'est l'inverse qui a été retenu par le législateur OHADA. Dans les deux cas, c'est le déséquilibre entre la protection raisonnable de la caution et la préservation des intérêts des créanciers. Suivant les récentes évolutions législatives en France et en droit OHADA, cette thèse vise l'équilibre contractuel du cautionnement dans une démarche de modernisation et de rationalisation de cette sûreté.
(Coll. Droit aujourd'hui, 42.00 euros, 456 p.)
ISBN : 978-2-343-13159-7, ISBN EBOOK : 978-2-14-005369-6

LE DROIT ANIMAL
Morales Frénoy Cathy
Plus qu'un droit protecteur, le droit animal réglemente les différentes utilisations de l'animal par l'Homme. Il est un corpus juridique transversal, issu du droit international, européen et national, qui régit les rapports entre l'homme et l'animal sans toujours offrir une protection juridique souvent souhaitée. Ce guide juridique offre à tout lecteur une étude complète de cette nouvelle discipline.
(Coll. Bibliothèques de droit, 45.00 euros, 470 p.)
ISBN : 978-2-343-12873-3, ISBN EBOOK : 978-2-14-005223-1

QUESTIONS D'ACTUALITÉ EN ÉTHIQUE ANIMALE
Pelé Marie, Sueur Cédric
L'éthique animale qui désigne l'étude de notre responsabilité morale à l'égard des animaux, n'est pas une prise de position mais un questionnement en perpétuelle évolution avec notre culture et notre temps. Cet ouvrage présente plusieurs éléments de réponses aux récentes questions posées par la société sur notre rapport aux animaux. Experts et étudiants abordent onze questions d'actualité en éthique animale. Leurs échanges sont retranscrits.
(Coll. Le Droit aujourd'hui, 24.00 euros, 236 p.)
ISBN : 978-2-343-13489-5, ISBN EBOOK : 978-2-14-005382-5

JE PARLE AUX ANIMAUX
Peter Friedman
Samantha Khury écoute les animaux et leur parle. Grâce à ce dialogue, elle parvient à comprendre leur comportement et à trouver les mots qui les guérissent. Non seulement Samantha Khury comprend le langage de nos fidèles compagnons, mais, en plus, ceux-ci lui confient leurs malheurs. Des propriétaires d'animaux domestiques, des gardiens de zoo et des entraîneurs de chevaux qui l'ont consultée en sont convaincus. Nous la voyons au travail, à l'écoute d'un chat dépressif, d'un perroquet déplumé en manque d'amour ou d'une jument qui a besoin de liberté... « Dans cette Théma Arte sur les rapports entre les hommes et les animaux, *Je parle aux animaux* est le plus intéressant. Sans doute parce qu'il pose la question de la communication avec nos compagnons à quatre pattes. Peter Friedman livre des séquences étonnantes. » (*TéléObs*). « Ce documentaire étonnant parvient à nous convaincre que la frontière entre les espèces est bien mince. Quand on dit que l'homme n'est qu'un animal ! » (*Le Figaro*)
(20 euros)
ISBN : 978-2-336-31591-1

TRAITÉ DE DROIT CONSTITUTIONNEL CONGOLAIS
Esambo Kangashe Jean-Louis
Préface de El hadj Mbodji - Postface de Dodzi Kokoroko
Dans sa conception, son évolution et sa pratique, le droit constitutionnel a toujours eu du mal à s'affranchir de crises politiques. Droit de crises ou de gestion de crise, le droit constitutionnel est avant tout au service des normes, dont le respect par tous contribue au fonctionnement régulier des institutions. Placés dans le contexte congolais, les trois versants du droit constitutionnel, à savoir le droit normatif, celui institutionnel et la branche consacrée aux libertés n'ont pas toujours été en cohérence avec le constitutionnalisme.
(Coll. Études africaines, 39.00 euros, 410 p.)
ISBN : 978-2-343-12352-3, ISBN EBOOK : 978-2-14-005341-2

SUR LE CHEMIN DES SAISIES
L'huissier de justice d'hier à demain
Berthé Ibrahim
Qu'est-ce qu'un huissier de justice ? D'où vient-il ? À quoi sert-il ? Cet ouvrage tente de répondre à ces interrogations et, à travers l'histoire, de peindre les différentes facettes de ce personnage spécifique du rouage de l'appareil judiciaire dans le temps et dans l'espace, des rives de la Seine en France jusqu'au bord du fleuve Djoliba au Mali.
(25.00 euros, 270 p.)
ISBN : 978-2-343-13501-4, ISBN EBOOK : 978-2-14-005261-3

LES TECHNIQUES D'ENQUÊTE CRIMINELLE
Typologie des crimes et constatations médico-légales
Moutassi Jean-Pierre
L'adoption de la loi de Juillet 2005 portant sur la procédure pénale démontre la volonté du gouvernement camerounais à promouvoir un état de droit. Voici un outil fondamental pour les praticiens du droit criminel : un outil de formation pour les jeunes fonctionnaires, ainsi que pour leurs aînés qui n'auraient pas eu l'occasion de vivre l'expérience des enquêtes judiciaires.
(Harmattan Cameroun, 45.00 euros, 498 p.)
ISBN : 978-2-343-13126-9, ISBN EBOOK : 978-2-14-005224-8

LES CLÉS DES ENJEUX FINANCIERS DU DIVORCE
Rond Patrice - Préface de Laurent Hincker
L'amour s'est consumé, l'argent part en fumée ! À une époque où toujours plus de couples se séparent, la finance du divorce inquiète. Comprendre ses arcanes financières, c'est pouvoir anticiper en cas de conflit au sein du couple. Comment rétablir un budget ou encore évaluer une prestation compensatoire ? À l'aide d'exemples chiffrés, l'auteur indique comment recenser et évaluer les revenus et patrimoines, et présente des méthodologies pratiques pour établir les droits

respectifs des époux. L'ouvrage rend compréhensibles les procédures financières qui ont lieu dans le divorce.
(17.00 euros, 156 p.)
ISBN : 978-2-343-11633-4, ISBN EBOOK : 978-2-14-004942-2

LUTTER EFFICACEMENT CONTRE LA FRAUDE
Enjeux stratégiques et opérationnels
Sous la direction de Catherine Véret Jost et Nicolas Dufour
Lutter efficacement contre la fraude pour recycler 50 à 100 milliards d'euros par an dans la croissance économique en France, voici l'enjeu de cet ouvrage qui explicite les leviers d'actions pour y parvenir, avec des retours d'expériences de professionnels et d'académiques. Il s'adresse à tous ceux qui ont la volonté de relever ce défi.
(Coll. Perspectives organisationnelles, 38.50 euros, 392 p.)
ISBN : 978-2-343-13167-2, ISBN EBOOK : 978-2-14-005143-2

L'ENFANT EN PRISON
Sous la direction de Catherine Ménabé et Mathieu Martinelle
Depuis 1946, les femmes détenues ont la possibilité de garder à leurs côtés, en prison, leur enfant jusqu'à ses 18 mois, voire 2 ans. Si la situation est peu étudiée, et souvent méconnue, elle mérite de profondes réflexions. Quelles sont les conditions de vie de ces jeunes enfants au sein du milieu pénitentiaire ? Comment est assuré leur développement psychomoteur et affectif malgré les contraintes carcérales ? Comment l'univers carcéral s'adapte à la présence d'enfants, non écroués mais, de fait, privés de liberté ?
(Coll. Bibliothèques de droit, 27.00 euros, 274 p.)
ISBN : 978-2-343-13051-4, ISBN EBOOK : 978-2-14-005015-2

LES TRENTE ANS DE LA LOI LITTORAL
Sous la direction de Jean-Luc Pissaloux et Anne Rainaud
La loi Littoral a maintenant plus de trente ans. Loi d'avant-garde, elle vise à concilier la protection du littoral avec le développement économique. Souvent contestée comme trop protectrice, empêchant l'urbanisation, elle est aussi considérée comme un « laisser-construire » dans les zones saturées. Ses concepts sont difficiles à interpréter et appliquer. Les défis climatiques auxquels est confronté le littoral ont impliqué la participation de géographes. La protection des cordons littoraux s'avère aujourd'hui une nécessité.
(Coll. Grale, 39.00 euros, 418 p.)
ISBN : 978-2-343-13140-5, ISBN EBOOK : 978-2-14-004988-0

CICÉRON, PÈRE DE LA CODIFICATION DU DROIT CIVIL
Gilardeau Eric
Confronté à la crise subie par la République, Cicéron cherchait une réponse au chaos des lois et aux contradictions du droit civil. Il en élabora une véritable codification. Du «De oratore» au «De officiis», il critiqua la science du droit et la soumit à la loi naturelle, avant d'instituer une méthode de codification protectrice des droits civils, dont se rapprocheront les codes civils français et autrichien. Il faut attendre les réformes du Code civil allemand de 2001 et du Code civil français de 2016 pour rejoindre Cicéron sur le rôle de la bonne foi et de l'imprévision en matière contractuelle.
(Coll. Logiques Juridiques, 26.00 euros, 248 p.)
ISBN : 978-2-343-13327-0, ISBN EBOOK : 978-2-14-004994-1

DROIT DES SOCIÉTÉS COMMERCIALES OHADA
Akam Akam André, Voudwe Bakreo
Ce livre vise à exposer, expliquer, systématiser et critiquer les règles qui régissent la constitution, le fonctionnement et la disparition des sociétés commerciales. Il montre que le droit des sociétés commerciales OHADA vise la promotion, la protection et la société judiciaire des investissements, autant qu'il tend à protéger les intérêts particuliers. En outre, il met en exergue la richesse, la

variété et la modernité du droit des sociétés de l'OHADA, ainsi que l'abondance et la qualité des travaux de recherche des auteurs africains et d'ailleurs qui s'intéressent au droit OHADA.
(Coll. Dynamiques du droit OHADA, 55.00 euros, 752 p.)
ISBN : 978-2-343-12819-1, ISBN EBOOK : 978-2-14-005077-0

LA PROTECTION CONTRE LES ATTEINTES AUX DROITS SUR LES SIGNES DISTINCTIFS DANS L'ESPACE OAPI
Badou Charles
Les signes distinctifs confèrent à leur propriétaire un droit exclusif d'exploitation. Celui-ci bénéficie de règles dérogatoires au droit commun, qui ont pour vocation première d'assurer aux signes distinctifs une protection contre les atteintes dont ils peuvent être l'objet. Mais l'efficacité de la protection est toute relative. La protection contre les atteintes aux signes distinctifs exige donc de nouvelles solutions qui, prenant en compte la particularité du droit de la propriété industrielle, protègeront efficacement les signes distinctifs contre les violations des droits exclusifs de leur propriétaire.
(Coll. Études africaines, 42.00 euros, 468 p.)
ISBN : 978-2-343-11816-1, ISBN EBOOK : 978-2-14-005019-0

DROIT DU TRAVAIL SÉNÉGALAIS
Tagum Fombeno Henri-Joël - Préface de Isaac Yankhoba Ndiaye
L'auteur questionne le droit du travail sénégalais, analyse les textes récents et leurs apports au droit du travail, met en lumière les imperfections de la législation et les difficultés d'interprétation qu'elles suscitent dans la pratique. La compréhension de la matière est rendue aisée avec les illustrations et exemples pratiques, souvent utilisés par l'auteur et issus de son expérience professionnelle.
(Harmattan Sénégal, 48.00 euros, 506 p.)
ISBN : 978-2-343-13272-3, ISBN EBOOK : 978-2-14-004933-0

LA FUSION DES SOCIÉTÉS COMMERCIALES EN DROIT INTERNE ET INTERNATIONAL
Contribution à la notion de «contrat-organisation»
Kalaani Adrian
La fusion est l'opération par laquelle une ou plusieurs sociétés transfèrent, par la suite de leur dissolution sans liquidation, leur patrimoine à une société établie ou nouvelle. Ce transfert est possible par la distribution de parts sociales aux associés de la société dissoute. Cette définition française et européenne souligne les effets principaux de la fusion en restant silencieuse sur sa nature juridique. Donc la fusion est un contrat-organisation qui entraîne une mise en commun du patrimoine et des membres de chacune des sociétés fusionnantes au sein d'une seule société préexistante ou nouvelle.
(Coll. Logiques Juridiques, 55.00 euros, 638 p.)
ISBN : 978-2-343-10971-8, ISBN EBOOK : 978-2-14-004827-2

LE PRAGMATISME JURIDIQUE
Barraud Boris
Le pragmatisme invite à se concentrer sur le mode de production des connaissances et sur les actions plutôt que sur les pensées. Le pragmatisme juridique, attaché à l'effectivité des normes, permettrait d'accepter et expliquer les modes de régulation originaux du XXIe siècle. L'enjeu est de permettre au droit scientifique d'accompagner l'évolution du droit pratique. Sont surtout concernées la gouvernance du cyberespace, la protection de l'environnement et la responsabilité sociale des entreprises. Affinant le visage du pragmatisme juridique, voici un outil ouvrant des pistes pour l'avenir de la recherche en droit.
(Coll. Bibliothèques de droit, 33.00 euros, 334 p.)
ISBN : 978-2-343-13206-8, ISBN EBOOK : 978-2-14-004920-0

L'HARMATTAN ITALIA
Via Degli Artisti 15; 10124 Torino
harmattan.italia@gmail.com

L'HARMATTAN HONGRIE
Könyvesbolt ; Kossuth L. u. 14-16
1053 Budapest

L'HARMATTAN KINSHASA
185, avenue Nyangwe
Commune de Lingwala
Kinshasa, R.D. Congo
(00243) 998697603 ou (00243) 999229662

L'HARMATTAN CONGO
67, av. E. P. Lumumba
Bât. – Congo Pharmacie (Bib. Nat.)
BP2874 Brazzaville
harmattan.congo@yahoo.fr

L'HARMATTAN GUINÉE
Almamya Rue KA 028, en face
du restaurant Le Cèdre
OKB agency BP 3470 Conakry
(00224) 657 20 85 08 / 664 28 91 96
harmattanguinee@yahoo.fr

L'HARMATTAN MALI
Rue 73, Porte 536, Niamakoro,
Cité Unicef, Bamako
Tél. 00 (223) 20205724 / +(223) 76378082
poudiougopaul@yahoo.fr
pp.harmattan@gmail.com

L'HARMATTAN CAMEROUN
TSINGA/FECAFOOT
BP 11486 Yaoundé
699198028/675441949
harmattancam@yahoo.com

L'HARMATTAN CÔTE D'IVOIRE
Résidence Karl / cité des arts
Abidjan-Cocody 03 BP 1588 Abidjan 03
(00225) 05 77 87 31
etien_nda@yahoo.fr

L'HARMATTAN BURKINA
Penou Achille Some
Ouagadougou
(+226) 70 26 88 27

L'HARMATTAN SÉNÉGAL
10 VDN en face Mermoz, après le pont de Fann
BP 45034 Dakar Fann
33 825 98 58 / 33 860 9858
senharmattan@gmail.com / senlibraire@gmail.com
www.harmattansenegal.com

www.ingramcontent.com/pod-product-compliance
Lightning Source LLC
LaVergne TN
LVHW010922061026
849535LV00007B/2188
* 9 7 8 2 3 4 3 1 4 0 8 4 1 *